VOYAGES OF DISCOVERY

A Visual Celebration of Ten of the Greatest Natural History Expeditions

发现之旅

历史上最伟大的十次自然探险

〔英〕托尼·赖斯 编著

林洁盈 译

黄文山 杨宗愈 审订

创于1897

商务印书馆

The Commercial Press

涵芬楼文化 出品

涵芬楼文化 出品

目 录

Table of Contents

专家推荐

文◎黄文山（美国康奈尔大学生态暨演化生物学博士、中国台湾“国立自然科学博物馆”动物学研究员兼主任）

19 和 20 世纪初欧洲画家，如莫奈、塞尚或毕加索的名画，无论抽象、印象或实物临摹，幅幅价值不凡且举世皆知。但是您知道 17 世纪以来存在于伦敦自然博物馆的那些珍贵且栩栩如生的生物图画吗？这些三百年来描绘世界各地的精致详细的生物图甚至还是新种描述的主要来源呢，我相信很少人知道这些水彩图画的存在。而这些图画是怎么来的或是如何来的呢？

21 世纪的现代，不论出国或在国内旅游或野外研究观察，每个人的基本配备一定是一台相机，摄影留住人、风景或野生动植物等作为纪念，除了画家外，鲜少有人利用一支秃笔画下所经历或目击的各种环境或身边新奇的动植物。但在没有简便相机的三百年前，要留下生物的倩影仅有以笔画下来了。他必须详细观察该生物的外部形态，甚至于行为表现特征（例如本书第四章巴特拉姆的北美洲漫游对短吻鳄生殖行为的描述，当时巴特拉姆并不知道短吻鳄在干什么）和所生存的自然栖息地等，在通盘考量后才下笔描绘。或许直到现今新种的发表仍或多或少用笔临摹一二，似乎也和此一习惯有关。

18 世纪初以私人探险为主，规模较小。但到 18 世纪末以降，世界最强的殖民国家就以欧陆最盛，如英、法、西班牙和葡萄牙等国家，而国势宣传的最佳表现就是派出舰队到各地测量和宣威。此时的探险队规模较大，且因异国的风情文物在上流贵族社会蔚为风潮，因此会聘请知名的动植物艺术家随行，以更精确和严谨的角度描绘自然生物，例如库克船长三度探访太平洋、达尔文的小猎犬号探险都是最佳的例子。若没有前人的探险及不辞辛劳的绘画和编辑等工作，或许无法促成达尔文、华莱士在其野外冒险和生物（或化石）调查成果下所孕育发展而改变世人演化观念的自然选择说（本书第八和第九章）。

本书的所有绘画皆由伦敦自然博物馆收藏，其中斯隆爵士、柯林森先生和其他人士出钱出力努力搜购所得，并全部保存在大英博物馆中。本书第一章由斯隆爵士牙买加探险为开端，其中最为世人所欢迎的牛奶巧克力就是斯隆将牙买加土人难以入口的可可加入牛奶后变得可口。之后的赫尔曼、洛顿和迪贝维尔等的锡兰[1]探险、梅里安的苏里南居游、巴特拉姆的北美洲漫游、库克船长的三度太平洋探险、弗林德斯和鲍尔的澳大利亚探勘、达尔文的小猎犬号航行、华莱士和贝茨的亚马孙雨林探险和最后一章的深海探险等。章章都有精致图画保留下来。

21世纪的现代已鲜少有如此精致的自然素描，主因是自然生态的破坏和照相技术的发达，这本书的出版在提醒我们对自然环境保护的重要性及自然艺术家对自然科学演替的贡献不容忽视。同时我们若有机会到全世界的每一个地方旅行，基本上都是一次新的探险，开启视野，航向未知的世界。当然最好是随身携带这一本书，在车上或飞机上随意翻阅，说不定对您有新的领悟与启示。

1.锡兰，为旧称，现斯里兰卡。

前言

文◎迈克尔·狄克逊（英国伦敦自然博物馆馆长）

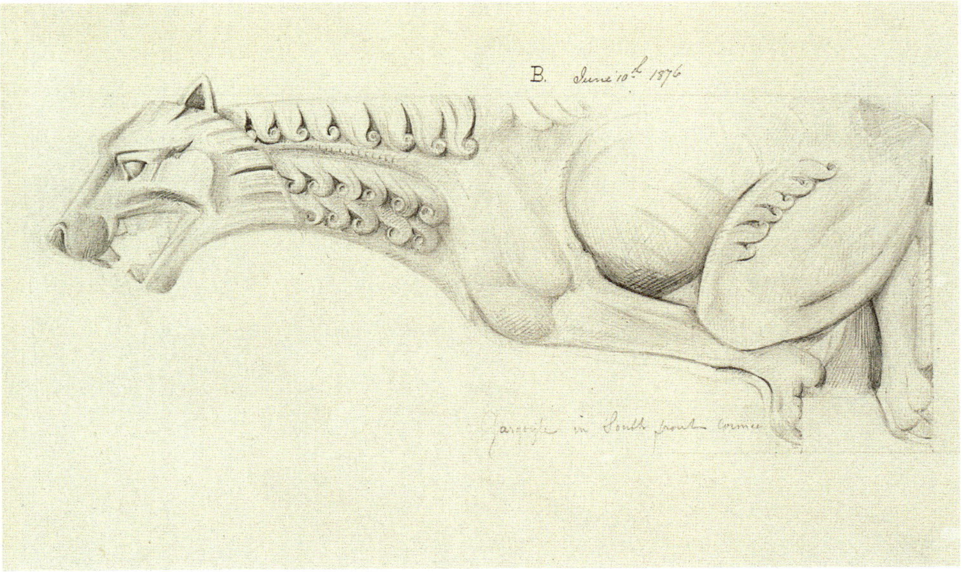

伦敦自然博物馆的建筑主体本身就是一件艺术品，馆内外美轮美奂的装饰，完全取材大自然。建筑体是建筑师阿尔弗雷德·沃特豪斯于 1870 年设计，借此反映出该馆包括现存与灭绝物种在内的博物学典藏。沃特豪斯为赤陶装饰元素绘制的铅笔素描（本页图与目录第 2 页，绪论第 5 页、大自然的艺术第 10 页），以及完成于 1876 年的建筑完稿（大自然的艺术第 12 页），都属于伦敦自然博物馆广大的艺术收藏。

伦敦自然博物馆是世界上最重要的博物馆之一。该馆由于馆藏丰富，在国际上备受瞩目，超过七千万件的动物、植物、化石、岩石与矿物标本典藏，足以阐述自古至今自然世界的多样性。姑且不提这批馆藏的规模，这些物件不论在科学或历史上，都具有无与伦比的重要性，其中包括比例相当高的模式标本，也就是在新发现物种时，被用来当作形态特征描述与命名依据的标本。因此，馆内聘用的三百多位科学家与约莫八千位访问学者都非常频繁地使用这些标本，每年花在它们身上的时间超过一万四千个工作日。

这座博物馆的收藏，同时也包括一间傲视全球的博物学图书馆，以及超过五十万件艺术品收藏，包括以鸟类、开花植物、哺乳类与昆虫等为题的精美水彩画，每件都因为其科学准确性与艺术价值而受到馆方珍藏，也因此广泛得到研究博物学与艺术史的学者运用。此外，由于博物馆积极争取对该馆本身与馆藏之社会、文化与历史层面感兴趣人士的参与，馆藏使用亦因此持续提升。

《发现之旅》一书，以过去三百年间最有趣也最重要的自然科学探索之旅为题，聚焦在这几次航程中搜集到的艺术与图像材料。每一趟旅程都累积了极其重要的标本收藏，产生重要的科学新知。许多在航行期间绘制的精美艺术作品，目前都成为伦敦自然博物馆的收藏。本书叙述的就是这些航海的故事，不论是众所周知或鲜为人知的、还是戏剧性与宏伟的旅程，再制作出最罕见也最美丽的图像。要从馆内庞大资源中选择取舍是相当困难的。本书囊括许多未曾曝光的博物馆收藏，它们绝对值得广大观众悉心鉴赏，读者会像过去一代代的科学家与历史学家一样，深深地为这些故事与图像着迷，从中获得许多阅读的乐趣。

绪论

文◎戴维·贝拉米（英国著名植物学家、畅销书作者、电视节目主持人）

我初次进入博物学世界的探索之旅，发生于六十多年前，记得那时我爬得好高好高，跟我人生中第一只梁龙面对面。到底爬了多高呢？好吧，那其实只是从地下楼到伦敦自然博物馆正门的阶梯，对我来说，即使到现在，这间博物馆仍然是世界上最令人兴奋的地方之一。

当然，它有许多竞争对手，例如到人迹罕至的珊瑚礁进行深潜，冒险穿过原始的云雾带森林，或是透过显微镜观察北极融冰水滴，不论是哪一项，对人们都具有难分轩轾的吸引力，它们都是个人的探索之旅，让人因探索未知而由衷感到兴奋。尽管如此，穿过自然博物馆赤陶色大门的探索之旅，从许多角度来看，都是更令人惊叹的，因为一旦进入博物馆，你便来到真正的史前巨兽面前，这里不仅有让展厅增色生辉的恐龙、河马、大象等厚皮动物，还有地球史上在飞机、冷气和抗疟疾药物出现前就遨游四方探险的巨大海兽。

这些动物的韧性，不只造就了这间博物馆，更是分类学、遗传学、演化、大陆漂移等理论的基石，改变了人类看待自己的看法，让人了解人类在地球生命洪流中所扮演的角色。它们的塑像与肖像被收在玻璃橱窗里展示，或者，知名采集者如库克、班克斯、林奈、达尔文等戮力搜集的文物标本，静静地躺在储藏室里，随时供人参考。深入挖掘探究，你还会找到许多无名英雄们的努力成果，倘若没有他们的娴熟技能与热心奉献，许多重要信息可能早已流失。这些英雄、英雌亦堪称艺术家，他们所面临的风险，和那些探险巨星其实是一样的。

这本让人着迷的书，考量到历史记录所具有的主观特质，依此做了一些修正，让读者能认识到那些人类活动的失落环节，了解到这些活动也是演化过程的一部分。这栋伟大的建筑，存放着这台聚焦在三百年历史狂潮的时间机器，述说着此一关键时期的故事，让人了解到人类对自然事物的好奇如何逐渐转变成科学，珍稀收藏如何转变成标本文物，每一件标本都替我们的过去赋予新的意义，并强迫我们提问、思考未来。

公元1699年，人们证明昆虫从虫卵而非泥土孵化而成的数十年后，德国画家兼博物学家玛丽亚·西比拉·梅里安旅行到南美洲苏里南，绘制了一系列以蝴蝶成长过程为题的画作，其中包括幼虫与成虫的食用植物。她留下的画作如此精美，让卡尔·林奈在为所有已知动物进行分类并将研究成果出版成册时，也将梅里安所记述的物种包括在内。同样享有此殊荣的，尚有保罗·赫尔曼和彼得·迪贝维尔两位荷兰艺术家，由于他们的艺术专业，林奈得以写下斯里兰卡植物志。由于威廉·巴特拉姆的艺术天赋，北美洲部分地区的动植物宝藏才能留下图像与文件记录。

在太平洋地区，则有好几位艺术家，在几次重要航行中扮演了至关重要的角色：詹姆斯·库克船长初次远征太平洋的奋进号上，有悉尼·帕金森、约瑟夫·班克斯和瑞典博物学家索兰德共同努力；库克船长第二、第三次远征的果敢号上，有乔治·福斯特为他效命；至于探险家马修·弗林德斯船长的调查者号上，则有费迪南德·鲍尔这位最优异的博物画家。而达尔文在小猎犬号上的一连串经历，也许是史上最著名的探索发现之旅。尽管如此，倘若没有前人不辞辛劳的绘图、素描与编目，达尔文与和他同时代的阿尔弗雷德·拉塞尔·华莱士与亨利·沃尔特·贝茨，也不可能在自然选择的脉络下思索他们的调查发现结果。

这本书的出现，以及它引以为据的藏宝库，都幸亏18世纪晚期英国政府的卓识远见、当时为集资而举办的国家彩券，以及汉斯·斯隆穷毕生之力搜集的收藏品。斯隆最重要的收藏之一，是在他初次参与的牙买加探索之旅中累积而来，他就是在牙买加取得可可，将它介绍给全世界。此外，他更仔细地写下牙买加的岛屿自然研究，并请当地画家加勒特·穆尔牧师为其绘制标本素描。在科学与艺术相辅相成的三百年探索告终之际，恰伴随着照相技术的发明，以及人类终极未知，亦即深海探险的到来。挑战者号上的科学家，在深入海洋深处挖掘深海秘密时，便是透过一个由艺术家与摄影师所组成的团队协助记录，因而能名闻遐迩。

人们很容易梦见自己化身成为早期先锋之一，探索未知，也很容易忘记除了大海深渊以外，人类的足迹早在探险家抵达以前就已遍及各地。我们同样也很容易忘记，个人所进行的每一趟新旅程，都是前往未知领域的探险。因此，能够与这些历史伟人一起遨游世界，真的是很棒的一件事！

大自然的艺术

文◎汤姆·兰姆（伦敦嘉德拍卖公司书籍部主任兼博物艺术专家）

博物艺术的起源，最早可以回溯到史前人类的岩洞壁画，它以多样的形式在不同文化中表现，从罗马文化中以自然万物为主角的马赛克镶嵌画、中国汉代以花卉为题的帛画、中世纪欧洲以彩绘装饰的手抄书稿、欧洲文化花卉写生的发展以至 16 世纪博物学书籍中出现的版刻插图等，都可归属到博物学艺术的范畴。

除了少数例外，早期自然史图画的构图大多很形式化，甚至呈几何形状。不过到 17 世纪末期，由于牛顿科学与哲学的进展，促使艺术家按有别于前的表达自由，以更自然的手法来处理博物艺术。本书就是接受了这种兴起于 17 世纪末的表达自由所带来的挑战，领着读者了解过去三个世纪以来最重要的博物艺术家，各有何为人所称道的手法与风格。

本书着重在美洲与南极海的航程，其中可见许多欧洲最早的鸟兽花卉图像，尤其令人兴奋的是，当我们想到这些艺术家在何种环境与状况下成行，以及他们在旅行世界各地时得忍受何种艰困，这些画作更是显得弥足珍贵。博物绘画在此一探险时期的发展，反映出艺术家所扮演的角色的改变，从原本见多识广的业余爱好，到训练有素、对动植物构造具有专业知识的专业人员。读者可以借由本书从汉斯·斯隆爵士与威廉·巴特拉姆委托画家进行的素描，一直到后来挑战者号报告中慎重且仔细的科学绘图之中，感受到这样的转变。《发现之旅》一书从斯隆一直讲到挑战者号，以引人入胜的真知灼见，带领读者了解在这段探险发现的

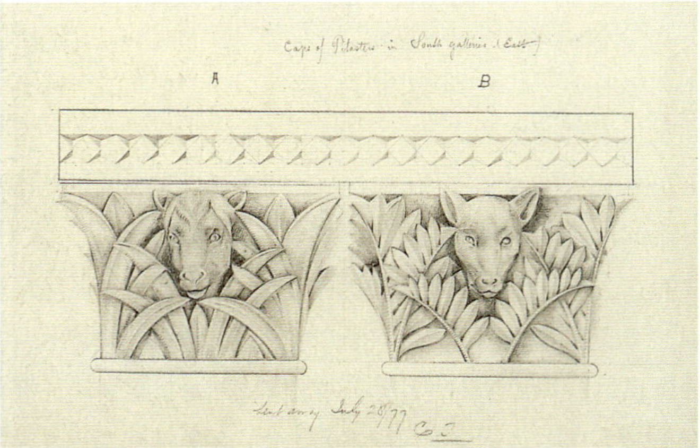

重要时期，博物艺术有着什么样的多元性与发展。

18世纪早期，许多航行都是私人筹资与筹备的。德国画家兼博物学家玛丽亚·西比拉·梅里安的苏里南之行，便属于这种私人探险之一。她在这趟旅程中，为人们带回一些精致的博物画作，在她的笔下，植物与昆虫生活的合作无间，栩栩呈现，尽管偶有错误且风格陈旧，不过总是能以丝丝入扣的构图展现出生物的精力与活力，创作出一种特殊的异国风情，无人能出其右。

到18世纪下半叶，探险队的筹备工作，在政府控管下大幅改进，库克船长远征太平洋，就是在英国海军的赞助支持下成行，而且还能聘请知名的植物艺术家如帕金森与福斯特等随行，以更精确、更严谨的科学手法来描画自然生物，举例来说，不论是植物或种子都以实物大小描绘，并针对它们所生长的环境提出说明。

库克探险队所获得的巨大成就，以及太平洋的开放，实在也是因为有这些博物学家能满足探险队的需求，伴随着库克进行动植物新种的辨识、描述与描绘，这个传统在费迪南德·鲍尔随着弗林德斯船长的调查者号出航时达到巅峰。在调查者号上，这位杰出的植物艺术家为悉尼周围与澳洲东岸的动植物留下了许多详细且令人印象深刻的图像记录。

鲍尔、帕金森等博物学家兼探险家在18世纪晚期所制定的标准，取代了17、18世纪艺术业余爱好者的标准。演变到19世纪早期，自然史家兼探险家的角色更加重要，洪堡、达尔文、华莱士与贝茨等人的作品，使素描艺术更朝着科学准确性靠近。像他们这样的旅行者，都必须具有画家的能力与仔细的态度，以期能准确并仔细地记录下植物或动物的结构。时至今日，科学准确性的标准早已有清楚的规范，拜20世纪照相技术发展之赐，才得以迎合、甚至超越这些博物画家的成就。

到了现代，自然素描的艺术仍旧存在，可惜的是，目前在地球与宇宙上的探险活动，乃透过空中或太空旅行的方式，并不容易以铅笔和写生簿作记录。科技与虚拟世界在很大程度上接管了艺术诠释的区位，只有富有且耐心等待的收藏家，偶尔才能在商业艺术市场上找到精彩的博物绘画作品。我们有幸能拥有伦敦自然史博物馆的精致收藏，提醒着我们自然探险的辉煌过去，这都要感谢约瑟夫·班克斯爵士、汉斯·斯隆爵士、彼得·柯林森、英国海军以及其他赞助人士与机构，愿意照料并搜集这些图像记录，同时也幸亏有大英博物馆的成立与努力，这些图像记录才能得以保存下来，留给后世子孙欣赏。

A Waterhouse, Mar 1876.

第一章

航向牙买加（1687～1689）

汉斯·斯隆爵士

牛奶巧克力爱好者大概无法马上明白，让他们为之疯狂的巧克力和大英博物馆的创建有何关联。巧克力与大英博物馆的奇特关联，在一位年轻的爱尔兰医师身上。这位医师是位新教徒，在17世纪末的伦敦，开始了他长久且杰出的行医生涯。1687年，汉斯·斯隆年届二十七岁之际，已是位声誉卓越的医师，在伦敦医界与科学界打下了稳固的根基。

从政治、宗教尤其哲学的角度来看，斯隆都生活在一个动荡的世界。当时有许多学者仍然深信，对待自然世界的“正确”手段应该是完全超然且假设性的，而此种信仰，导致人们在诠释包括动植物在内的自然现象时，往往基于想象而非事实。结果，大多数的博物学出版物，每每以旅人在异域马虎且欠缺严谨态度的观察作为根据时，处处充斥着饶富幻想的无稽之谈。不过，以“推广自然知识”为使命，往后更成为全世界最受敬重之科学性学会的英国皇家学会，在斯隆出生的1660年成立了。

皇家学会所秉持的精神，在于本着仔细观察与演绎推理的态度来研究大自然。这种理性态度的推手，是两位具有革命性的思想家，一位是被尊称为英国博物学之父的约翰·雷（1627~1705），另一位是身兼医师

图为鳀梨果树（*Grias cauliflora*）。斯隆爵士曾写道：“西班牙人会腌渍这种植物的果实，当成芒果的替代品食用，他们将之视为珍宝，把它从西印度群岛送往西班牙本土。”

图为 19 世纪的吉百利巧克力包装纸，上面特别标示吉百利采用的是斯隆爵士的牛奶巧克力配方。斯隆将牙买加的可可豆引进英格兰，他在牙买加看到土著用可可豆准备一种“纯”巧克力饮料，不过西班牙人却喜欢在他们的巧克力饮料里加入香料，而且一天可以喝上五到六次。

与哲学家的约翰·洛克（1632~1704），他们都是斯隆的好友。这些科学“新鲜人”轻易就接受了当时的标准宗教观点，亦即上帝创造了世界与生存其间的动植物、万物永恒不变的概念。然而，他们同时也将自然现象的详细观察、记录与诠释，视为一种合情合理且值得从事的追寻。斯隆坚定地追随这个风潮，并于 1685 年获选为皇家学会会员。

斯隆对于目前所谓科学的每一个层面，从物理学、化学到地质学、古生物学以至于博物学，都极感兴趣，不过让他最投入、最始终不渝的却是植物学。这并不令人意外，因为 17 世纪的医学与“药用植物”研究有着极为密切的关联，大部分的药都来自药草。早在 1673 年，英国药剂师学会便创设了伦敦切尔西药用植物园，斯隆对植物学的兴趣，就是在他于这间植物园从事研究的时期受到启蒙。斯隆与伦敦切尔西药用植物园有极深厚的渊源，后来这间植物园更因为斯隆的金援而免于关闭的命运。

世上有许多新药草尚待发掘，这一点是毋庸置疑的，而新大陆早已向欧洲提供许多有用的农产品，如马铃薯、玉蜀黍、橡胶、奎宁与烟草等。因此，当阿尔比马尔公爵被任命为牙买加总督，提议由年轻的斯隆医师担任随扈医官时，斯隆便迫不及待地欣然接受。阿尔比马尔公爵的船队由两艘商船及一艘护航舰组成，于 1687 年 9 月 19 日自朴次茅斯港出发，中间曾在巴巴多斯停留了十天，随后于该年 12 月 19 日抵达牙买加皇家港，在当时可以说是相当平安无事的航程。

在航程中，斯隆巨细靡遗地写下航海日志，记录着他对船上日常生活、自然现象以及沿途中遇上的鸟类、鱼类与无脊椎动物等的观察。即使是在牙买加停留的十五个月中，他仍然维持着写日记的习惯，笔记主题包罗万象，从天气、地震、地形地貌，到以非洲奴隶为主的地方居民的行为等都包括在内。此外，斯隆的足迹亦遍及全岛，大量搜集并记载各种文物与动植物，他尤其着重在植物方面，尽可能地压制烘干植物标本，以便带回英国。在处理植物时，斯隆参考的是约翰·雷的《植物志》第一卷。约翰·雷试着在《植物志》一书中记下当时所有已知的植物种类，并且先将它们分为几个主要的大类别，每个大类别下再分为几个他称为属的小类别，每个属都有特征概要作为辨识与命名的辅助。相较于从前的植物志，约翰·雷的做法已经向前迈出一大步，尽管如此，它还是有使用不便与查询困难的问题，等到瑞典科学家卡尔·林奈提出一个较为简便、容易使用的命名系统时，已经是半世纪以后的事情了。

斯隆采集的许多标本，特别是果实，并无法受到适当的保存，因此他雇用了一位名为加勒特·穆尔牧师的当地艺术家，随着他旅行各地，沿途为遇到的新鲜果实、鱼、鸟、昆虫等进行素描。这些素描以及包括约莫七百种植物在内的大部分标本，最后都随着斯隆回到英国。穆尔尚未绘制的标本，在英国由另一位才华横溢的艺术家埃弗哈德斯·基修斯接手完成，可可就属于基修斯绘制的标本之一。斯隆在牙买加时发现，当地人由于可可具有疗效而广泛使用，不过“其味令人作呕且难消化”，他认为“这应该是来自（可可豆）含油量极高之故”。他更发现，在巧克力饮品中加入牛奶可以让它变得更可口，而在斯隆的一生中，这个专利配方也替他带来了相当可观的收入。到了 19 世纪，斯隆过世许久以后，这个配方由吉百利公司取得，时至今日，吉百利在世界上许多地方早已成为牛奶巧克力的代名词。

斯隆在牙买加的主要任务是照顾公爵与其随扈的健康，不过他显然也治疗了许多其他患者，其中包括原为海盗，后来改过并得到授爵、成为地方官的前牙买加总督亨利·摩尔根。尽管斯隆随侍在侧，阿尔比马尔公爵仍在 1688 年 10 月英年早逝，之后公爵夫人决定返英，斯隆被迫缩短在牙买加的停驻期，并且履行他身为随扈医官的最后一项任务，替已逝的公爵进行尸体防腐处理，以运回英国埋葬。

除了在相当悲伤的情况下启程返英之外，1689 年 3 月至 5 月的这段返乡航程也不如去程平顺，沿路衰事连连。首先，斯隆带了许多相当令人惊恐的活动物上船，包括一只鬣蜥、一只美洲鳄以及一只身长七英尺的巨蛇。然而，它们没有一只活着抵达英国。鬣蜥不慎跳船溺毙，美洲鳄自然死亡，至于斯隆“请印度人驯服，会像狗一样如影随形跟着主人”的那只蛇，某日从大坛子里溜了出来，惊吓到公爵夫人的家仆，

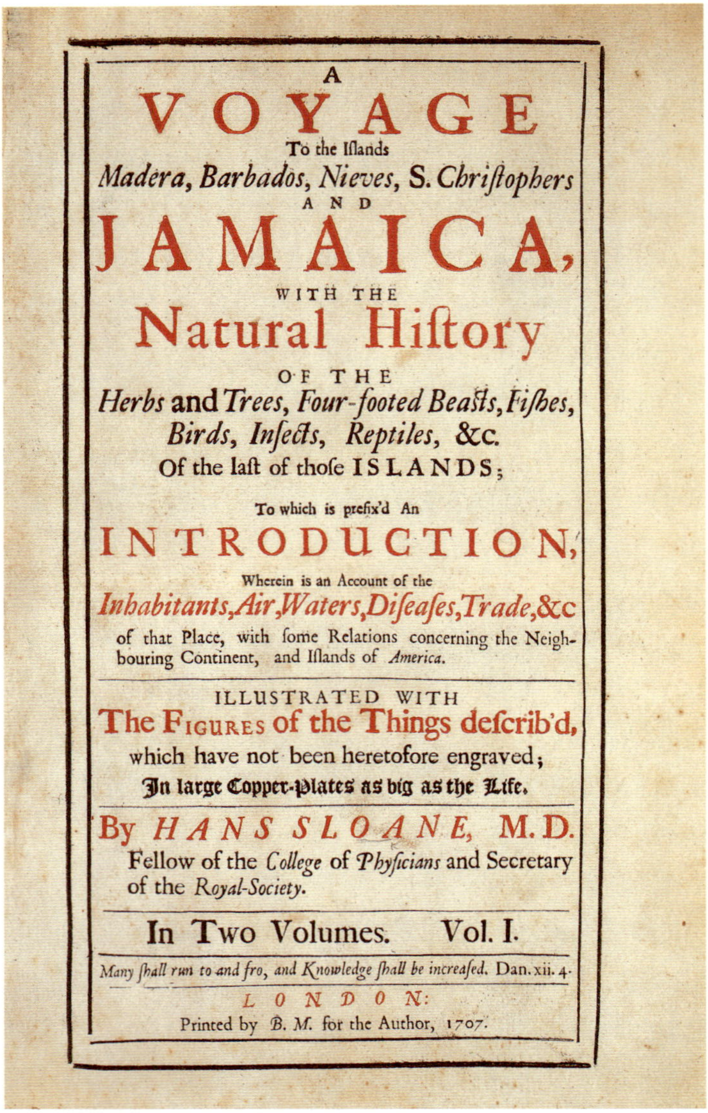
A

VOYAGE

To the Islands

Madera, Barbados, Nieves, S. Christophers

AND

JAMAICA,

WITH THE

Natural History

OF THE

Herbs and *Trees, Four-footed Beasts, Fishes, Birds, Insects, Reptiles, &c.*

Of the last of those ISLANDS;

To which is prefix'd An

INTRODUCTION,

Wherein is an Account of the

Inhabitants, Air, Waters, Diseases, Trade, &c

of that Place, with some Relations concerning the Neighbouring Continent, and Islands of *America*.

ILLUSTRATED WITH

The FIGURES of the Things describ'd,

which have not been heretofore engraved;

In large Copper-Plates as big as the Life.

By *HANS SLOANE*, M.D.

Fellow of the *College* of *Physicians* and Secretary of the *Royal-Society*.

In Two Volumes. Vol. I.

Many shall run to and fro, and Knowledge shall be increased. Dan. xii. 4.

LONDON:

Printed by *B. M.* for the Author, 1707.

图为《牙买加博物志》第一卷的扉页。斯隆这套书共有两卷，记述着牙买加与邻近岛屿的自然状况。他在该书序言中，对自己为何着手撰写此一巨著提出解释：“人们可能会问我，这样的记述有何用？我会回答道，由于博物学知识是对事实的观察，与其他事物相较下，是更确凿无误的，依个人浅见，它比推论、假说、演绎等更不容易出错……”

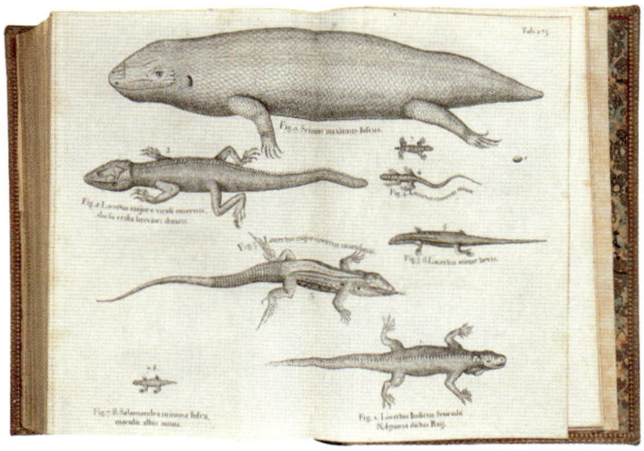

图为《牙买加博物志》第二卷的插图，该书出版于 1725 年。尽管两卷书中的大部分版画以植物为主，第二卷纳入了四十一张动物全版插图。第一卷还包括牙买加岛的折页地图（下页图）。

而被一枪射死。再者，这些返乡游子对于自己回到英国时即将面临何种政治情势，有着极度的不确定感。他们离开家乡时，英国是由信奉天主教的詹姆斯二世统治，不过空气中却弥漫着一股纷争的气息。待船队接近英国沿岸时，他们才从一位渔夫那儿得知，信奉新教的威廉三世早已登基为王。

一回到伦敦，斯隆重拾原本中断的职业生涯，并迅速在科学界活跃了起来。他在阿尔比马尔公爵夫人处继续服务四年以后，回到私人医疗领域，在伦敦市内时髦的布卢姆斯伯里区开设了后来相当赚钱的诊所，当时的许多富豪名流都是斯隆的客户。由于这间诊所，加上他在 1695 年与同时也是伦敦参事女继承人的牙买加地主遗孀共结连理，当斯隆在 1753 年以九十三岁高龄辞世时，他早已步入富豪之列。斯隆不只是名医和慈善家，他更因科学家、尤其是“珍奇”收藏家的身份而声名远播。

早在青少年时期以及在伦敦和法国习医之际，斯隆就已开始搜集植物标本。在牙买加居游期间，斯隆的收藏大量增加，即便在离开牙买加以后，他仍然致力于收藏，尤其着重西印度群岛的材料，并准备将他在牙买加期间的见闻付梓出版。1696 年，斯隆先出版了《植物目录》，一本 232 页的简单目录，记录着他在岛上发现的所有植物。在林奈于 18 世纪中期提出目前受到普遍接受的二名法之前，生物命名混淆的情形极为常

见，然而，斯隆在该书中巨细靡遗地列出所有更早的资料来源，试着避免命名混淆的发生，借此为这类出版品设下了高标准。至于完整记述其牙买加经验的《牙买加自然史》一书，则费时更久。

《牙买加博物志》的第一卷以植物为主，于1707年出版，而包括《牙买加动物志》的第二卷，却延宕到1725年才付梓。不论是穆尔牧师于牙买加绘制的插画，还是埃弗哈德斯·基修斯稍后于英格兰接手完成的部分，都成了当时最优秀的版画家之一的迈克尔·范德古特替这两卷书绘制版画图解的根据，其中基修斯的插画尤其是范德古特引以为据的重要参考。尽管斯隆少有其他科学类著作，不过借着这两卷著作大幅替他提高声望，在1693年至1713年期间曾担任英国皇家学会秘书的斯隆，在原会长艾萨克·牛顿于1727年过世后，就被推选为新会长。斯隆一直到1741年以八十一岁高龄退休之际才卸下会长一职，并于切尔西安享晚年。

即便退休且年事已高，斯隆仍然与科学界保持广泛接触，常有许多来自海内外的访客，慕名前往求访观赏斯隆的个人收藏。据说在他长寿的一生中，每位值得认识的科学家，尤其是植物学家，都和他有私交或通信往来。斯隆除了自掏腰包进行收藏以外，也会整批取得其他植物学家的个人收藏，因此在斯隆辞世之际，其腊叶标本馆的收藏，已经拓展到超过两百六十五册皮面装帧本的巨量，其中仅有八册核心典藏是牙买加时期的收藏品。

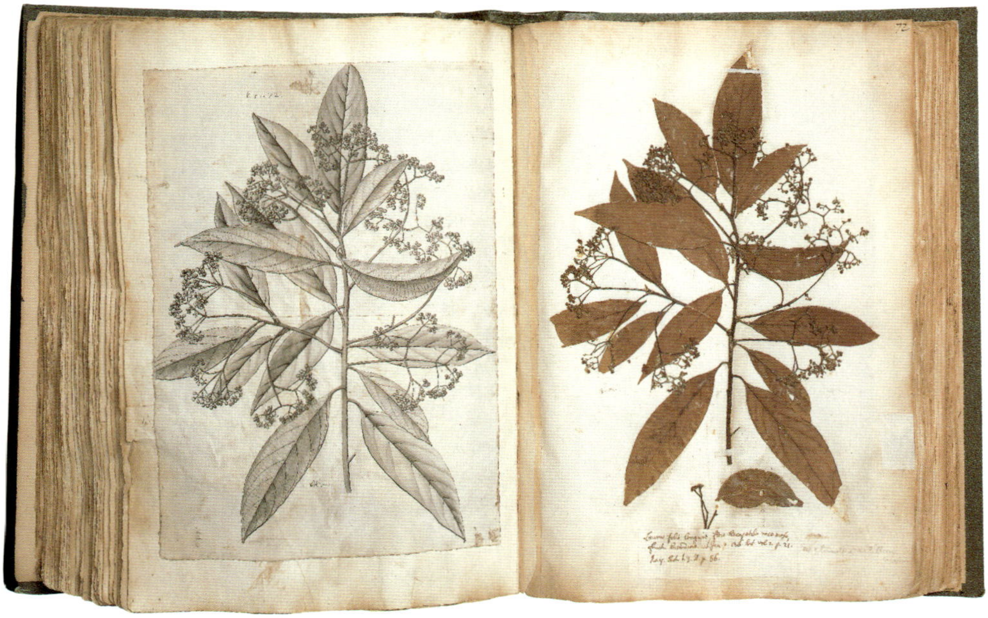

皮面装帧的标本册，这些标本是斯隆著名的牙买加腊叶标本与插画的一部分。斯隆把这些樟科灌木标本比作欧洲常见的月桂树，将它命名为 *Laurus folio longiore, flore hexapetalo racemoso, fructu humidiore*，意为“长叶月桂，六瓣花，总状花序，果实水分含量高”。根据林奈的二名法，它目前被称为西印度尼克樟（Nectandra antillana），俗名为板树、甜树或黄甜树。在卡尔·林奈确立植物双名制命名法的标准以前，斯隆与其他植物学家通常使用冗长且叙述性的拉丁文句作为植物学名，而这样的命名方式无可避免地造成了许多混淆，加上许多植物学家并不会去查询早期研究，看看特定植物是否已经被命名，因而使得情况更加令人困惑。然而，斯隆小心翼翼地参考前人研究，使用当时最适当的分类方式，英国植物学家约翰·雷尤其是斯隆的参考对象。

尽管这间腊叶标本馆闻名于世，它仍旧召致各种批评。1736 年，时年二十九岁的卡尔·林奈去拜访了当时已七十六岁的斯隆医师。这位多年后名气远远高过斯隆的植物学家，在斯隆面前表现出毕恭毕敬的态度，不过待他回到瑞典，马上公开批评，认为斯隆以永久装订来保存标本的方式，可以说是杂乱无章。当时的林奈已经开始采用目前已被广泛接受的标本储藏方式，将标本固定在未装订的单张台纸上，如此一来，

本页上图为斯隆描述姜科植物的“野姜”，学名为 *Zinziber sylvestre minus*，*fructu è caulium summitate exeunte*，意为“在森林里的小姜，果实从茎的上端向外生长”，目前这种植物被命名为西印度山姜（*Renealmia antillarum*）。根据斯隆的说法，牙买加人对这种植物的疗效评价很高，他说：“将野姜的根磨成泥，当成治疗癌症的敷药来使用……被普遍认为是一种具有奇效的良药，尽管这东西的发现可能该归功于我们与土著或非洲黑人建立的关系，这种药对病况严重者一直以来都能发挥绝佳的效果。”在他叙述本页下图中这种被他戏称为“可怜蝗虫树”时，特别指出这种植物的果实是可以吃的：“果肉味甜，呈白色，口感粉粉的，包着一个坚硬且呈黑褐色的硬籽，外观与胡椒粒相似，不过体积比胡椒粒稍大……8 月为果实成熟期，果实成熟后落果，当地人会捡果子到市场贩卖，供人食用，被认为是可口的甜点。”目前这种植物被称为西方山柳（*Clethra occidentalis*），俗名为皂树。

在分类系统有所变动时，便能轻易地重新排列，同时也能毫不费力地插入新标本。

当然，斯隆丰富的收藏肯定让林奈留下深刻的印象。除了腊叶标本以外，斯隆尚有一万两千五百份以上了釉的小盒子保存着的“植物与植物类物质”，分别存放在五大柜九十个抽屉里。更何况，斯隆的收藏网并不仅限于植物学的范畴。他的动物标本收藏基本上以从牙买加带回的收藏为起点，后来累积到将近六千件贝壳，超过九千件无脊椎动物标本（半数以上为昆虫），一千五百件鱼类标本，约一千两百件鸟、蛋与鸟巢标本，以及包括完整剥制标本与数百件骨骼标本在内的三千多件脊椎动物标本，其中更包含一副小象骨骼标本、一副长达五米半的鲸鱼头骨标本以及许多奇异的人体“珍品”。

而这些仍只是斯隆个人收藏的一小部分，他的品位与收藏还包括成千上万的化石、岩石、矿物、矿石、金属、贵重宝石和半宝石的原石以及首饰、装饰品与实用物品等。他的古董收藏与人类学收藏横跨古今，将来自欧陆、新世界与东方的物件一网打尽，更有三万两千件勋章与钱币收藏。斯隆还有约莫三百件的当代艺术收藏，尽管包括阿尔布莱希特·丢勒等名家作品，不过在尺寸或品质上并无特出之处。在斯隆的众多收藏中，最受人称羡的也许是他将近五万册的图书收藏。这些出版品包括许多插画精美之作，以其相当庞大的手稿与画作，主题无所不包，无疑是当时最广泛、最完整的图书收藏之一。

晚年斯隆愈发关心这些收藏品在他死后的命运。他非常希望，对这些收藏由衷感兴趣的任何人，不论其目的为何，都能尽可能地使用这些藏品。在遍访包括英国皇家学会、医师学会、牛津阿什莫尔博物馆等机构以后，他认定当时没有任何机构适合存放这些收藏品，因而决心将它们捐赠给国家。除了一些对于物件保存、维护与使用的规定以外，他唯一的要求，是让他的两个女儿收到一笔总额两万英镑的款项，这数字远比他所估算的自己投资在收藏上的十万英镑低了许多。

斯隆于 1753 年 1 月 10 日去世，其遗嘱无可避免地引发了许多争议。尽管如此，最终的结果，是英国国会于 1753 年 6 月 7 日立法成立大英博物馆，以斯隆的收藏及另外两批分别购置的小规模收藏，作为新机构的核心。英国政府选择透过国家彩券的方式筹募必需资金，这在 18 世纪的英国是很常见的做法。原本的大英博物馆，从一开始规模适中的收藏，目前已经发展成三所世界知名的大型机构，包括位于伦敦市布卢姆斯堡区、文物收藏总数高达七百万件的大英博物馆，藏书超过六千七百万册的大英图书馆，以及位于伦敦市南肯辛顿区、自然标本收藏达六千八百万件的伦敦自然博物馆。斯隆的可可标本，也就是牛奶巧克力的起源，目前仍完整地收藏在自然博物馆中。

斯隆为本页图与右页图中的这份茜草科植物标本制作的标签，其采集地点位于牙买加岛北部，上面写的是 *Laurifolia Arbor flore tetrapetalo*，意为“叶片状似月桂的树，花朵有四片花瓣”。这种树的树枝笔直，其上覆盖着深褐色的平滑树皮，围覆着白色木材。树叶在“细枝末梢”随意生长，叶长约 5 厘米，最大叶宽约 2.5 厘米，“叶面平滑光亮，叶片厚……”浅黄色簇生花，花瓣有四，果实小且呈圆形，“不如胡椒粒来得大，不过形状高雅美观”。这种树目前被命名为黑火炬树（*Erithalis fruticosa*）。

Laurifolia arbor flore tetrapetalo, fructu racemoso ro-
tundo cannulato & coronato. Cat. Jam. p. 136. Hist. vol.
2. p. 20. Raij. Hist. t. 3. D. p. 86.
Erithalis fruticosa Linn.

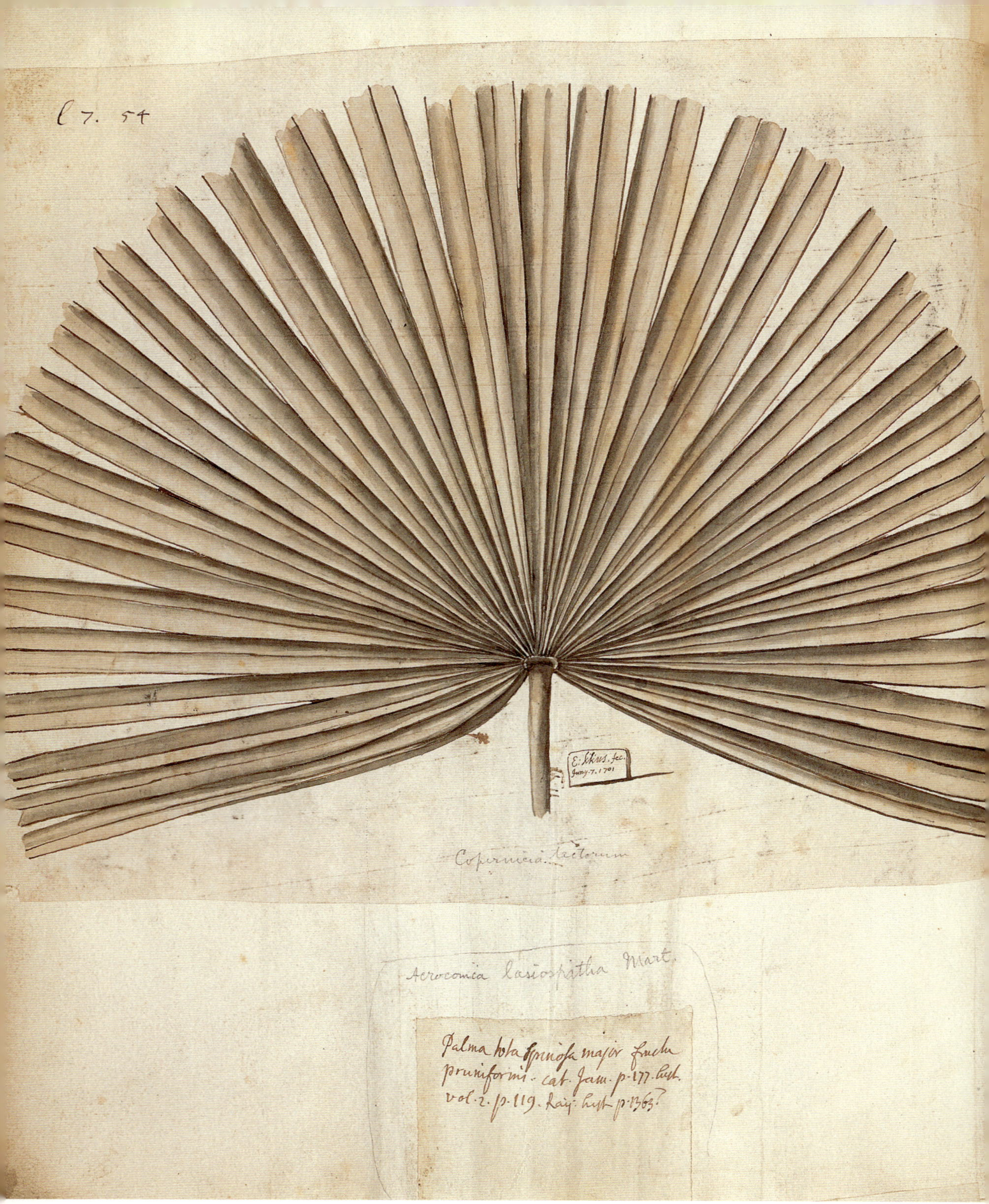

Copernicia tectorum
Acrocomia lasiospatha Mart.
Palma tota spinosa major fructu
pruniformi. cat. Jam. p. 177. hist.
vol. 2. p. 119. Raii hist. p. 1363?

斯隆将左页图与本页图中的这种棕榈科植物，根据其叶片命名为 *Palma Brasiliensis prunifera folio plicatili seu flabelli formi caudice squamato*，意为“巴西棕榈，会长出李子状果实，叶面皱折或呈扇形，茎上覆鳞片”。根据斯隆的分类，它属于“会长李子状果实的树”。这种树目前被命名为大刺毛榈（*Acrocomia spinosa*）。它在牙买加当地被当成原料，有许多种用途，尤其被用来覆盖屋顶（因此英文俗名为屋顶树）。树皮通常被拿来制作箱子和篮子，木材则被做成弓箭、棍子、飞镖、箭头等。叶子被拿来当成生火用的扇子，是风箱的替代品，此外，也会用来覆盖盐以保持干燥。遇上荒年之际，居民也会食用它的树根与果实。

42.
E kikus

斯隆将左页图与本页图中的这种锦葵科植物称为 *Malva arborea*, *folio rotundo*, *cortice in funes ductili*, *flore miniato maximo liliaceo*，意指“锦葵树，叶圆，树皮上覆满延长的线状物，花朵呈淡红色至淡紫色”，或称为木棉或红树。这种树目前被命名为高红槿（*Hibiscus elatus*），俗称方皮木、高槿、山槿、马霍木槿。这种树具有圆形叶，花朵有五片花瓣，包围着红色“且长度与花瓣相同的花柱，花柱上有许多雌蕊，整朵花状似红色的百合花”。树皮显然有实际用途。斯隆曾经在其他著作中提到：“较厚的树皮会被用来制成粗线，再制作成马裤给黑人和奴隶穿着使用。”

TYPE SPECIMEN
Erythrodes plantaginea (L.) Fawc. & Rendl.
Satyrium plantagineum L.
J.D. Ackerman 1987
Erythrodes plantaginea

左页图与本页图中的兰花，被描述成 *Orchis elatior latifolia asphodeli radice*，*spica strigosa*，意指“长得很高的兰花，叶宽，与日光兰相似的根，花穗上有硬毛”，生长在迪亚夫洛山的树林里。花柄约 45 厘米高，两侧都会长出互生叶，叶长 7.5 厘米，最大叶宽约 4 厘米。花型细长，由花柄顶端向外生长，“花柄弯曲，花距（花蜜储存处）圆钝，唇瓣（后方花瓣）小，盔瓣（盔状唇瓣）大，唇瓣分离，与其他同类兰花一样”。这种植物目前被命名为车前细笔兰（*Erythrodes plantaginea*）。

Edwd. kicking fecit.

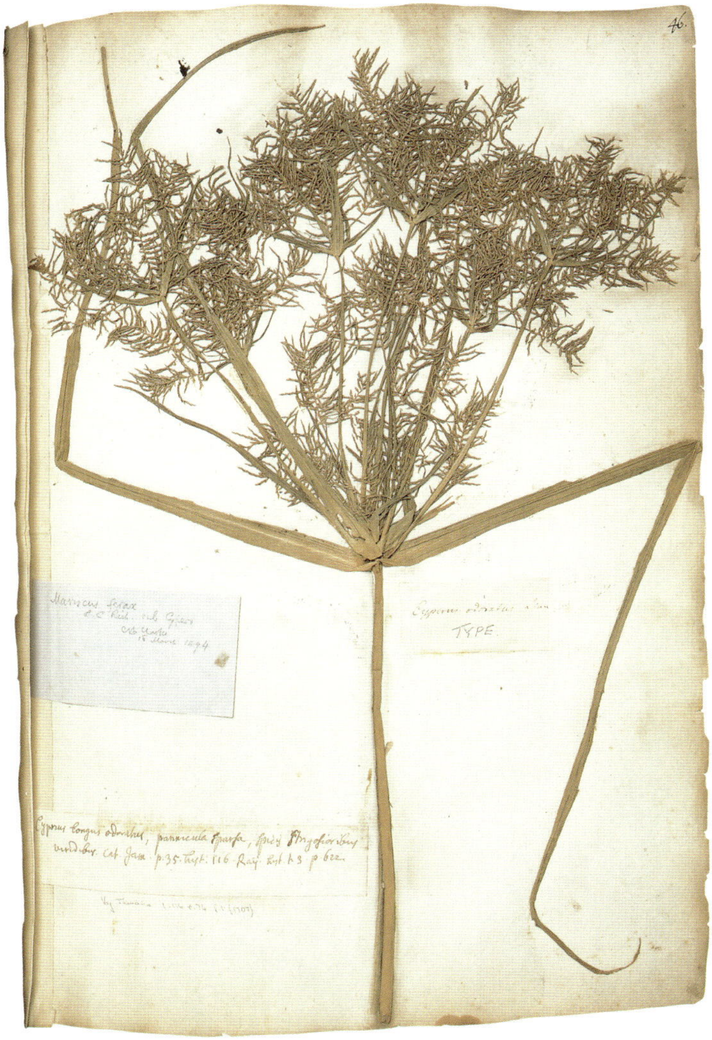

许多在林奈确立二名法之前的物种学名，在现代植物学命名中仍然继续沿用。斯隆开始研究左页图与本页图中的莎草科植物时，把它归类到所谓“具有草状叶的草本植物”，命名为 *Cyperus longus odoratus*，指“具有香气的长莎草”。植物学家约翰·雷也用同样的字眼来描述这种植物的近亲——英国莎草。根据林奈二名法，斯隆的莎草最后被命名为 *Cyperus odoratus*，中文称为断节莎，而英国莎草则是 *Cyperus longus*，中文称为香根莎草、甜莎草或高莎草。

斯隆笔下夹竹桃科植物*Apocynum erectum fruticosum flore luteo maximo & speciosissimo*，指本页图中“笔直的罗布麻灌木，会开出巨大且让人惊艳的黄色花朵”或是“草原花”，目前被命名为金香藤（*Urechites lutea*）。根据斯隆的观察，这种植物“在草原里到处生长”，而且“终年开花，赏心悦目”。右页图是另一种更重要的植物，也许是斯隆调配牛奶巧克力饮料的来源——学名为*Theobroma cacao*的可可树。他在叙述可可树的果实时写道：“坚果本身由许多部分构成，状似牛肾，在敲开硬壳之前就可以看到部分果实线条，内部中空，果肉质地油润，味稍苦……”

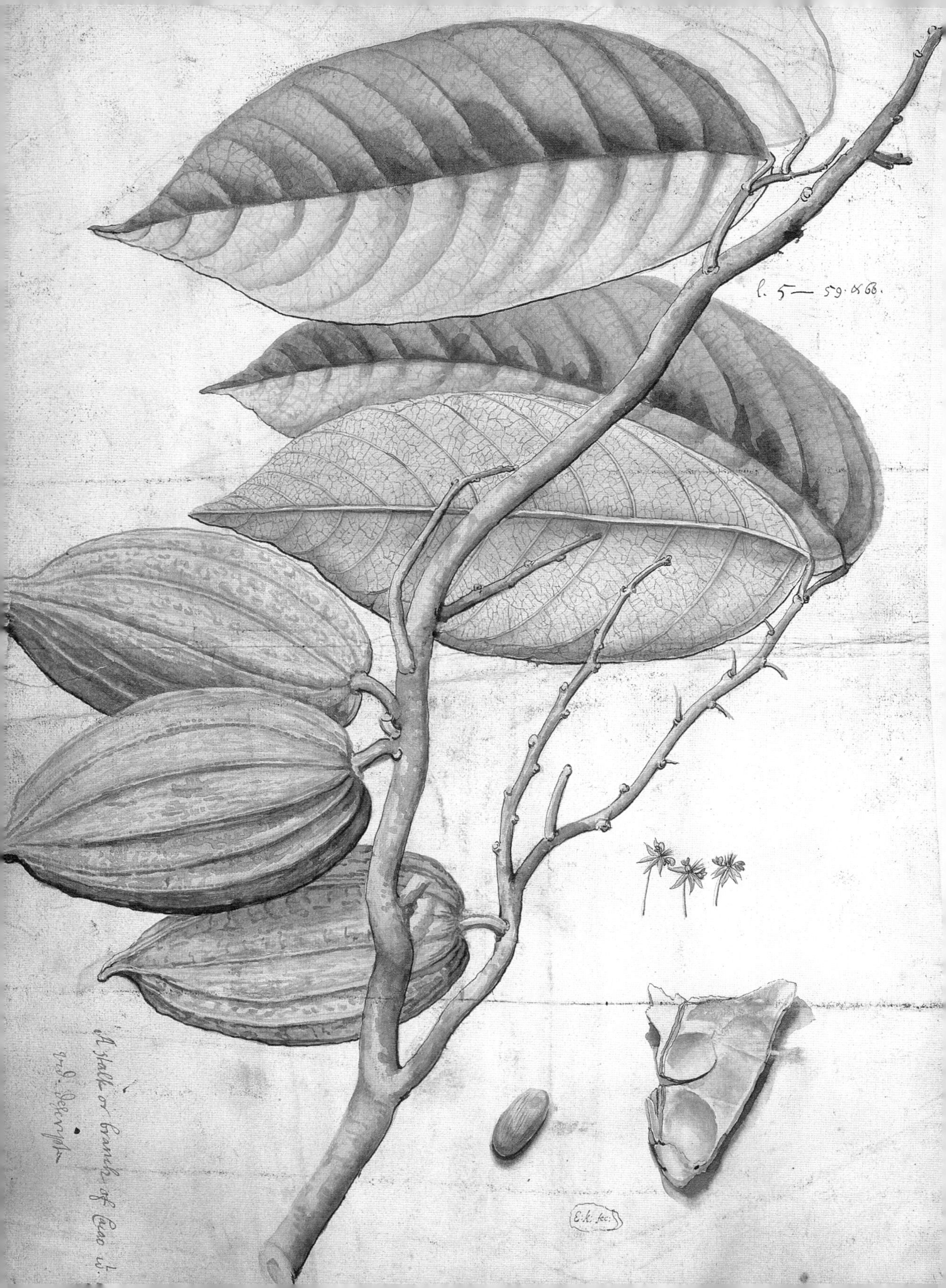
l. 5— 59. & 68.
A stalk or branch of Cacao w.
E.K. fec.

101.
E.k. fecit.

斯隆把这种凤梨科植物描述成 *Viscum Caryophylloides maximum capitulis in summitate conglomeratis*，意指“具有黏性、状似丁香的巨大花朵聚生植株顶端”。“这种植物有许多细长的深褐色根毛，牢固地附着在树木的树皮表面上，细根聚合在一起呈椭圆状……”绿色与略带红色的叶片状似玫瑰，聚生花柄顶端，其上覆盖着一层黏液，种子穗被包围在内。斯隆记载道：“这种植物生长在巨大老树树身上，不过倘若恰巧落在地上，它也能扎根生长。”它目前被称为星花凤梨（*Guzmania lingulata*），别称黄星凤梨。

本页图与右页图分别为紫草科的一种灌木标本与素描，斯隆称之为 *Caryophyllus spurius inodorus*，*folio subrotundo scabro flore racemoso hexapetaloide coccineo speciosissimo*，意指“假石竹，无臭，叶状稍圆，叶面粗糙，总状花序，会长出状似六瓣、令人惊叹的红色花朵”。这种植物目前被命名为赛伯破布（*Cordia sebestena*），别称仙枝花。根据斯隆的记载，这种树有垂直生长的习惯，有许多向上的枝干，披覆着“黏土色的树皮”，高度可达 2.4 至 2.7 米。叶片几乎呈圆形，表面粗糙，呈深绿色，植株会长出“许多”小巧玲珑的鲜红色花朵。斯隆说：“我从来没有找到这种植物的完整果实……它长在巴彻勒先生家后方的岩岸上，离黑色大桥不远，把河岸点缀得赏心悦目。”

l. 5. – 71

Cyperus minimus Linn.
Gramen cyperoides minimum, spicis pluribus compactis ex oblongo rotundis. cat. Jam. p. 36. Hist. 120. Raij. hist. t. 3. p. 625.
Voy. Jamaica 1:120 t. 79 f. 3 (1707)

左页图与本页图中的这种微小莎草，被斯隆命名为 *Gramen cyperoides minimum*，意指“非常细小的莎状草”，它只能长到 7.5 厘米高。这份标本的保存状况极佳，即使细根也仍旧清晰可见。斯隆对于青草和灌木在牙买加生态系统里所扮演的角色感到很困惑：“我原本很怀疑我在美洲岛屿上是否会找到任何青草，认为至少在像是欧洲内地草原的地方才应该找得到，不过等我抵达此地以后，却找到许多草原，以及与欧洲草原植物相似的青草种类……我们很难理解这些植物在大自然的功用，它们应该不是大型四蹄动物的食物来源，因为在这些岛屿中，只有一种大型四蹄动物存在，而且还是欧洲人抵达以后才引进的动物，除非就像一般所言，种子较大的玉蜀黍是为了提供人类营养，这些植物和它们的成熟种子是为了给鸟与昆虫当作食物之用。”

本页图与左页图分别为桑科蚁栖树层的号角树（*Cecropia peltata*）标本与素描，这种树又称蚁栖树、蛇木。斯隆将它称为“奥维耶多伞树”（*Yaruma de Oviedo*），并表示这种树木在牙买加与西印度群岛的树林里分布极广。它有许多用途：叶片和多汁的木髓被“当地土著和黑人”用来敷裹伤口，巴西人则将其枝干当成木柴使用。本页右方的两幅小图是另一种大戟科植物标本与基修斯替它绘制的素描，可追溯到1701年5月31日，因为叶子多刺，斯隆把它拿来与欧洲的冬青比较，目前被命名为冬青核果木（*Drypetes ilicifolia*），俗称花梨木、黄檀。

本页图中这份来自第三册植物标本册的天南星科植物标本，被斯隆描述为 *Arum saxatile*，*repens*，*minu*，*geniculatum & trifoliatum*，意指“在岩石间匍匐生长的海芋，体型小，叶呈膝曲状，叶片具有三裂”，目前被命名为三裂喜林芋（*Philodendron tripartitum*）。这是种攀缘植物，茎具有海绵质的髓，富含白色汁液。沿着主干有许多茎节，由茎节上长出“五或六个吸根……”，借由吸根牢固地附着在任何邻近的树木上。

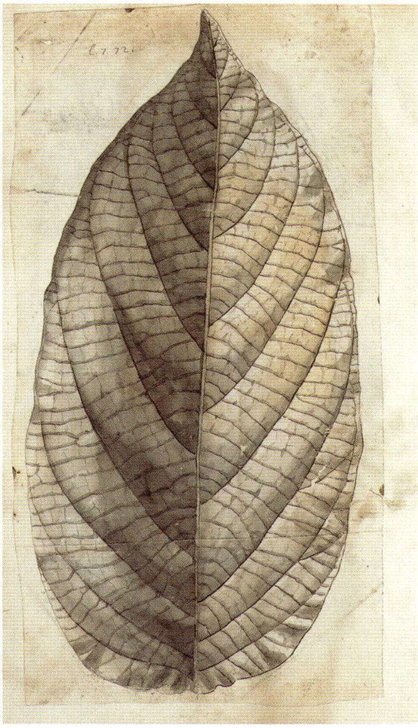

根据斯隆的说法，本页图中的叶片所属的这种紫草科植物是 *Prunus racemosa*，*foliis oblongis hirsutis maximis*，*fructu rubro*，意指“具有总状花序的樱桃，叶呈椭圆状，叶片大且多毛，结红色果实”，或称“宽叶樱桃树”。在遇上未经辨识的植物时，斯隆会据其所知将该植物加以命名，因此他把这种植物归类到欧洲人熟悉的“樱属”。树叶“灰白且呈波状，如鼠尾草或毛地黄一般，有毛状物覆盖，呈嫩绿色”。这种树目前被命名为大叶破布木（*Cordia macrophylla*），俗称鱼叶树。

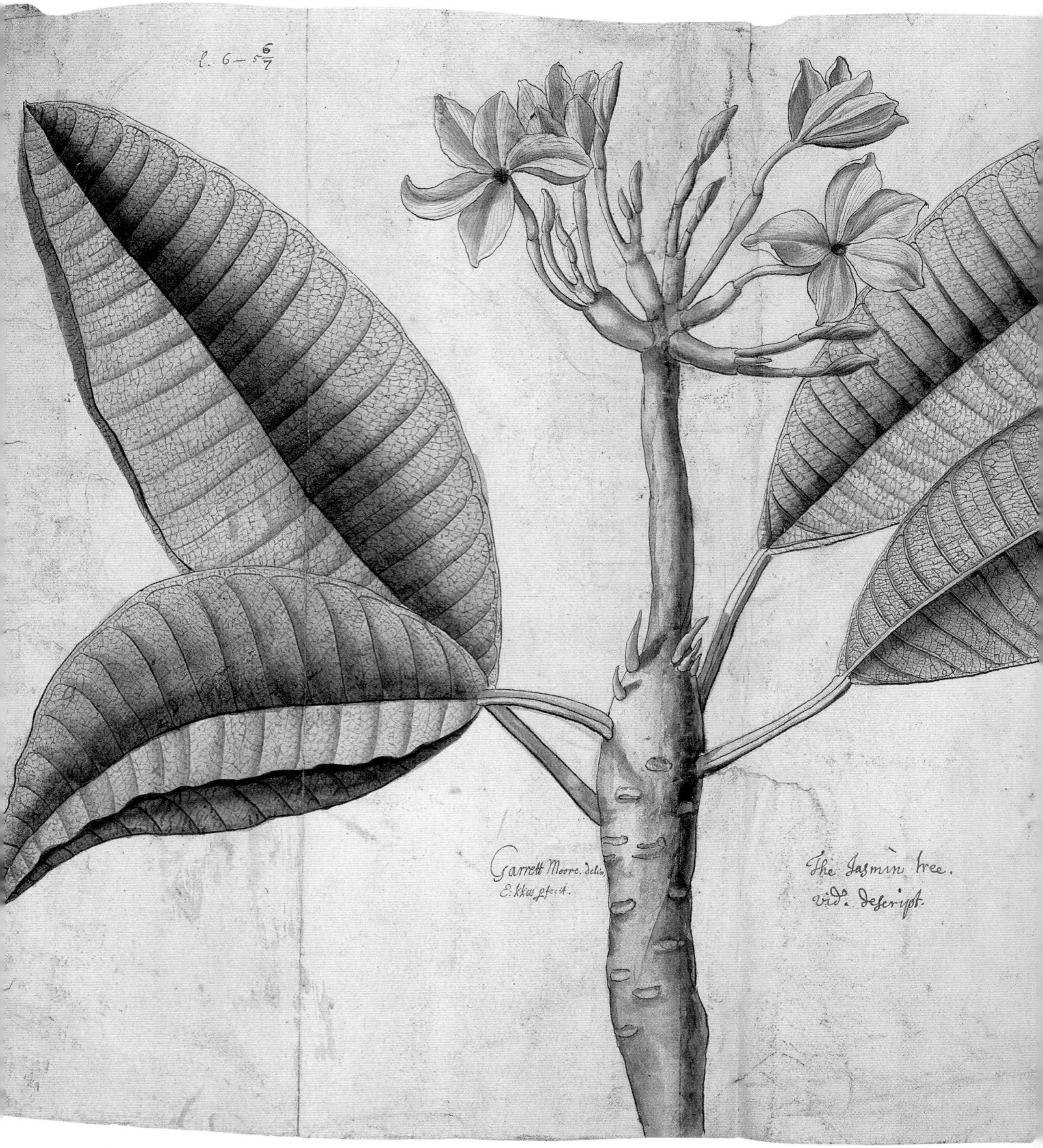
Garrett Moore. delin
The Jasmin tree.
vid. descript.

左图中这种夹竹桃科的“茉莉树”，被斯隆形容为 *Nerium arboreum*, *folio maximo obtusiore*, *flore incarnato*，指“叶片大而钝、具有肉质花的夹竹桃树”（目前的学名为 Plumeria rubra，中文名称为缅栀，别称红鸡蛋花），大约相当于苹果树的大小，具有“颜色美、气味宜人的花朵”。在牙买加、巴巴多斯与加勒比海诸岛上，这种树常用作花园装饰，不过它也有实际用途。斯隆说：“这种树的汁液会让人产生灼热感，不过根据当地土著的说法……服用两英分[1]二十四格令[2]，很容易便能将因梅毒或水肿而起的黏液和黑胆汁[3]排出，尤其是因冷体质而起的问题。”本页下方图是鸭跖草科紫鸭跖草（*Tradescantia zanonia*）的标本，出自标本册第四册。

1.Scruple 是英美药衡单位，译为英分，约 1.3 克。

2.Grain 是最小的药衡单位，译为格令，约 0.0648 克。

3. 古希腊医学之父希波克拉底提出的体液论，认为人体内部具有血液、黏液、黄胆汁和黑胆汁四种体液，它们相互混合的程度决定气质。

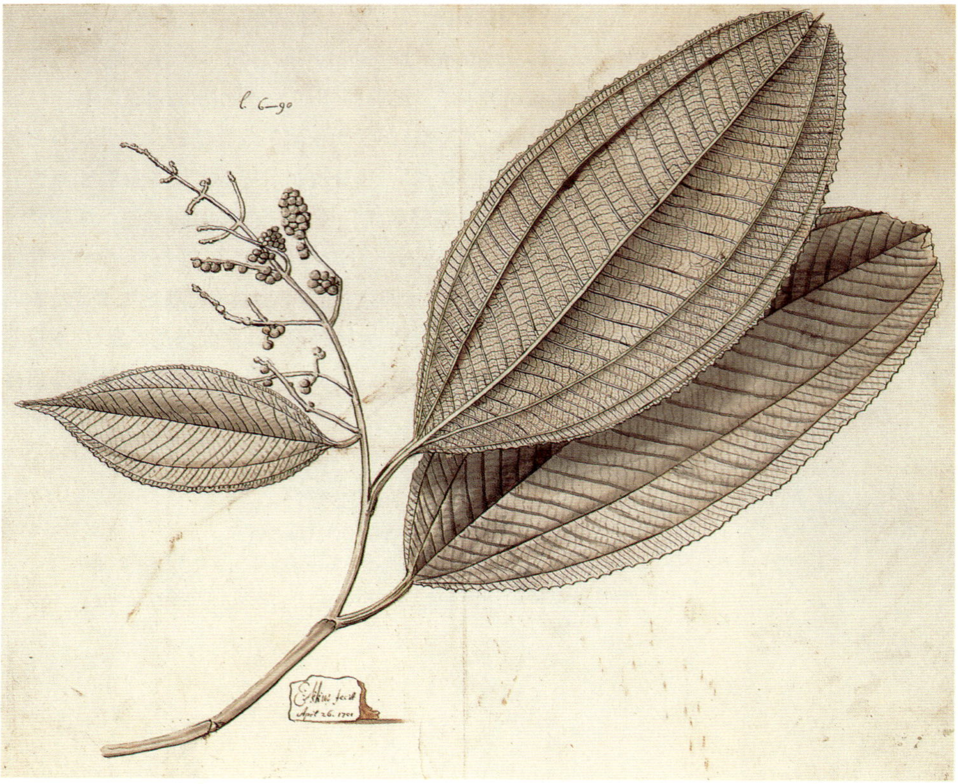

右页图中的标本与本页图是基修斯所绘制的素描，在斯隆笔下 *Grossulariae fructu arbor maxima non spinosa*，*Malabathri folio maximo inodoro*，*flore racemoso albo*，指“会长出醋栗果实的大树，无刺，叶形状似柴桂，叶大，无臭，总状花序，花呈白色”。（目前学名为 *Miconia elata*，中文称高野牡丹）这张素描于 1701 年 4 月 26 日绘制。根据斯隆的记述，这种植物的树干“与人的大腿一般粗，树皮呈赤褐色，树皮几近光滑，非常高挺，约 6 米高……”斯隆对这种植物的结论是：“它生长在内陆山林例如迪亚夫洛山的红山丘上，在柯普上校种植场的另一侧，离种植场不远……在巴巴多斯也有生长。”

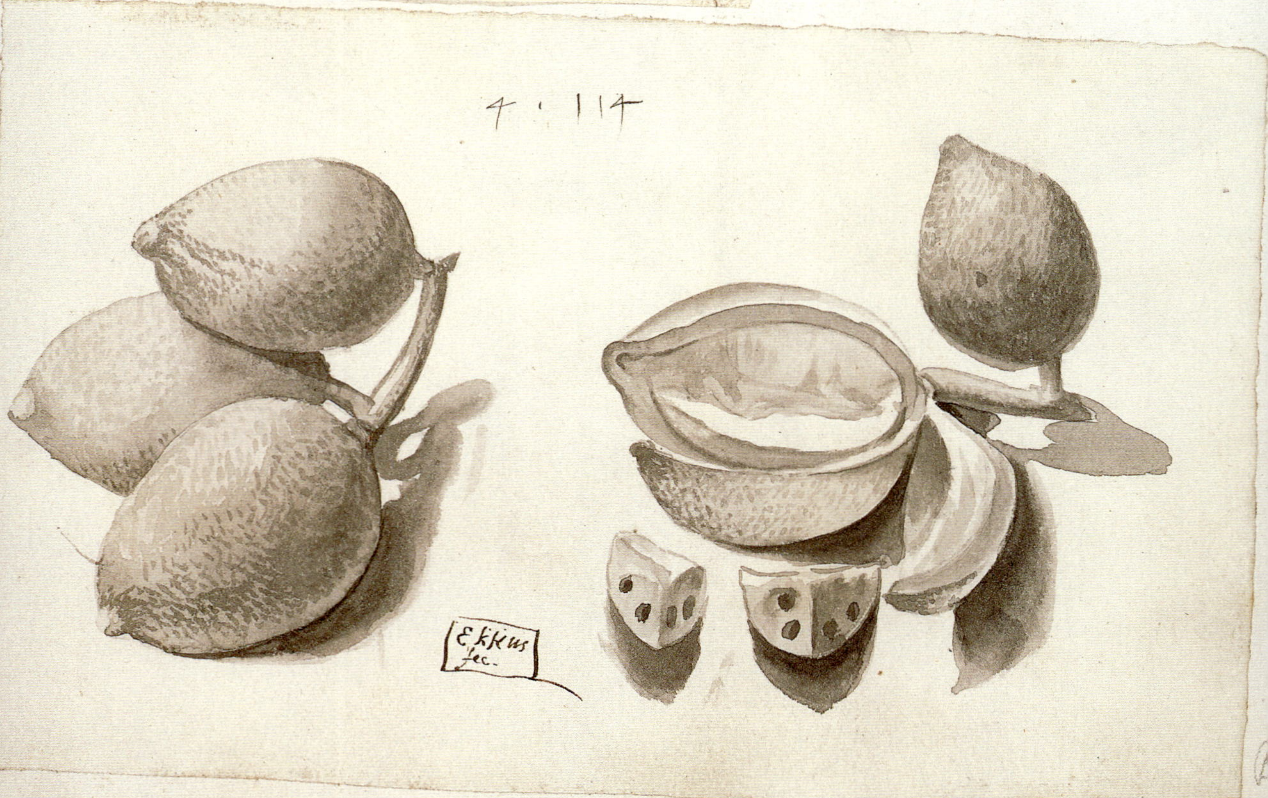

Caraguata-aca
hyt. 248. Raij.

长出这些果实（左页图）的凤梨科植物，被斯隆命名为 *Caraguata-acanga*，指“多刺的卡拉瓜塔”（目前学名为 *Bromelia pinguin*，中文称企鹅红心凤梨）。他写道：“这种植物非常能解渴，当英军在伊斯帕尼奥拉[4]登陆时非常缺水，许多生命因为它这种多水的特质而获救。”不过，它也有缺点：“果实具酸味，味道差强人意，吃下以后会让人感到不舒服，也会造成口腔顶和舌头脱皮。”与一匙糖一起服用，可以治疗寄生虫、鹅口疮与口腔溃疡，同时有助退烧，也是利尿剂。它也能引发流产，“稍具知识的妓女经常利用它来堕胎”。

4. 西印度群岛中之一岛，即目前的海地岛。

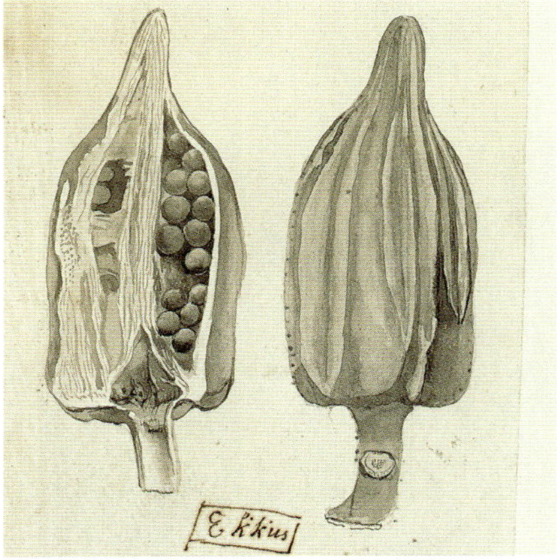

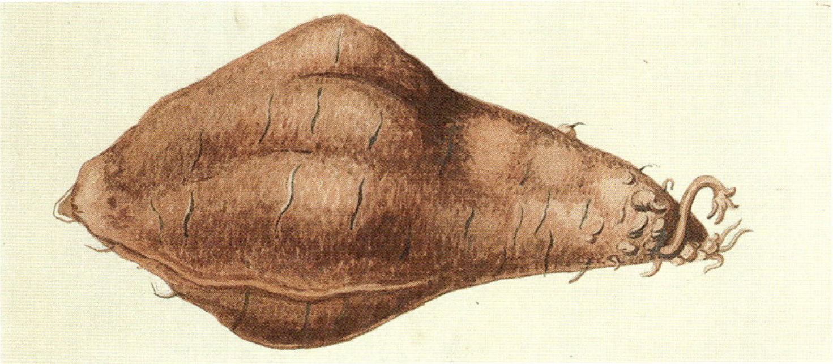

本页左上图是锦葵科植物的黄秋葵，目前的学名为 *Abelmoschus esculentus*。右上图是仙人掌科刺仙人掌（*Opuntia spinosissina*）的果实，其果汁可用来染“亚麻……以及嘴巴和手，或是任何和果汁接触到的东西……”在这些植物中，人们最熟悉的也许是本页下图学名为 *Ipomoea batatas* 的旋花科甘薯。斯隆将它称为“西班牙马铃薯”，他解释道：“它通常用水煮熟或在灰烬里烘烤，被认为是绝佳美味且营养极高的食物，加上生长迅速，很快就能收成，一般把它当成获利最高的根茎类粮食。”

第二章

探索锡兰（1672～1757）

保罗·赫尔曼、约翰·吉迪恩·洛顿、彼得·迪贝维尔

伦敦自然博物馆的收藏包含了许多无名英雄的心血结晶。尽管许多知名科学家所提出的概念，在发展时往往受惠于这群无名英雄的努力，不过他们在大多数时候都是受到忽略的一群。馆内两个典型的例子发生在英国势力尚未染指前的锡兰，也就是现在的斯里兰卡。这两个例子同时也说明，即使像伦敦自然博物馆这座存在已久的机构，有时仍会在材料已经完成搜集或制作的多年以后，才有机会获得该收藏，偶尔更会遇到出人意料的机缘，取得第一手的原始资料。

1658 年，荷兰人从葡萄牙人手上抢过锡兰，占领该岛一百四十年，至 1798 年锡兰成为英国属地为止。荷兰人统治下的锡兰，事实上是由一系列行政长官所率领的荷兰东印度公司来管理。一般可能会以为，锡兰当地具有科学价值或吸引力的材料，在荷兰人统治的这段时间，应该会被荷兰境内诸多杰出的大学与博物馆收藏，不过 1925 年，来自荷兰海牙市的书商马蒂纳斯·奈霍夫却公开出售了一批约翰·吉迪恩·洛顿在 1752 至 1757 年派驻锡兰期间所搜集的动植物图像收藏与少数手稿。当时，在原先曾在伦敦自然博物馆动物学部门担任助理、后来受到封爵并

芭蕉科植物的大蕉（*Musa paradisiaca*，或称粉芭蕉）的蕉苗，出自保罗·赫尔曼的植物图画集。这些蕉苗的重量可达 18 至 27 千克之间，果实只能熟食。

成为伦敦自然博物馆馆长的诺曼·金尼尔推荐下，博物馆以七十五英镑的价格购入此批藏品。

洛顿于1710年在荷兰乌得勒支行政区的马尔滕斯代克市出生，自1731至1757年间于荷兰东印度公司任职。他在该公司服务的前二十年，曾被派任至巴达维亚（现在的雅加达）、三宝垄、望加锡（或称锡江）等地，职位步步高升，并于1733年和出生于南非的安娜·亨莉耶塔·范博蒙共结连理。他在1752年被指派为锡兰行政长官，携妻移居科伦坡。

在治理锡兰的那五年，洛顿并不轻松。在他抵达锡兰岛时，适逢政治动荡期，当地的僧伽罗人持续在岛内引发动乱，而且这种政局不稳定的情势一直延续到洛顿下任行政长官任职期间，逐步扩大，最终演变成荷兰人与僧伽罗人之间的全面战争，造成惨重的损失。而在洛顿的任期内，情势就已经非常危急，除了内乱以外，随时也可能面临外患侵扰，尤其是法英两国早就对此地虎视眈眈。雪上加霜的是，洛顿的妻子于1755年去世。

本页左图是迪贝维尔画笔下的乌桕大蚕蛾（*Attacus atlas*）。乌桕大蚕蛾是印度与东南亚的原生种，在分类上属于天蚕蛾科。天蚕蛾科的昆虫，以雄性个体身上的梳状触角为特征。对天蚕蛾而言，梳状触须是敏感的气味监测器，具有攸关存活的重要功能，雄性个体能借此侦测到一定距离以外的雌性个体所散发出的性费洛蒙。本页右图的竹荪（*Phallus indusiatus*）在热带亚洲相当常见，因为外形与气味之故，通常被称为面纱菌、网纱菌，国外常以“臭角”称呼之。

尽管周遭环境不利，洛顿仍然维持着他对科学的热忱，尤其是博物学的研究，这样的兴趣，其实源自于他开始派驻海外的早期。洛顿在科伦坡搜集了许多当地动植物标本，并聘请一位优秀的当地艺术家为这些标本作画。我们对这位艺术家所知有限，汇整各资料来源更会发现，连他到底姓名为何都有争议。据信这位艺术家姓迪贝维伦或迪贝维尔，这个姓在荷兰很普遍，由他的祖父威廉·亨德里克·迪贝维伦，一位与锡兰当地僧伽罗妇女生下一子的荷兰军官所传下。这位军官之子，也就是艺术家的父亲，叫作威廉兹·迪贝维尔，约在1700年出生于巴达维亚，婚后跟着荷兰东印度公司移居科伦坡，担任助理。他的儿子，亦即艺术家彼得·迪贝维尔，于1733年左右出生。在那个年代，祖父与孙辈同名极为常见，因此有人认为他叫威廉·亨德里克，与祖父同名，不过，也有人称他为彼得·科内利斯，这种对其姓名未有定见的状况，让人感到极度困惑。人们对他的青年时期、教育或早期职业生涯一无所知，即使在1757年，时年二十多岁的他随着洛顿移居巴达维亚之后，人们对他后来的生活仍然全无所闻，只知道他于1781年去世。

然而，他精致优秀的素描与绘画却被保存了下来，这些画作大多在锡兰绘制，只有少数是巴达维亚时期的作品。在伦敦自然博物馆的洛顿收藏，共有一百五十四件文物，其中包括九十八幅鸟、五幅哺乳动物、七幅鱼类、十七幅各式无脊椎动物以及十六幅植物绘画。这些画作从未被独立出版，不过在18世纪博物学家中却是非常为人所熟知的，这也许是因为洛顿在巴达维亚停驻一年多以后便退休，并在回到荷兰以后辗转来到伦敦，自1759至1765年定居于伦敦市富勒姆区，与英国妇人利蒂希娅·科茨结婚。洛顿能操流利英语，在伦敦科学圈中极受敬重，他也在1760年获选英国皇家学会会员。在这段期间，以及稍后他回到荷兰以后，他提供迪贝维尔的作品，供当时几本重要且影响甚巨的出版品使用。举例来说，英国皇家医学院的图书馆员乔治·爱德华兹于1758至1764年间出版的《博物拾遗》、库克船长第二次远征太平洋时的随船博物学家约翰·福斯特在1781年出版的著作《印度动物学》以及托马斯·彭南特于1769年出版的《印度动物学》等，都曾用到迪贝维尔的作品。在读了彭南特的著作以后，约瑟夫·班克斯爵士在库克船长初次远征出航时聘请的绘图员悉尼·帕金森，便复制了迪贝维尔的作品，这大体是洛顿有生之年，最后一次有人使用迪贝维尔的作品。洛顿于彭南特《印度动物学》出版的该年，殁于乌得勒支。

洛顿把迪贝维尔的画作遗赠给位于荷兰哈勒姆市的科学学会，到1866年为止，

图为赫尔曼植物图画集之原件，这些素描集是其植物标本收藏的一部分。图中的这两页是莲科的莲花（*Nelumbo nucifera*，亦称荷花）的叶片、花朵与莲蓬。在中国（特别是西藏地区）以及印度的传统中，荷花是圣洁的象征。印度人以荷花的梵语名 padma[1] 称呼之。就莲花的学名来说，种名 *nucifera* 是“含有坚果的”之意。如果把莲子埋到河泥中，即使经过数世纪的时间，仍旧可能发芽。

1.padma 也指印度神像下方的莲花底座。

这批作品一直都由该学会保管，之后因故散佚。它们似乎了无痕迹地消失了将近二十年，直到 1883 年，奈霍夫先生在海牙市公开销售这批作品，而事隔多年后，奈霍夫书店再度经手转卖，这批作品才在伦敦自然史博物馆找到落脚之处。奈霍夫第一次经手迪贝维尔的画作时，是以三百盾[2]的价格卖给霍滕先生。霍滕针对这批作品的背景进行了相当多的研究，随后成为哈勒姆殖民博物馆委员会主席。至于它们为何没有成

2.盾为荷兰在使用欧元以前的货币单位。

为该馆或其他荷兰机构的典藏，则是个谜团，也许是因为当时并没有机构愿意开出霍滕心目中的理想价格，收购这批藏品。不论如何，霍滕或他的遗嘱执行人显然在 1920 年早期，把它们又卖回给奈霍夫，之后这批作品才来到它们的最终停留处，距离约翰·洛顿在约两世纪半以前位于富勒姆区的住所仅有一到两公里距离的伦敦自然博物馆。

几乎在伦敦自然博物馆收购洛顿收藏的一世纪以前，大英博物馆收到另一批比洛顿时间更早、不过重要性相当的锡兰文物。这批文物于 1827 年与约瑟夫·班克斯爵士的庞大收藏一起来到博物馆，不过它们的时间却可以回溯到荷兰统治锡兰的早期。在 17 世纪中期至晚期，锡兰岛是荷兰一个重要的战略据点，不过也因为它身为天然产品的重要来源而备受重视，尤其因为锡兰盛产当时被欧洲人视如珍宝、据称能帮助肠道消气的肉桂。至 1664 年，锡兰至阿姆斯特丹的肉桂年出口量，已经从荷兰东印度公

身为医师的赫尔曼，主要关注于锡兰的植物种类与这些植物可能的医疗用途上。尽管如此，他还是记录了岛上不少动物，图中的懒猴[3]（*Slender Loris*）便是一例。

3. 锡兰岛上可以找到两种脊懒猴，一为懒猴（*Loris tardigradus*），一为灰瘠懒猴（*Loris lydekkerianus*）。

司刚接管种植场时的十一万三千四百公斤，增加到六十八万四百公斤。在这个肉桂贸易高峰的数年以后，年轻的保罗·赫尔曼医师于1672年抵达锡兰，担任荷兰东印度公司的首席医疗官，任期五年。赫尔曼关注的不只是肉桂生产，他对整个锡兰岛植物学的所有层面，都表现出极大的兴趣。

出生于1646年的赫尔曼，在抵达锡兰前才从医学院毕业没多久。不过与医学相较之下，他显然对植物学的兴趣比较高，可能把派驻锡兰当作绝佳的机会，借此在这个欧洲人几乎尚未进行勘查的地区采集植物。当时的锡兰岛虽然名义上是荷兰属地，不过荷兰人的管控只限于沿海区域，即使在之前葡萄牙人统治时期也是如此。内陆地区仍为当地原住民僧伽罗人所统治，以罗阇辛伽国王为领袖，因此想要进入欧洲人足迹罕至的锡兰岛内陆森林区，机会其实是相当受到限制的。

赫尔曼在停留锡兰岛期间搜集的植物标本就反映出当时的情况。由于以科伦坡为基地，所以他的标本大部分是科伦坡一带具有代表性的植物群，同时也有来自当地花园的植物。结果，在赫尔曼所搜集到的数百种植物标本中，大约百分之五十是外来种，完全不是锡兰本地种。在他的标本中，许多都是欧洲本地种，推测起来应该是葡萄牙与荷兰殖民带去锡兰，把它们种在花园里疏解乡愁用的。另外有包括牛心梨、番石榴、腰果、辣椒和棉等十来件标本则来自美洲，这些植物都是绝佳范例，让人们看到物种是如何迅速地从一个相对而言的新探索地传播到另一个地点。尽管有这些非本地种的存在，标本采集地点也相当受限，赫尔曼的搜集量仍然达到四册压制植物标本，加上随附的素描原图，在当时的植物学家收藏中，成为非常重要的一批。

赫尔曼在有生之年，很少有替这批收藏公开宣传的机会。结束锡兰居游以后，他在三十二岁那年受到任命，于1679年成为荷兰莱顿大学植物学系系主任，一直到他1695年英年早逝为止。然而，除了一本出版于1687年的简易收藏目录以外，赫尔曼并没有其他以锡兰植物学为题的著述。在他殁世以后，其遗孀将丈夫的标本收藏与手稿笔记送到英国牛津大学威廉·谢拉德教授处，大概希望能借由任何来自这批标本的出版成果赚点小钱。谢拉德针对赫尔曼的笔记进行编辑，按照植物在僧伽罗语中的名称，制作了一份七十一页的植物目录，并在1717年匿名出版了这本《锡兰博物馆》。这本书与相关标本收藏并没有引起太多人的注意，一直到三十年以后，来自丹麦哥本哈根的皇家药师奥古斯特·冈瑟才重新发现它们的存在。当时，卡尔·林奈已经是相当出名的植物学家，冈瑟知道林奈对来自异国的植物非常有兴趣，便把整批标本送到瑞典

图为乌桕大蚕蛾的腹面观，是迪贝维尔以这种奇异生物为题的系列习作之一。在所有有翅昆虫中，乌桕大蚕蛾的翼展最宽，至多可达 30 厘米，它和其他蛾与蝴蝶一样，具有被一排排微小鳞片包覆的膜状翼，这些鳞片的排列好比屋瓦或马赛克镶嵌画，形成了人类肉眼所见的彩色图案。所有的蝴蝶与蛾都属于 Lepidoptera，中文译作鳞翅目，这个希腊名称的意思就是“有鳞片的翅膀”。

乌普萨拉，待林奈一收到，便立即着手研究。两年后，也就是 1747 年，林奈出版了《锡兰植物群》，列出赫尔曼收藏的六百五十七种植物，其中有四百二十九种已经根据林奈分类法归属到各“属”之下，并且把林奈自己的编号和赫尔曼的笔记交互参照，以便参考。由于林奈之故，赫尔曼收藏的重要性大幅提升，在植物学史中于是有了举足轻重的地位。

林奈出生于 1707 年，是路德教会牧师之子，他违背父母希望他继承父亲衣钵担任神职的期望，到乌普萨拉大学修习医学。在他二十多岁时，他展开一系列植物研究之旅，前往北欧与西欧许多国家，足迹遍及拉普兰[4]、德国、荷兰与英国，并曾在英国与汉斯·斯隆会面。之后，在短期于瑞典斯德哥尔摩执业行医以后，林奈于 1741 年

4.拉普兰位于斯堪的那维亚北部。

受任命为母校乌普萨拉大学植物学系系主任。他出版了一系列著作记述植物标本收藏，标本来源要不来自相当受限的地区，例如赫尔曼的这批标本；要不就是从广泛来源累积者，《锡兰植物群》一书不过是此系列著作中的一本而已。这系列著作，代表着林奈发展自身理念的各个重要阶段，他的概念在过程中慢慢成形，最终形成了他带给博物学界的大礼——二名法。

所谓的二名法，就是"两个名字"的意思，当林奈在18世纪中期引进这个命名法以后，全世界的植物学家与动物学家，便按照这个方式给植物或动物命名，物种名称由两个拉丁文字构成。物种名称的第一个部分是属名，所有相似性高到足以被归纳到同一组或属的生物，都有相同的属名。物种名称的第二部分是一物种所特有的，搭配属名，则提供了一个只适用于该物种的独特组合。因此，人类的物种名称是 *Homo sapiens*，狮子是 *Panthera leo*，雏菊是 *Bellis perennis*。如此一来，任何科学家都能知道其他同侪在使用此类"二名"时，确切指称的是什么。这是个相当大也相当重要的进展，因为在此之前，博物学界并没有一个普遍受接受的命名系统。在林奈以前的生物命名，通常会使用一长串完整的拉丁文句叙述物种特征，尽管如此，这种方式常导致极度混淆与误解的情况。在出版《锡兰植物群》之际，林奈尚未发展出这个简单的二名法，因此书中植物并没有根据这种先进的方式加以命名。不过当他在1753年出版《植物种志》时，所有物种都"适当地"受到命名，林奈更仔细地列出这些物种应参阅《锡兰植物群》的哪些部分，让物种名称与赫尔曼收藏直接结合起来。"模式标本"的概念，也就是植物与动物的物种名称以特定的定名证据标本为基准的做法，在林奈的年代并不存在，而且是经过许久以后才发展出来的做法。尽管如此，回顾起来，赫尔曼搜集的标本就是林奈在为这些植物命名时引以为据的"模式标本"，伦敦自然博物馆也因此将这批标本视为珍宝。目前这批标本与相关图画集都在博物馆找到落脚之处，不过也真是拜18世纪收藏家网络的发达，它们才能从林奈手上辗转来到博物馆所在的伦敦南肯辛顿区。

在林奈完成赫尔曼收藏的科学检验工作以后，他把它们送回给冈瑟，而冈瑟又把它们送或卖给来自丹麦、可能住在哥本哈根的莫尔特克伯爵。在莫尔特克伯爵死后，同样来自哥本哈根的特雷肖夫教授买下这批收藏，截至当时为止，赫尔曼这批材料已经在丹麦停留数十年之久。特雷肖夫最后以七十五英镑

状似枯叶的小提琴螳螂（*Gongylus gongylodes*），是彼得·迪贝维尔替锡兰行政长官洛顿绘制的图画。小提琴螳螂是贪婪的捕食者，善于拟态，会巧妙地伪装成植物的树叶或花朵，这种拟态让它们能够丝毫不受察觉地静静等待昆虫猎物到来，待距离够近，便以闪电般的速度突袭，用前肢捕捉猎物。小提琴螳螂在分类上被归纳到 *Gongylus* 属，中文译为圆头螳属，在希腊文中，*Gongylus* 是“球”的意思，主要是指这种昆虫在后肢膝关节与前肢第二节部分明显增大的外观。

的价格，将它们卖给当时的知名收藏家，也就是约瑟夫·班克斯爵士。班克斯累积了数量相当庞大的珍品收藏，它们在 1827 年先抵达大英博物馆，稍后终于在 1881 年来到伦敦自然博物馆。

右图为棕榈树种植场，图画为赫尔曼所收藏，描绘着如何从棕榈汁制作棕榈酒的各个阶段。在图片最右边和中央，有两个人正在爬棕榈树取得树液。最左边的是正在用大瓮或蒸馏器发酵或蒸馏树液。图片中央还有一群欧洲人边抽烟边饮酒作乐，而右下角似乎有人在呕吐，也许是纵情狂饮棕榈酒的结果。棕榈酒除了是酒精饮料以外，在印度传统中，也被用来代替酵母，作为膨松剂使用，跟世界上其他地方使用葡萄汁的做法是一样的。

本页图与右页图分别是赫尔曼植物图画集中睡莲科的柔毛齿叶睡莲（*Nymphaea pubescens*）叶片与全株植物。一般所谓的莲花，是许多不同属植物的通称，柔毛齿叶睡莲与一般常见的白花睡莲同属。在东方宗教中，许多不同种的莲花都有重要的象征意义。柔毛齿叶睡莲会开出白色的花朵，受到印度舞神湿婆尊崇，湿婆与梵天、毗湿奴并列印度教三大主神。

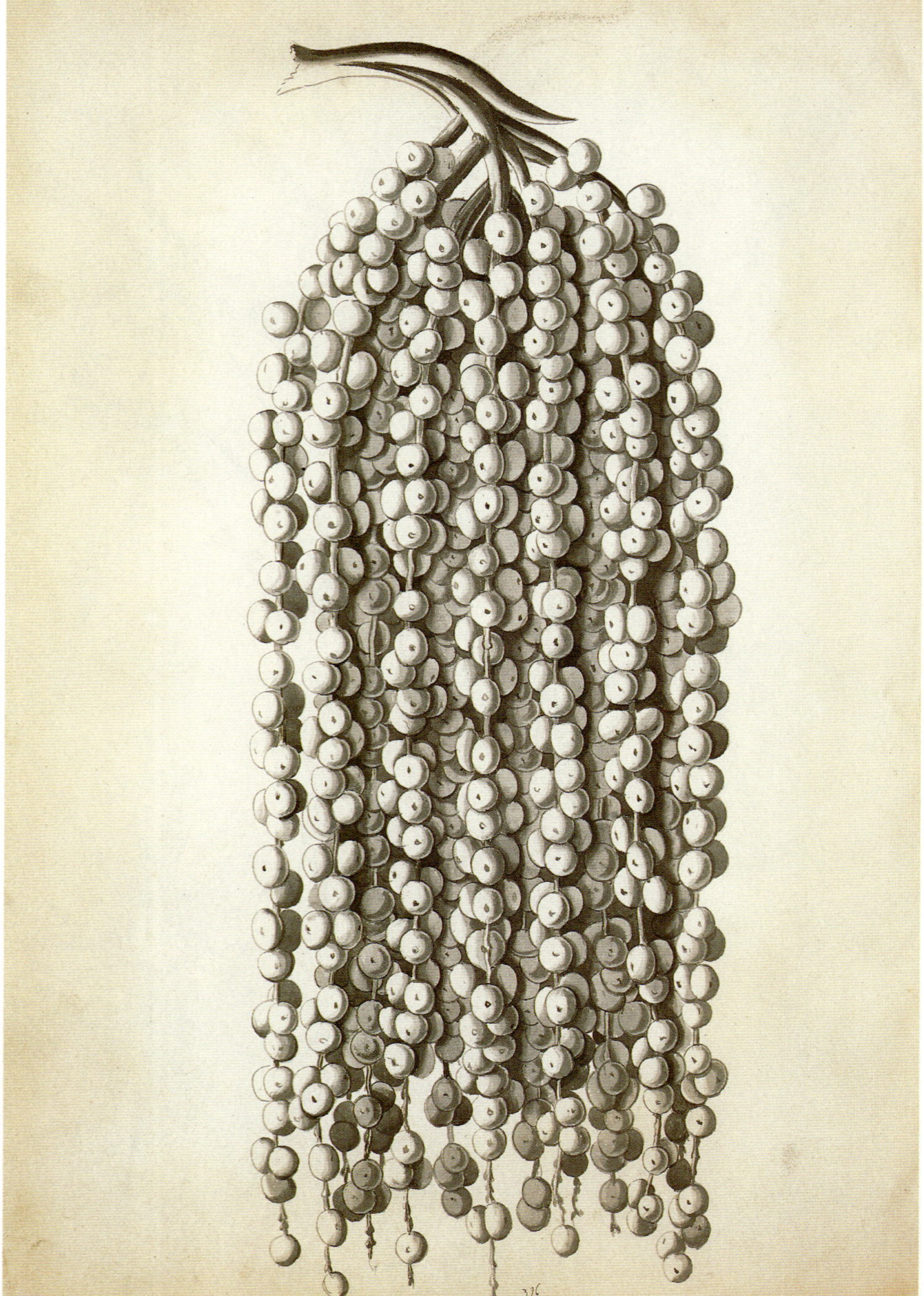
316

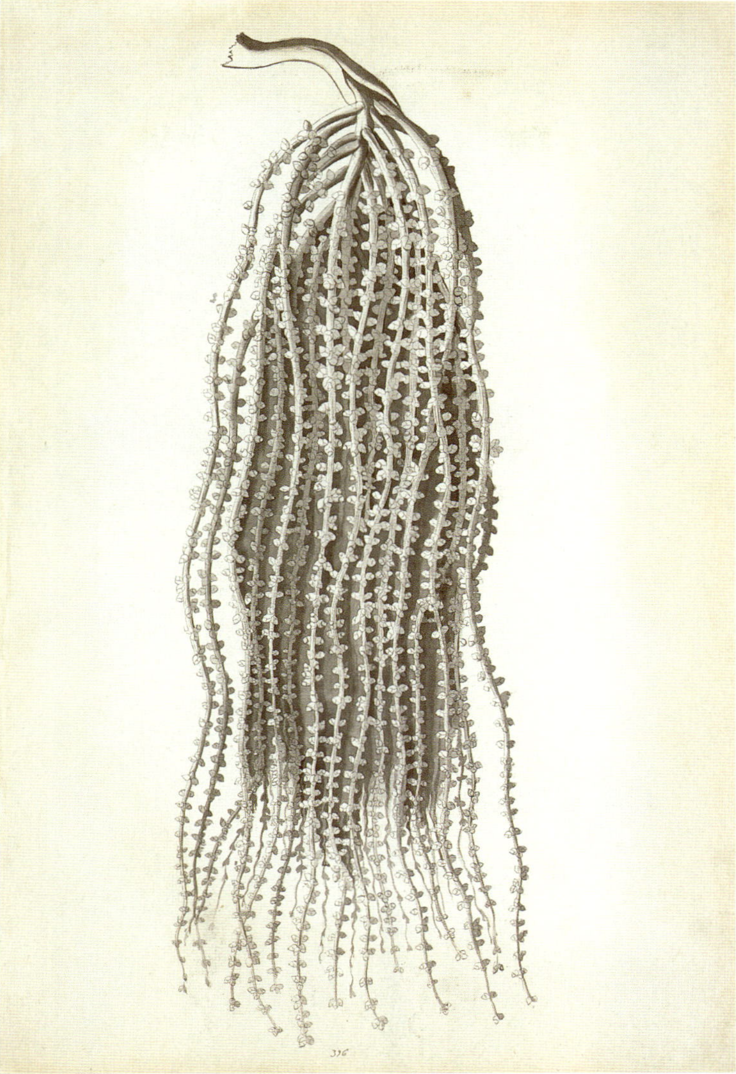

董棕（*Caryota urens*），或称酒椰子、孔雀椰子，具有如本页图所示的肉穗花序或流苏状的密生花朵。肉穗花序底部叶片形成锯齿状的佛焰苞，是人们切口集取汁液的位置，汁液取得后经发酵，制作成棕榈酒。单一花序每日可生产 7 至 14 公升的汁液，如果在同棵树上有超过一个以上的切口，至多可取得 27 公升的树汁。虽然每个结果花序（左页图）上球状的红色或黄色果实，都含有一种刺激性物质，这种植物的种子还是能够借由动物来传播。野生的董棕通常在林中空地与雨林亚冠层边缘生长，也常被当成园地栽植植物。

396

左页图为赫尔曼植物图画集中棕榈科植物的董棕，或称酒椰子、孔雀椰子。这种植物同时也是西谷米、植物纤维与棕糖的来源。董棕的嫩叶可供食用，木髓被拿来制作成淀粉食品，也就是一般所谓的西谷米，至于它的汁液，则经过脱水处理制成棕糖（一种粗糖），或经发酵制成棕榈酒。这种植物的叶柄可被制成一种名为基图[5]的纤维，再加工制作成篮子与绳子。根据当地传统，董棕亦有医疗用途：未成熟的董棕会被捣成泥或制成敷剂，以治疗蛇咬伤。赫尔曼植物图画集中的其他植物（例如本页左下图与右下图），就不如董棕般知名。当卡尔·林奈在1745年左右检验这些图画时，并无法辨识出这些植物的种类，这也许是因为它们不够写实之故。截至目前，这些图画中的植物仍然未受命名。

5.Kitul 的音译。

鸟类是洛顿收藏的特色。本页图是彼得·迪贝维尔画的小金背啄木鸟（*Dinopium benghalense*），图中所画的树及鸟等图像，刚好提供清楚信息以辨识出这种鸟的栖地与行为。在右页图中，寿带鸟（*Terpsiphone paradisi*）停留在紫腰花蜜鸟（*Nectarinia zeylonica*）的下方。寿带鸟会在飞行时捕捉昆虫为食。

本页图是迪贝维尔绘制的九十八幅鸟类图画之一，目前这些图画全为伦敦自然史博物馆的收藏。这幅画描绘的是一只死掉的翠鸟躺在树桩上。图中这只是鹳嘴翡翠（*Pelargopsis capensis*），这张图是明确呈现出绘画题材真实状况的少数例子之一，当时几乎所有动物都是在被捕捉或杀害以后，才被拿来绘图。另外，迪贝维尔替绘画题材赋予生命力的手法更是令人激赏，例如右页图中在树枝上注视着下方的亚历山大鹦鹉（*Psittacula eupatria*）。

右图的蓝孔雀（*Pavo cristatus*），是欧洲人眼中异国风情与财富的象征。蓝孔雀原产于斯里兰卡与印度，雄性孔雀用来展示以吸引异性的羽毛，实际上并非孔雀的尾羽，而是从下背部长出、向后延长且能够直立的尾部覆羽。

左页图中的这只印度领角鸮（*Otus bakkamoena*）正栖息在开花的树上，是迪贝维尔的佳作之一。领角鸮有延长的耳羽，像角一样竖起。本页图所描绘的是天蚕蛾（*Antheraea sp.*）的幼虫在枝叶茂密的茎上爬行的景象，下方悬挂着的茧也是属于同一种天蚕蛾。天蚕蛾在分类上属于天蚕蛾科，在结茧时会大量吐丝。

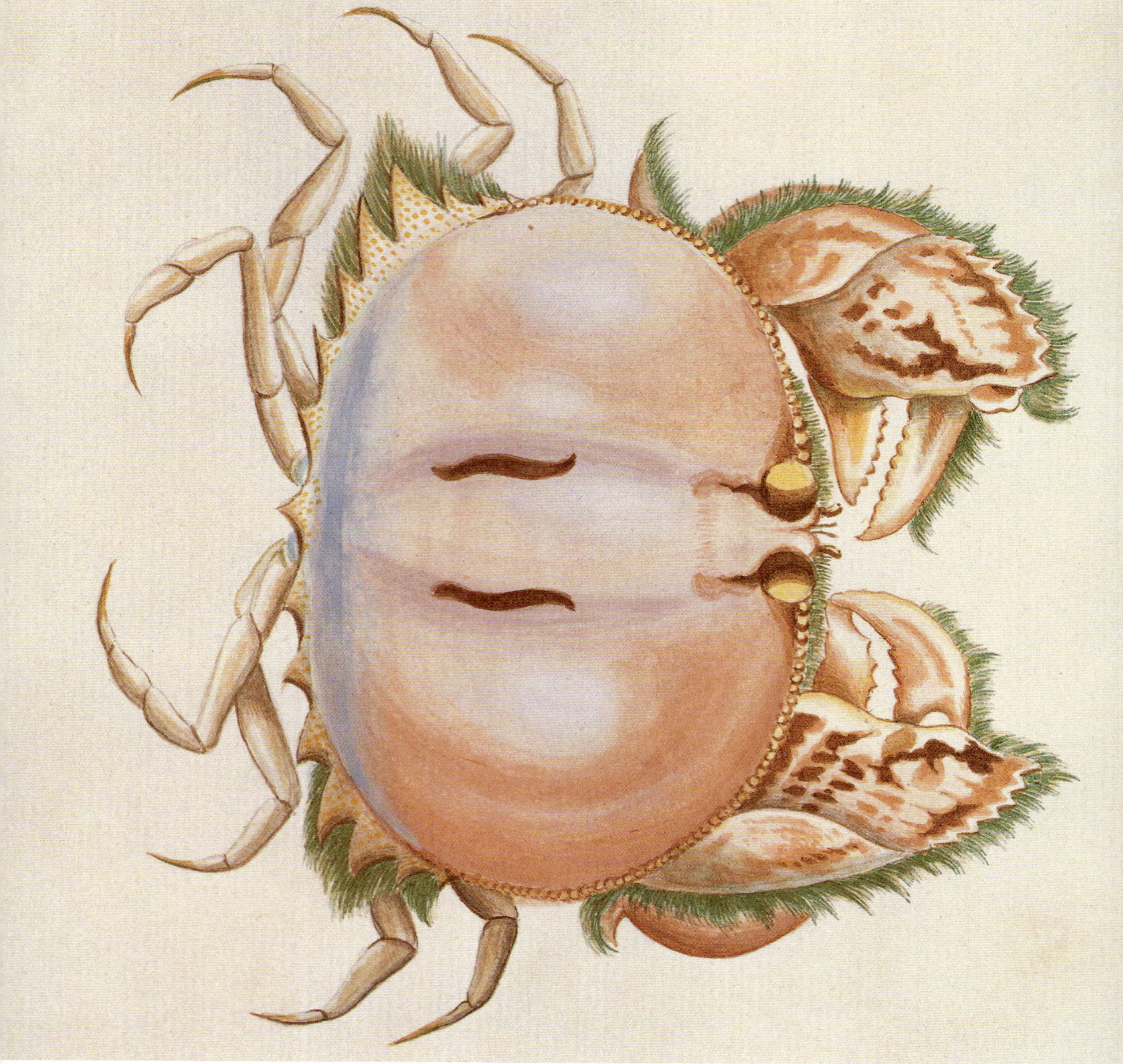

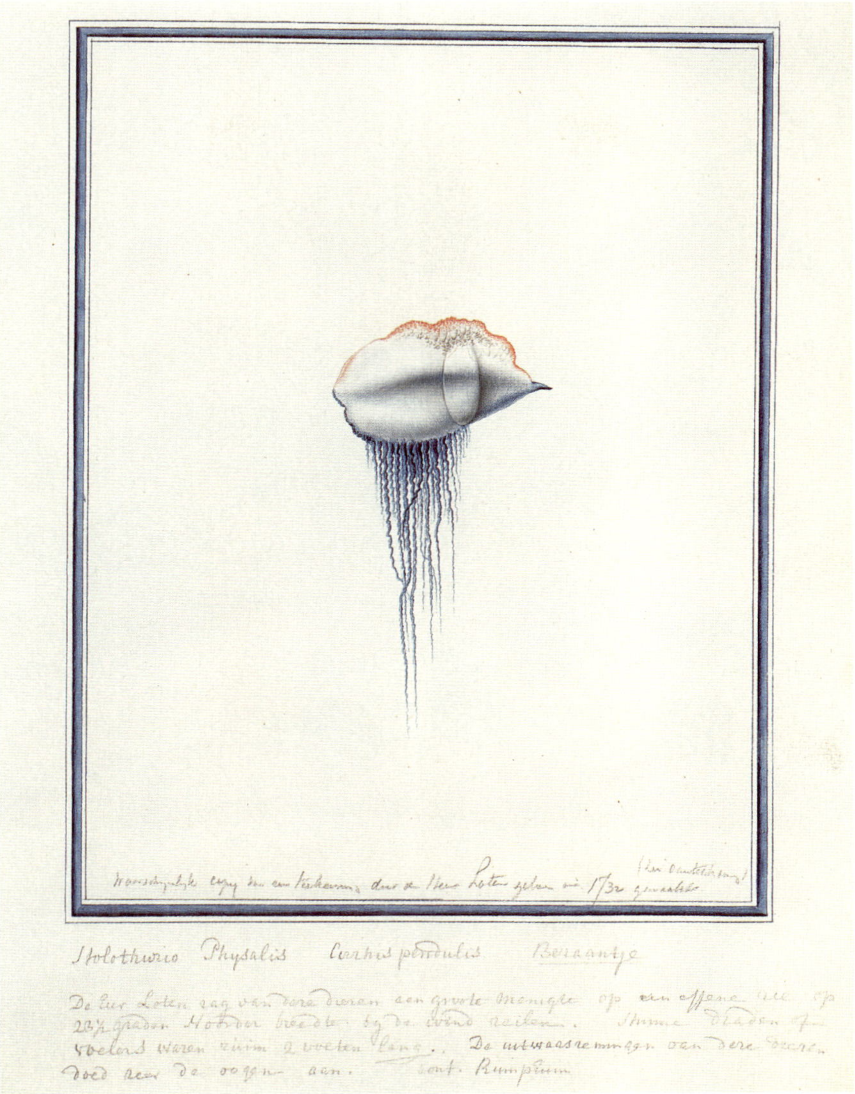

迪贝维尔有许多以鱼和海洋生物为主题的绘画作品，其中包括左页图中的逍遥馒头蟹（*Calappa philargius*）与本页图的僧帽水母。逍遥馒头蟹把螯紧贴着甲壳收起时，体型几呈盒状，因此在西方常被称为石蟹或箱蟹，中文俗称为包蜞、馒头蜞。俗称“葡萄牙战舰”的僧帽水母，并不是单一的水母体，而是漂浮海上的多型性群体动物，成簇的水螅体聚集在大型浮囊下随波逐流，具有刺胞的触手形成的保护网，是它自我防御的方式。

本页图中的长尾巨松鼠（*Ratufa macrura*）是斯里兰卡的原生种，不过在印度半岛南方的泰米尔纳德邦也有这种动物的足迹。它和其他松鼠一样，具有又长又锋利的爪子，能在攀爬时紧抓着树干，长长的尾巴则在奔跑与跳跃时有助于平衡，此图是迪贝维尔以哺乳动物为题所绘制的五张图画之一。目前，包括右页的紫脸长尾叶猴（*Semnopithecus vetulus*）在内的五张图画，全部收藏在英国伦敦自然博物馆。

鹿豚（*Babyrousa babyrussa*）。这种动物的雄性个体具有两对向上弯曲的獠牙，会让人联想到某几种鹿的鹿角，因而被称之为“鹿豚”（就其英文名称 babirusa 来说，babi 在马来语中是“猪”的意思，rusa 则是“鹿”）。鹿豚出没于印度尼西亚东部的苏拉威西，在邻近的托吉安岛与苏拉岛也可见其踪迹。它也分布到布鲁岛，不过布鲁岛上的鹿豚可能是被引进的。迪贝维尔在 1757 年同洛顿移居巴达维亚时所看到并画下此图，可能画的就是这种动物。

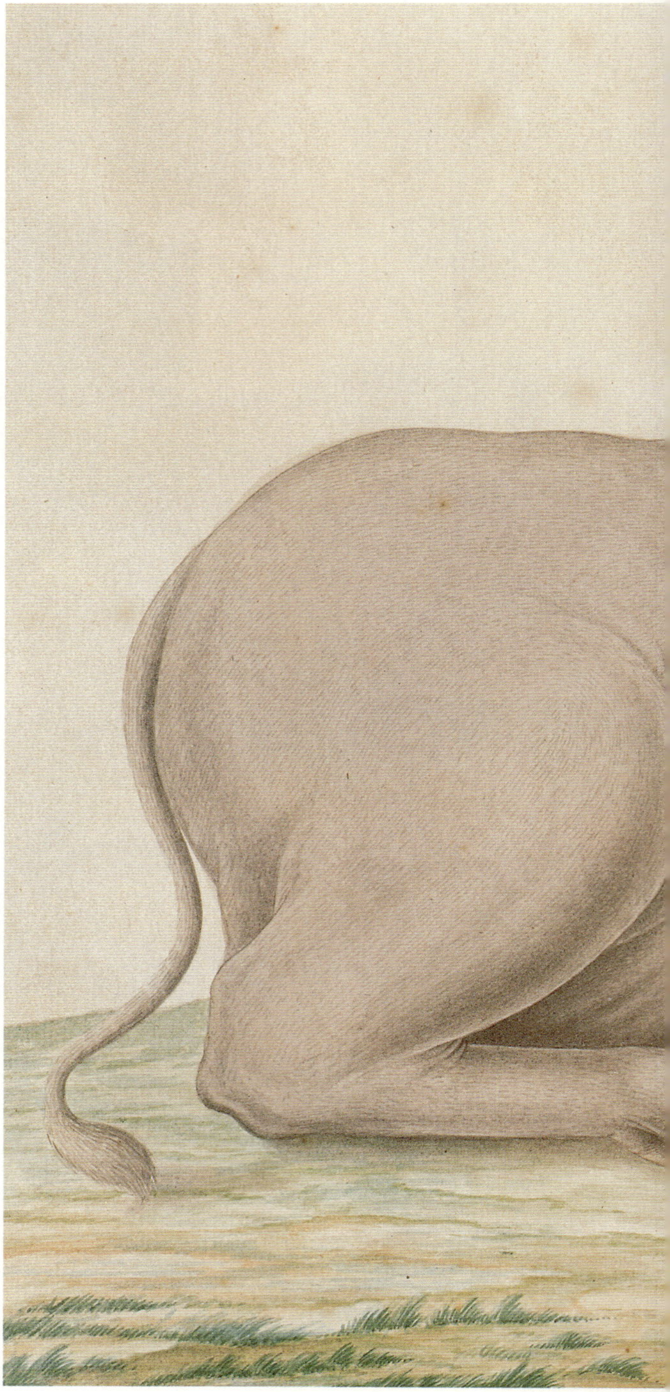

此图是斑鼷鹿（*Moschiola meminna*）。虽然外表上看起来像鹿，但它并不是真正的鹿，而是属于鼷鹿科（Tragulidae）的动物。就英文的字源而言，这种动物在分类学上的科名与它的俗名都与羊有关。Tragulidae 一字源自于希腊文的 tragos，也就是“羊”的意思，而其英文俗名 chevrotain 则源自于法文的羊 chèvre。这种动物是斯里兰卡与印度半岛的原生种。

第三章

居游苏里南（1699～1701）

玛丽亚·西比拉·梅里安

在汉斯·斯隆的收藏中，有一组极为精美的博物水彩画原稿，这些插画于 1705 年出版，出现在一本以荷兰殖民地苏里南的蝴蝶和蛾类为主题的书籍中。不论是书或插画，都出自玛丽亚·西比拉·梅里安这位伟大女性之手，这本书让她获得当时包括斯隆在内的同侪的激赏，也让后代昆虫学家及博物绘画学生对她推崇至极。这并不只是因为这些作品与附文确实具有艺术与科学价值，同时也是因为梅里安为了制作它们，经历了一趟非常困难且危险的旅程。就 17 世纪晚期的环境而言，一位带着女儿同行的五十二岁欧洲女性，在没有男人保护的情况下独自旅行到新世界，其实是极端激进的作为。

梅里安于 1647 年出生于法兰克福，是知名出版商暨雕刻师老马特乌斯·梅里安之女。梅里安三岁丧父，次年，其母约翰娜·西比拉再嫁给静物画家雅各布·马雷尔，让她得以在一个充满艺术气息的环境下成长。1665 年，梅里安嫁给艺术家约翰·安德列亚斯·格雷夫，并在 1670 年举家迁居纽伦堡后，开始她身为花卉画家与雕刻师的生涯，于 1675 至 1680 年间出版了三本以花卉为主题的版画作品集。

梅里安在苏里南停留的两年期间，绘制了许多以昆虫与蝴蝶生命周期为主题的美丽图画。在这张图中，天蚕蛾（*Arsenura armida*）幼虫正在豆科植物褐花刺桐（*Erythrina fusca*）树上啃食树叶。

梅里安从小就醉心于昆虫学的世界，因此，昆虫也逐渐成为她艺术活动的焦点。1679年，梅里安出版了一本以欧洲蝴蝶成长过程为题的小书，收录了五十张铜版雕刻，以独具匠心的手法呈现出蝴蝶完整的生命周期。在博物绘画中，这是种极为创新的方式，加上她对细节的敏锐观察，让汉斯·斯隆对她印象深刻，买下部分版画作品用来当作水彩习作。

梅里安以欧洲蝴蝶为题的第二本著作于1683年出版，当时，她的丈夫和两个女儿已经搬回法兰克福。梅里安的婚姻并不幸福，她在1685年离开丈夫格拉夫，携女加入新教的心灵再造团体拉巴第派，搬到荷兰沃尔萨行政区内离吕伐登市不远的沃尔萨城堡。对当时富有的荷兰公民来说，收藏自然标本是很时髦的事，因此沃尔萨城堡的主人科内利斯·阿尔森·索默尔斯戴克也有私人自然标本收藏，包括来自荷兰海外殖民地的贝壳、鸟类剥制标本、矿石与蝴蝶等，其中更有许多是索默尔斯戴克在苏里南担任行政长官时搜集的昆虫标本。

与梅里安熟悉的欧洲蝴蝶种类相比，这批标本不论在尺寸、形状与颜色上都如此奇异，让她心神向往，下定决心，有朝一日要看到它们在自然环境里的形态。她在1691年离开拉巴第派搬到阿姆斯特丹，由于结识了一些包括当时阿姆斯特丹市市长尼古拉斯·维特森在内的首都权贵，她等待许久的大好机会终于到来。在维特森与其他有势力人士的支持下，梅里安在1699年年届五十二高龄时获得荷兰政府的固定津贴，在次女的陪伴下，于该年6月展开为期两个月的航程，前往苏里南首都帕拉马里博。

航程本身并不是种令人愉快的经验，船舱拥挤、通风不良且鼠患肆虐，船上饮食单调乏味且不新鲜，用水也非常受到限制。不过，苏里南可能更糟。炽热的天气，不是太湿就是太干，对于不习惯的人是很难受的。更且，苏里南实际上是个动荡不安的国度，在此殖民的种植园经营者与监工对待奴隶的非人道态度，使得奴隶反抗事件频传。两年后，尽管当地植被葱绿且昆虫遍布，梅里安仍然决定离开，携女返回荷兰。

在停留苏里南期间，梅里安完成数量相当惊人的工作，她遍寻蝶蛾幼虫，观察并描绘它们在植物宿主身上进食的模样，看着它们化蛹，照顾着这些蝶蛹蛾茧，直到它们羽化成虫。梅里安的观察几乎都是前所未见的，她在回到阿姆斯特丹以后，将她的画作制作成版画，与她在苏里南的观察一并出版成《苏里南昆虫变态图谱》，在各地受到高度赞誉。

在六十幅版画中，有部分是以非昆虫为主题，包括蛙类、蟾蜍、蛇类、蜘蛛甚至短吻鳄等，不过除了这些以外，其余全都是蝴蝶与蛾类。每张插图上有一至两种于宿主植物上觅食的蝶蛾幼虫，以及正飞离植物的成虫。

梅里安在构图上同时兼顾了艺术美观与正确性。由于当时这些蝴蝶与蛾类大多未经命名，因此只有植物用标签标明。由于梅里安优质的观察成果，后续的辨识工作很少遇到问题。在梅里安出版该书的时代，异地自然状况记述的插图，充其量不过是艺术家以受损或保存状况极差的动植物标本为参考加以绘制而成，而且绝大部分都是凭空想象，要不就是以断章取义的二手资料为根据。梅里安替后继的绘图员订下了极高的标准，尽管许多人致力追求这样的高质量，实际上鲜有人能望其项背。

《苏里南昆虫变态图谱》以荷兰文和拉丁文出版，在荷兰境内或国外都有极佳的销售量，因而在 1726 年又发行了法文版，只可惜梅里安在法文版问世前的 1717 年去世于阿姆斯特丹，享年六十九岁。在梅里安过世以前，不论是她针对苏里南一书绘制的作品，甚至于她早期的画作，早已开始引起收藏家的注意。她的仰慕者包括俄国沙皇彼得大帝在内，许多作品目前仍然被保存在列宁格勒。梅里安是精明的商人，也是才华横溢的观察者与艺术家，她意识到此种收藏兴趣的商业潜力，也不反对将自己的获益提到最高。因此，她针对部分作品制作了不止一组的“原件”，举例来说，苏里南一书的水彩画原作在伦敦就有两组，斯隆收有一组，英格兰温莎皇家图书馆也收藏了一组。

梅里安的画作与出版品，持续地吸引众人的兴趣与赞赏，不过在她所收到的表扬中，最适切也最恒久不坠者，来自于现代动植物分类学之父卡尔·林奈对其欧洲与苏里南昆虫研究成果的仔细研读与查阅参考。由于梅里安在绘画与进行相关描述所引以为据的材料并没有受到搜集与保存，林奈无法亲自对这些昆虫进行检验。尽管如此，林奈对梅里安在观察上表现出的正确性极具信心，当他在 1758 年出版《自然系统》一书，针对当时他所熟知的来自世界各地的四千四百种动物，将它们加以列表、描述并命名时，某些物种就是完全以梅里安的记述作为根据。

A New Draught of SURRANAM upon the coast of Guianna Made and Sold by John Thornton Hydrographer at the signe of England Scotland and Ireland in the Minories London
Sarah creek
Acooreorum Regio
A Scale of Miles
1 2 3 4 5 6 7 8 9 10
Armadillo hills
Kirton Creek
Delawar
Scotsmans
Roden
Limbrey
Sandford
Marhart
Adowson
Smith
Vaudoe
Manton
Dodd and Moore
English
Parham hill
Truckeribo
Sir Robart Harley
Tomontibo
Sr Martin Noelias plat
Mapanny or Willughbys River
Pacawara
Hunter
Read
Oroidabory
Merimaca
Mermo
Country
Onamoba
Anatombo
Mor ganam
Lt Gen Byam
Kingsland
Thurston
Holland
Toorarica
Specklewood
Leeker
Erackirack
Parker
Dullen
Tannett
Humphres
Pilgrim
Byam
Thorne
St Martins Iland
Cashwini
Cor mi co
Cocmoco
Panama
Opegtenda
Jubenter
Carebebo
Egerton House
Windall
Price
Cuit
Bride
Hollis
Sermo Iland
Creek
Nocharwharf
Paramaribo
Fort
Wyatt
Romer
Whood
Wiampebo
Commawina
good fishing here
Red Banck
Cot ti co
Pramario
Surranam River
Leward bay
Byams Point
Flatts
Windward Passage
Leward Passage
Mud Creek
Com ma wena
Wellimbo
Cor pena
Para
ri ver
se ri no
Redrock

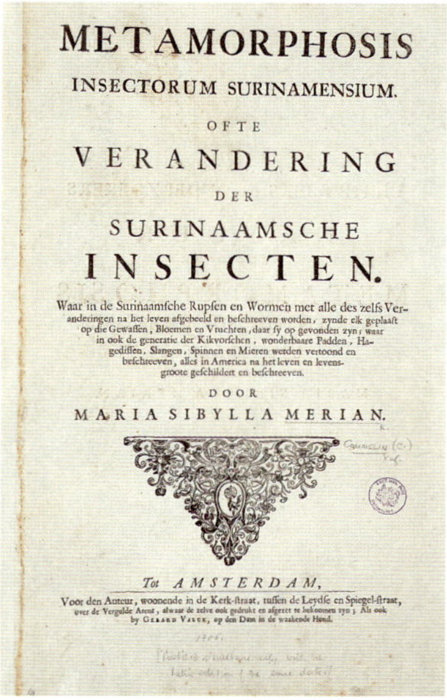
METAMORPHOSIS
INSECTORUM SURINAMENSIUM.
OFTE
VERANDERING
DER
SURINAAMSCHE
INSECTEN.
Waar in de Surinaamſche Rupſen en Wormen met alle des zelfs Veranderingen na het leven afgebeeld en beſchreeven worden, zynde elk geplaaſt op die Gewaſſen, Bloemen en Vruchten, daar ſy op gevonden zyn; waar in ook de generatie der Kikvorſchen, wonderbaare Padden, Hagediſſen, Slangen, Spinnen en Mieren werden vertoond en beſchreeven, alles in America na het leven en levens-groote geſchildert en beſchreeven.
DOOR
MARIA SIBYLLA MERIAN.
Tot AMSTERDAM,
Voor den Auteur, woonende in de Kerk-ſtraat, tuſſen de Leydſe en Spiegel-ſtraat, over de Vergulde Arent, alwaar de zelve ook gedrukt en afgezet te bekoomen zyn; Als ook by GERARD VALCK, op den Dam in de waakende Hond.

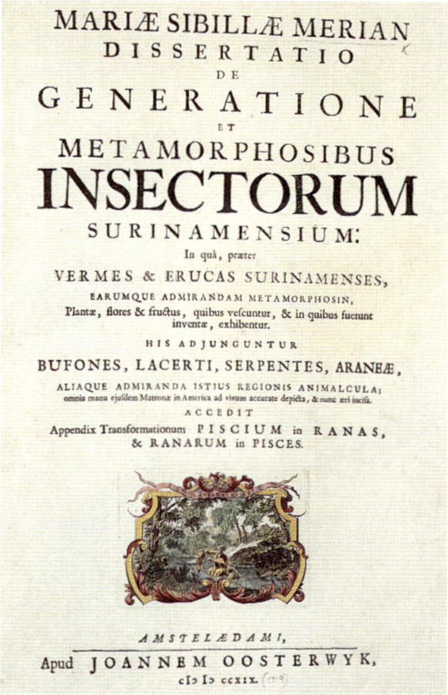
MARIÆ SIBILLÆ MERIAN
DISSERTATIO
DE
GENERATIONE
ET
METAMORPHOSIBUS
INSECTORUM
SURINAMENSIUM:
In quâ, præter
VERMES & ERUCAS SURINAMENSES,
EARUMQUE ADMIRANDAM METAMORPHOSIN,
Plantæ, flores & fructus, quibus veſcuntur, & in quibus fuerunt inventæ, exhibentur.
HIS ADJUNGUNTUR
BUFONES, LACERTI, SERPENTES, ARANEÆ,
ALIAQUE ADMIRANDA ISTIUS REGIONIS ANIMALCULA;
omnia manu ejuſdem Matronæ in America ad vivum accurate depicta, & nunc æri inciſa.
ACCEDIT
Appendix Transformationum PISCIUM in RANAS, & RANARUM in PISCES.
AMSTELÆDAMI,
Apud JOANNEM OOSTERWYK,
CIƆ IƆ CCXIX.

本页左上图与右上图分别为梅里安主要著作《苏里南昆虫变态图谱》1705 年与 1719 年版本之扉页。这本书的插图都是梅里安在苏里南首都帕拉马里博停留的两年期间完成的。

读者可以在左页这张英文版古地图上，看到位于苏里南北部的帕拉马里博。这本书的出版，是对她坚定意志的一种赞美。梅里安写道：“我既然回到了荷兰，几位自然爱好者在鉴赏过我的画作以后，便急迫地催促我将它们正式发表。他们认为，在所有以美洲为题的作品中，这些是最重要、最与众不同的画作。尽管如此，执行出版计划所牵涉到的金钱，刚开始让我感到很犹豫，不过最后我还是决定将它们付梓出版。”

第 80 页图中是芸香科的酸橙（*Citrus aurantium*）枝干，酸橙又称苦橙或塞维利亚橙树。图中的幼虫、虫茧与成虫是墨西哥皇帝蛾（*Rothschildia aurota*），被梅里安认定为极具商业潜能的物种。她写道：“这种毛虫很常见，它们长得圆滚滚地，每年会出现三次，吐出来的丝很强韧，让我觉得可能可以把它们制成丝线。因此我搜集了不少这种幼虫送回荷兰，经评估也认定挺适合的，倘若有人不怕麻烦，愿意搜集这些毛虫，它们可以是优质丝线的来源，会带来良好的利润。”

第 81 页图的中央是凤眼蓝（*Eichhornia crassipes*），又称水葫芦、凤眼莲或浮水莲花，左上方为南美大田鳖（*Lethocercus grandis*），右下方是它的若虫[1]。在凤眼蓝底部，可以看到毒雨蛙（*Phrynohyas venulosa*）的卵，卵的左上方是它的蝌蚪、幼蛙与成蛙。

---

1. 若虫指不完全变态之昆虫幼体，幼虫与成虫相似。

J. Mulder Sculp.

J. Mulder Sculp.

左页与本页这两张手绘插图出自梅里安的《新花图谱》，出版于 1680 年，目前已经极为罕见。她在出版该书时便已展现出高度的艺术天分，不过事实上却是到出发前往苏里南之际才逐渐迈向成熟。这些插画表现出当时的大众审美观，然而她将昆虫纳入构图的做法，多少透露出她后来对昆虫学这门改变了她一生的学问所展现的热忱。

本页图中为芸香科的枸橼（*Citrus medica*），又名香圆的树叶与果实，它为两种昆虫提供了栖息地。梅里安并不知道下方这种“美丽的黑色甲虫”是什么，不过因为它极为罕见，仍然把它画入此图中。这种虫后来被命名为长臂天牛（*Acrocinus longimanus*）。停留在上方树叶上的是希帕佳刺蛾（*Phobetron hipparchia*）的成虫、蛾茧与幼虫。右页图中，野藤天蛾（*Eumorpha labruscae*）的幼虫、蛾茧与成虫停留在葡萄（*Vitis vinifera*）藤上。梅里安说，这些植物“与它们蓝色、绿色与白色的酿酒葡萄”，在苏里南长得又快又好，在种植后六个月就可以收成，之后便可在当地制酒，再也不必仰赖进口。她认为，把酒出口到荷兰，甚至可以产生足够的盈余。

P. Sluyter sculp.

J. Mulder Sculp

左页图中的两种天牛可能是在罂粟科植物的蓟罂粟（*Argemone mexicana*）这种植物上栖息。最上方的是桂皮薄翅天牛（*Callipogon cinnamoneus*），它肥硕的幼虫位于蓟罂粟的正中央。位于左边叶片和植株下方的则是粉长角天牛（*Taeniotes farinosus*）的幼虫和成虫。本页图以凤梨科植物的凤梨（*Ananas comosus*）为主角，梅里安热切地叙述着这种水果的味道和香气时："……皮和人的手指一样厚，如果不削皮，果肉上有许多尖锐的茸毛，食用时会有扎舌感，让人感到非常疼痛。这种水果的味道，好像综合了葡萄、杏子、红醋栗、苹果和梨子的风味，而且入口时马上可以感受到这些水果的味道……"图片的左右两侧则是绿袖蝶（*Philaethria dido*）的成虫、幼虫与蝶蛹。

本页图中是强喙夜蛾（*Thysania agrippina*）的幼虫、蛾茧和成蛾。梅里安曾写道：“1700年4月，我在索默尔斯戴克女士的普罗维登夏种植场进行各种昆虫观察……”她在图片中被她称为“水滴橡胶树”的桉树上发现了这种夜蛾的幼虫。右页图中则是一些毫无关联的昆虫，其中最醒目的是飞行中的长夹大天牛（*Macrodontia cervicornis*）。图片下方未经辨识的虫茧与长得很像“洗衣刷”的不知名幼虫，被梅里安误认为图片下方兰蜂的幼虫与茧。棕榈象甲（*Rhynchophorus palmarum*）的幼虫与成虫则位于图中央。棕榈象甲的幼虫被当地人当成美食，根据梅里安的记述，“这些虫子被放在木炭上烘烤，被当成上等佳肴来食用”。

J. Mulder Sculp

48

1.
1.
2.
P. Sluyter Sculp.

左页图中的素馨花（*Jasminum grandiflorum*）上停留着木薯天蛾（*Erinnyis ello*）的幼虫与成蛾。木薯天蛾的幼虫以素馨花和其他植物的叶片为食。梅里安也观察到，图片下方的亚马孙树蚺（*Corallus enhydris*）[2]会把身体紧密蜷曲起来，并把头部隐藏在躯体中。梅里安说，在苏里南一带，蛇、蜥蜴与绿鬣蜥等喜欢藏身在生长繁茂的茉莉灌木中，由于茉莉长得茂盛，空气中充满着茉莉的芬芳。尽管梅里安在昆虫的栖息地里辛苦地进行观察记录，《苏里南昆虫变态图谱》中还是出现了一些装饰性较高的图画，例如本页图中这幅包括昆虫、植物与贝壳的风景画。

---

2. 种名亦作 *Corallus hortulanus*。

1705 年版《苏里南昆虫变态图谱》中出现的六十幅图画，都是根据梅里安的水彩画所制作的版画，右页图便是一例。在这六十幅中，有些甚至由梅里安亲自动手制作。本页图出自该书于 1981 年出版的复制本。右页图中左上方的是携带着卵囊的白额巨蟹蛛（*Heteropoda venatoria*），周围可看到刚孵出的幼蛛。图中体型庞大的黑色蜘蛛是粉红趾（*Avicularia avicularia*），梅里安说：“当它们找不到蚂蚁时，它们会在鸟巢中捕食体型较小的小鸟，把小鸟体内的血吸干。”最后这段叙述中的奇异情节实际上是不可能发生的，不过梅里安还是画下了粉红趾捕食蜂鸟的景象。

P. Sluyter Sculp.

本页图为蓝闪蝶（*Morpho menelaus*）。梅里安把它叙述成“……像是被最美的群青色、绿色与紫色所覆盖的抛光银，呈现出一种难以形容的美。这种美很难以画笔来表现”。尽管如此，她还是试着用细号尖头画笔，在以动物未出生雏体制成的上好羊皮纸上涂上宝石般的色彩，把蓝闪蝶画了下来。会采用这种纸，是因为它的表面比一般画布、木材或手工纸更为光滑之故。右页图画的是在蓖麻（*Ricinus communis*）上觅食的蓖麻袖蝶（*Heliconius ricini*）。在苏里南，蓖麻油被用来治疗伤口，也被当作灯油使用。

P. Sluyter Sculp.

本页图的构图以大戟科植物木薯（*Manihot esculenta*）为主要架构。梅里安说："木薯的根被擦成泥状后挤压出汁，这个汁液是有毒的。压出汁的根泥，被铺在一个状似荷兰制帽师傅所使用的铁板上，铁板下以小火加热，让根泥里剩余的水分蒸发掉。之后，以烤荷兰圆饼的方式进行烘烤，它尝起来也很像荷兰圆饼……"梅里安还说，正在木薯上觅食的条纹毛虫，是木薯田的重大害虫。盘绕在木薯树茎干上的是亚马孙树蚺（*Corallus hortulanus*），长度可至 2 米。

本页左图是正在啃食香蕉的猫头鹰环蝶（*Caligo teucer*）的幼虫与成蝶，一旁的鞭尾蜥（*Cnemidophorus lemniscatus*）完全是装饰元素，它在梅里安家的地板上筑巢并产下 4 个卵，其中 3 个如图中茎上所示。在启程返回荷兰时，梅里安把这些卵带着，它们在途中孵化，不过并没有存活下来。梅里安从美洲印第安人和黑奴身上学到，本页右图大戟科的棉叶麻风树（*Jatropha gossypifolia*）是药用植物，它的根可以被用来治疗蛇咬伤，树叶则可当成泻药，或拿来灌肠。图中肥硕的绿色毛虫、淡红色的虫茧、庞大的成蛾甚至前次蜕皮留下的空壳与茎干上的圆形粪便等，都是以棉叶麻风树为食的基黄大天蛾（*Cocytius antaeus*）所有。

在出版《苏里南昆虫变态图谱》以后，梅里安计划出版第二卷图谱，以苏里南的爬虫类和两栖类动物为主题，然而由于资金不足，终至放弃。梅里安把南美两点赤螳螂（*Stagmatoptera precaria*）生命周期的三个阶段以画笔记录在左页图中的树干上。树下背负着幼鼠的动物是梅里安所谓的“森鼠”，事实上它就是种负鼠（*Didelphys* spp.）。本页图中状似水芹的植物是海马齿（*Sesuvium portulacastrum*），当地人经常食用。在海马齿弯曲茎下的是负子蟾（*Pipa pipa*），“当地人把它们视为美味”。在讲到负子蟾的生殖方式时，梅里安说：“雌性个体会把子代背在背上，好像把子宫放在背上一样；卵在雌性个体背部受精并发展；当卵成熟时，幼蟾努力穿破卵膜，一只一只地向外爬出来，看起来好像全部都从一个卵出生的一样。当我看到这个景象，我马上把这只雌蟾和它背上的幼蟾丢进白兰地里……”

梅里安在研究苏里南的爬虫类与两栖类动物以后，画出了左边这样的构图。她画出可能是钝吻古鳄（*Paleosuchus palpebrosus*）的苏里南凯门鳄正咬着一只被她称为“蝰蛇”的动物，后经辨识为筒蛇（*Anilius scytale*），或称南美假珊瑚蛇。在钝吻古鳄后方，有只未成熟的爬虫动物从蛋里爬出来，它并不是假设中的钝吻古鳄幼鳄，而是另一种被称为眼镜凯门鳄（*Caiman crocodilis*）的鳄鱼。梅里安对眼镜凯门鳄的成长速度留下深刻的印象，这种凯门鳄的蛋“大约鹅蛋大小”，在短期就能长到蛋的“七至八倍大”。

左图是金泰加蜥（*Tupinambis nigropunctatus*），根据梅里安的记载，这种爬虫动物生活在苏里南的森林中。梅里安对这种动物的记述不多，只说它是一种蜥蜴，尺寸介于蝾螈和鳄鱼之间。她说，这种动物是卵生，也发现它以鸟蛋为食。

第四章

漫游北美洲（1753~1777）

威廉·巴特拉姆

对植物学的发展而言，1753 年是个好年，因为被视为现代植物命名法起点的卡尔·林奈的《植物种志》，就是在这年出版的。不论植物来自何地，只要以这个新系统来命名，植物的名称就会是由两个拉丁文字组成的简单名称，植物学家从此就根除了过去植物命名时所面临的混乱与困境。对北美洲来说，新命名法的出现是再好不过了，当时的北美洲有上千种尚待发现的植物，旧世界对它们一无所知，世上没有其他地方比北美洲更需要这个新的命名系统。

在林奈提出新命名系统的同一年，后来发现许多植物新种的威廉·巴特拉姆，第一次从位于宾夕法尼亚州金瑟辛市的住家，跟着父亲约翰前往纽约州卡茨基尔山进行植物调查，当时的威廉·巴特拉姆只有十四岁。约翰·巴特拉姆（1699~1777）是位谦逊的贵格会教徒，他无师自通以务农为生，对博物学怀抱相当大的热忱。他对植物尤其感兴趣，他的几个儿子，包括威廉在内，也因此受到父亲的感染。1729 年，约翰在家里盖了间植物园，它后来成为专门向欧洲客户提供北美洲植物与种子的专业园艺苗圃，客户中包括诸如林奈这样的植物

本页图中是约翰与威廉·巴特拉姆在探勘时发现的一种山茶科的树。他们把这种树命名为富兰克林树（*Franklinia alatamaha*），以此向好友兼顾问本杰明·富兰克林致敬。

专家，最后也开始向殖民地的客户提供欧洲植物。撇开美洲植物潜在的药用与商业价值不谈，自17世纪中期开始，英格兰地区的富有地主就很爱在自家土地上种满来自世界各地的异国花草。在18世纪早期之前，北美洲一直是非常受欢迎的异国花草来源，然而到了18世纪早期以后，东方逐渐成为新兴的时髦焦点，尤其以中国为代表。尽管如此，人们对北美洲博物学的兴趣始终不减，更因为马克·凯次比在1731至1747年间出版了图文并茂的《卡罗来纳、佛罗里达州与巴哈马群岛博物志》，让北美博物学的题材更受欢迎。凯次比一书的插画原稿，目前收藏于英格兰温莎堡的皇家图书馆中。

贵格会教徒彼得·柯林森，一位住在英格兰的毛料商兼园艺家，是凯次比的赞助人之一，他后来也担任起和约翰·巴特拉姆类似的角色，居中扮演中介，替巴特拉姆和潜在客户牵线，并供应欧洲植物给巴特拉姆在殖民地区的植物爱好者。在柯林森的协助下，约翰在欧洲的生意发展得相当好，除了植物以外，他在1735至1760年间，每年大约卖出二十组种子，每组售价五基尼[1]，其中包括一百种来自北美洲的不同种植物。

约翰·巴特拉姆早在1742年，也就是在他带着年幼的威廉同行的十多年前，就已经沿着哈得逊河往上游走，针对卡茨基尔一带的植物进行调查、采集和研究，并且在十多年间多次外出进行植物采集。尽管如此，他大部分的植物收藏都来自他家所在的宾夕法尼亚州，或者是英国在北美东岸范围相当有限的殖民地，约是从新英格兰至当时甫成立的乔治亚州之间的沿海地区。在18世纪前半叶，英国在北美洲的立足点仍不稳固，上得面对法国对加拿大和北美中西部的强烈兴趣，下得应付西班牙对佛罗里达州的垂涎。

而1763年在七年战争结束时签订的巴黎条约，让情势整个改观，西班牙交出佛罗里达，法国人几乎从路易斯安那州以外的地方全面撤离。在这个表面稳定的新局势被殖民地居民打破之前的短暂期间，英国国王乔治三世原本打算对殖民地展现比过去更高的兴趣。当时的柯林森认为，尽管约翰·巴特拉姆年事已高，他的下一个目标应该是要调查佛罗里达州的植物相。抱着这样的想法，加上其他有势力人士的支持，柯林森在1765年使约翰成为英王派任在北美洲的

1.基尼为旧英国金币，1基尼时值1.05英镑。

停在本页图中左方树枝上的是主红雀（*Cardinalis cardinalis*），被巴特拉姆称为“红色麻雀”、“美洲红鸟”或“弗吉尼亚夜莺”。它在图中停留在木樨科植物的美洲木樨（*Osmanthus americanus*）树枝上。当巴特拉姆看到这种“奇特且具有芳香的灌木”时，说它是“凯次比曾描述过的美洲橄榄，叶片呈椭圆长矛状，会长出深紫色浆果”（Olea Americana，foliis lanceolato-ellipticis，baccis atro-purpureis Catesby），或把它称为“紫浆果月桂”，这种树生长在北卡罗来纳州恐怖角河沿岸。画中游过的那只鱼显得极不协调，物种未经确认。

皇室专属植物学家，年薪五十英镑。在约翰之前，这个职位由来自费城、同样从事苗圃业的德国移民威廉·扬担任。约翰就任时的薪水只相当于前任威廉的六分之一。

当时的约翰已经将近七十岁，老眼逐渐昏花。尽管如此，在1765年7月至1766年4月间，他还是动身前往南卡罗来纳州、乔治亚州和佛罗里达州北部进行采集，从乔治堡沿着圣约翰河往源头前进，旅行约六百四十公里。威廉自青少年时期就表现出高度的艺术天分，他陪伴父亲进行此次采集，除提供协助外，也给沿路遇上的动植物进行素描。

这趟采集勘查十分成功，约翰和威廉一起发现了许多前所未见的植物新种，其中最精彩的无疑是富兰克林树（*Franklinia alatamaha*）这种会开花的树——名称来自巴特拉姆家族世交本杰明·富兰克林。巴特拉姆只在范围相当有限的区域找到富兰克林树，而且它甚至很快地从这些地区消失。两百多年来，这种树从野外绝迹，只有人工种植的样本存在，其中包括约翰·巴特拉姆回到宾夕法尼亚州以后栽种的那些。有些讽刺的是，该次探勘采集的第一盒植物标本，是由柯林森在1768年上呈给英王的，然而没多久以后柯林森殁世。之后，第二盒标本由本杰明·富兰克林在美国独立革命爆发的几个月前交付。

在启程前往佛罗里达进行采集时，威廉已经年届二十六。在此行之前，他一直让父亲很失望。柯林森鼓励威廉发挥自己的艺术天分，并且在他的英国友人圈里替威廉早期的作品做宣传。约翰希望儿子能从事传统行业，原本把威廉送到费城，在一位商人身边当学徒。让威廉从商的计划失败了，让他跟着叔父在北卡罗来纳州恐怖角的贸易站工作，也没有成功。此外，威廉更拒绝本杰明·富兰克林提议调教他从事印刷贸易的提议，也回绝了富兰克林鉴于他日益精进的艺术技能而建议他往雕刻之路发展的另一个提议。最后，在佛罗里达之行中，威廉因深受此地吸引，便说服父亲协助他在圣约翰河河岸设置木蓝种植场，不过这个尝试没多久也宣告失败。

在柯林森去世以后，威廉开始接受另一位英裔贵格会教徒约翰·福瑟吉尔（1712~1780）的照顾，福瑟吉尔是医师，也是植物学家，还拥有位于埃塞克斯郡阿普顿市、当时全英格兰最大的私人植物园。自1768年起，福瑟吉尔聘请威廉，替他制作植物、种子与博物学相关题材的绘画，同时也资助他前往当时已经独立的美国，在美国东南部进行惊人的探勘采集之旅。此时，威廉的父亲已经七十多岁了，因此威廉独自前往。他在1773年4月离开费城，先前往南卡罗来纳州查尔斯顿市，然后经由海路前往乔治亚州的萨瓦纳港市。在接下来的三年半，威廉不时改变他的根据地，以乘船、骑马或步行的方式进行了一系列时间长短不一的探勘，有时单独前往，有时则由被称为“花猎人”的北美原住民陪同。威廉以这样的方式走遍了南卡罗来纳州海岸区、恐怖角河、萨瓦纳河流域，并跨越乔治亚州到亚拉巴马州莫比尔港市、路易斯安那州巴吞鲁日以及波恩特库佩这个繁荣的西属密西西比法国租界。他在佛罗里达州广泛游历，将他的足迹带到从前曾与父亲一同前往的圣约翰河，以及佛州北部

“图为圣约翰之鳄，此图表现的是这种可怕的怪兽在春季时大声吼叫的情景（一种求偶行为）。它们会用力让水从喉部涌出，从嘴巴里流出来的景象好像大瀑布一样，从鼻孔喷出的蒸汽状似烟雾。”巴特拉姆在写信给福瑟吉尔时，就是这样叙述着这张他最有名的作品中出现的短吻鳄。在巴特拉姆的手写日志《佛罗里达游记》中，他特别指出，鳄鱼“令人畏惧的声音”迎接着日出。这种鳄鱼在1801年被正式命名，称为美洲短吻鳄（*Alligator mississippiensis*）。

区域，包括卡斯考维拉这个印第安塞米诺尔族城镇。威廉对于这些旅行经历的记述《游记》，终于在1791年于费城出版，尽管其中只纳入少部分相当乏味的图片，它仍旧是本相当精彩的记录，详细记载着这些地方的地景、气候、植物相、途中看到的个别动植物物种等，以及他遇上与曾经共同生活过的北美原住民有着什么样的外观、行为与生活形态。

《游记》令人赞赏的地方不仅如此。首先，它的时间次序非常不寻常。在离开好一段时间以后，威廉·巴特拉姆在1777年1月，父亲去世的几个月前回到费城。不过他似乎是有点糊涂了，认为自己多旅行了一年，因此他书中写他是在1778年回到费城。此外，他对于某些冒险经历的叙述，尤其是跟印第安原住民和动物相遇的部分，并不总是依据事实，为了让故事能更引人入胜，他似乎不愿意透露太多事实。因此，人们对该书褒贬不一、反应平淡的态度，以及对巴特拉姆某些忠实报道产生怀疑，例如他对圣约翰河里短吻鳄的生动描述，都是合乎常情的。尽管广大读者对该作品的评价是正面的，那些负面批评还是让他感到非常失望。无论如何，在该书问世后的两百年间，人们对这本书和它引以为据的旅行经历愈加崇拜，在美国尤其如此——尽管其写作手法曾招致许多批评，不过事实或许恰好相反，它正是因为写作手法而大受欢迎。

威廉·巴特拉姆另外的小心愿，就是要能受到众人认定，成为许多植物种类的发现者，不过这个心愿并未能在他有生之年达成。在受到福瑟吉尔资助时，他把包含许多新种在内的两百零九种植物与五十九幅图画送到福瑟吉尔处，不过其中有一部分一直到1780年福瑟吉尔去世以后才完成。在这些图画中，有许多是威廉写作《游记》的成果，包括许多精彩的鸟类、鱼类、两栖类动物与爬虫类图画，以及各式各样的无脊椎动物和植物。普遍来说，这些图画都相当精确，然而其中几幅的比例尺有些古怪，使得画中的动植物尺寸的放大缩小，显得奇形怪状、不伦不类。此外，有些描绘似乎想象的成分高于现实，他画笔下圣约翰河里那只会喷烟的短吻鳄就是一例。假使这些被大量宣传，它们会为威廉的批评者提供更多攻击的借口。于是，这些图画一直到1968年才被完整出版。

在福瑟吉尔去世时，包括巴特拉姆画作与植物标本在内的福氏收藏，由约瑟夫·班克斯取得，由丹尼尔·索兰德整合到他替班克斯管理的图书馆与植物标本馆中。然而，索兰德直到1783年英年早逝之前，都在全神贯注地处理太平洋地区的材料，尤其是奋进号带回的标本。因此，巴特拉姆的材料大部分都未经检查，一直到班克斯收藏于 1827 年由大英博物馆接收，也就是威廉·巴特拉姆过世四年以后，才受到适当处理。

在这些壮游以后，巴特拉姆的下半生相对的平静，没有太多社会赞誉。在美国独立战争的前几年，尽管巴特拉姆努力地维持着他和北美地区科学界的联系，但英国和北美之间的联系确实比以前困难许多。他终生未婚，在较务实的兄长约翰所继承并管理的自家庄园里，过着单身汉的生活。威廉在庄园里帮忙接待宾客，他按兄长指示制作了一些图画，甚至曾经到甫成立的宾夕法尼亚大学担任植物学教授，不过宾大并没有巴特拉姆的授课记录。

很不可思议的是，在完成佛罗里达州和乔治亚州的游历以后，巴特拉姆就很少再出门旅行。一部分可能是因为他在 1786 年间采集种子时不慎从树上跌落，摔断了腿，不过大体而言，他年轻时的懒散个性，到晚年似乎又显现了出来，因此在生命中的最后三十年，他没有太多作为，只是平淡地过生活。尽管他把许多生命用来满足当时许多热心收藏者的欲望，他并没有累积太多个人财产。根据巴特拉姆的遗嘱，在他去世之际，他只有留下两箱衣物、他睡觉用的羽毛褥垫与垫枕、两杯一盘、一个锡制信箱、几本书和一些装在一只钱包里的现金。

Fig 1
2

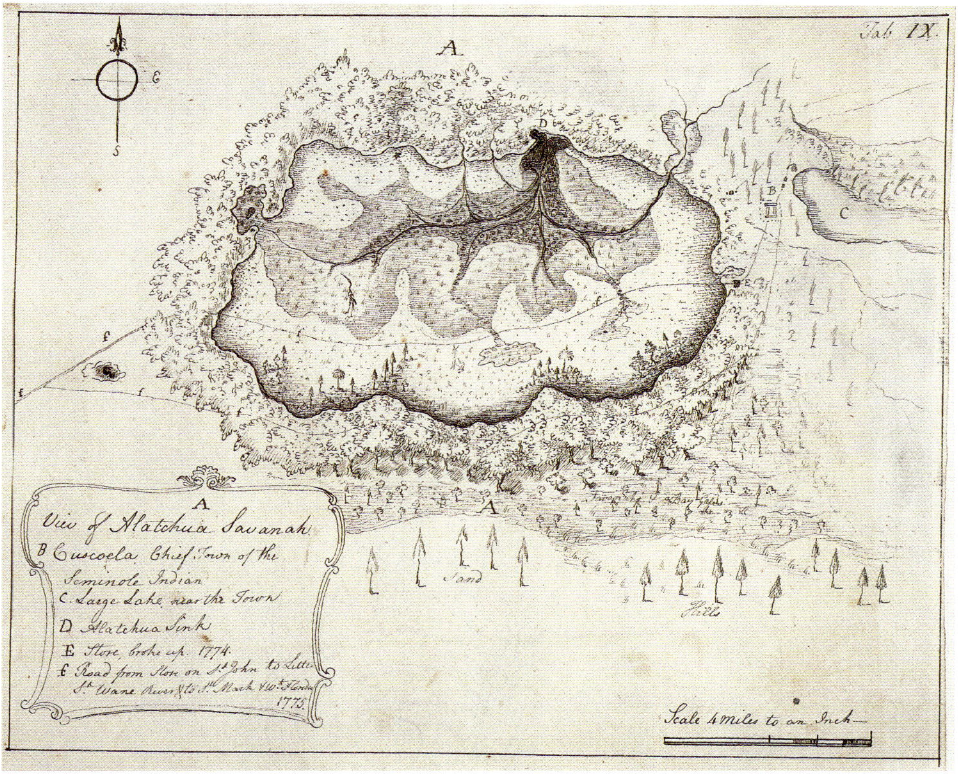

左页图中是龙胆科的巴特拉姆绮玫花（*Sabatia bartramii*），后人根据巴特拉姆的名字加以命名。巴特拉姆特别写到，这是种“常青植物，终年开花，是绿色无树平原的另一个美丽居民……花开繁盛，我曾看过 4 英寸和 5 英寸（10 至 12.5 厘米）大的花朵，在深玫瑰色中灿烂地开放，就在深红色花海中矗立着。花瓣数不一定，介于 15 至 20 或 30 之间……”

巴特拉姆在美国东南部探勘并画下的无树平原之一，现在被称为佩恩草原（本页图），它位于佛罗里达州阿拉楚阿郡，盖恩斯维尔南方，占地 34 平方公里。

巴特拉姆在绘制本页图中的葫芦科苦瓜（*Momordica charantia*）时，是用专业园丁同时也是父亲约翰·巴特拉姆种子供应生意竞争对手的詹姆斯·亚历山大所栽种的植物作为标本。右页图中莲科的黄莲（*Nelumbo lutea*）素描是巴特拉姆的重要作品之一，因为其中包括茅膏菜科的捕蝇草（*Dionaea muscipula*）的第一张植物素描，位于该图左下角的莲叶下方。与黄莲的花叶相比较，在画面前方漫步的大蓝鹭（*Ardea herodias*）比例显得相当奇怪。

Fig 2

就像第115页的素描一样，左图是以莲科的黄莲（*Nelumbo lutea*）莲蓬为主题，搭配白唇陆螺（*Triodopsis albolabris*）。在他的叙述中，白唇陆螺“有麦秆色的壳，壳内呈灰白色的大型陆生蜗牛。活的无壳蜗牛呈深灰色，上有不规则黑色斑点”。图左是摇曳生姿的菊科植物波形翼茎草（*Pterocaulon undulatum*），一般认为这种植物对水肿和其他疾病有相当好的疗效。同样在图片的左边，两种天南星科植物，叶片呈箭头状的箭南星（*Peltandra virginica*）和大薸（*Pistia stratiotes*）。根据巴特拉姆向福瑟吉尔的报告，“佛罗里达州居民会把箭南星的根烤或水煮来吃。”至于大薸，巴特拉姆曾经看到它和其他植物“交织纠缠地长在一起，形成庞大的沼泽”。

在《游记》一书中，巴特拉姆描述了被引诱到食虫植物瓶子草科的紫瓶子草（*Sarracenia purpurea*）和黄瓶子草（*Sarracenia flava*）叶片上的昆虫，被一个由向下硬毛所构成的障碍物困住，这些硬毛“防止各种被捕捉的昆虫在受邀进入管子内部表面吸吮甜美花蜜以后重获自由……”。这些昆虫无法逃脱，“溶解并混到（瓶底）液体中”。在同一张画里，猩红蛇（*Cemophora coccinea*）正在吞下它的猎物。右页图是巴特拉姆画笔下的美人蕉科植物的柔瓣美人蕉（*Canna flaccida*），他在这张画里，也把一个石管碗画了进去，据信是当他行经位于亚拉巴马州塔拉普萨河河畔的慕克拉萨时，当地的印第安原住民长老送给他的。

Nr IV.

N 1.
Wild Lemmon's
Grows in the Province of Georgia
The Flowers are green the Fruite the size of a Damson Plumb
N2. A very early Flowering Hawthorn
grows in same Province —

身为皇家植物园创办人之子——英王乔治三世所正式指派的植物学家，巴特拉姆被要求将洪桐科植物的酸蓝果树（*Nyssa ogeche*）种子送回英国。威廉·巴特拉姆替这种植物的插枝画了一张素描（左页图）。1768 年，种子进口商彼得·柯林森从英格兰写信给巴特拉姆，抱怨道："送来的标本品质不够好是很奇怪的事。我希望能取得一些坚果。对于栽植这件事，是毫无疑问的。"左页图中比较小的插枝是从一棵"很早就开花的山楂树"上取下的，巴特拉姆也在乔治亚州发现它的踪迹。本页图可能是食虫植物黄瓶子草（*Sarracenia flava*）的花。

巴特拉姆对上面这张画的笔记，把这只鸟认定为“佛罗里达凤头红莺或弗吉尼亚夜莺”。这只鸟实际上是主红雀佛罗里达亚种（*Cardinalis cardinalis floridanus*），不同于第 107 页里出现的“弗吉尼亚夜莺”。这两种鸟其实是同种，但分属不同的亚种。它似乎是该地区的留鸟，在“给福瑟吉尔博士的报告”中，巴特拉姆写道“凤头红莺在此地终年出现”。在巴特拉姆的笔下，右页图中的沙丘鹤佛罗里达亚种（*Grus canadensis pratensis*）被他描述为“乌图拉大草原鹤，体色灰，飞羽呈灰黑色”。最初观察到的实例出现在佛罗里达州莱维郡，不过被巴特拉姆的同伴射杀并煮来吃了。

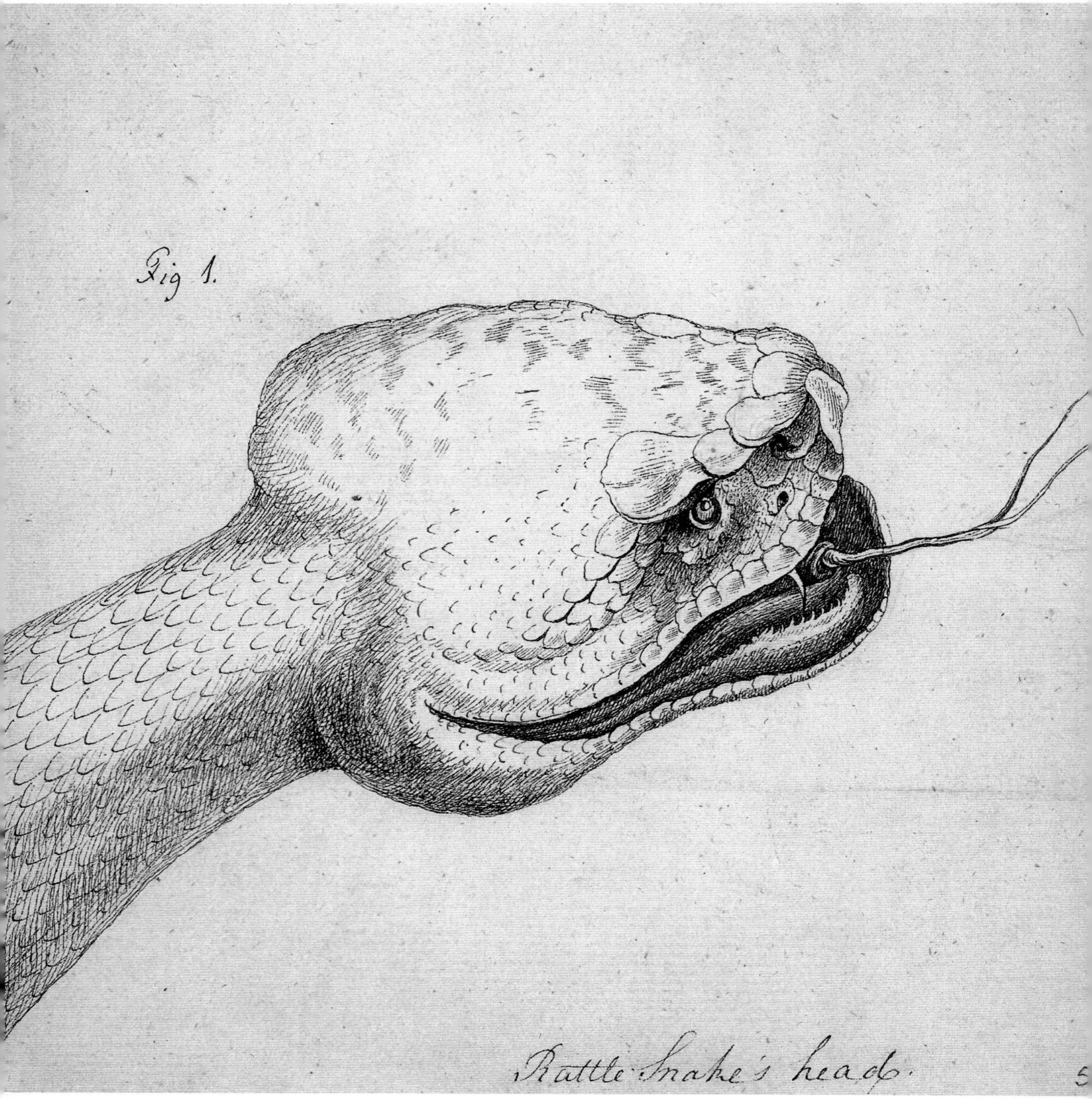
Fig 1.
Rattle Snake's head.
5

左页图是巴特拉姆口中的“巨响尾蛇”，目前命名为东部菱背响尾蛇（*Crotalus adamanteus*），是北美洲体型最大的毒蛇。在《游记》一书中，巴特拉姆叙述了在塞米诺尔印第安营地杀了“一条很大的响尾蛇”的亲身经历，说：“我拿出刀子，把它的头割了下来，然后转身，就看这群印第安人对我的英勇表现，以及我对他们的友谊，显示出赞赏之意。我拿走还在滴血的蛇头，当成我的胜利奖杯……”至于本页图的“乔治亚鳖”，巴特拉姆则写道：“……最奇特的动物族群……经水煮或烘烤后，可以连壳带肉一起吃下，被该省居民认为是相当有益健康且可口的美味。”

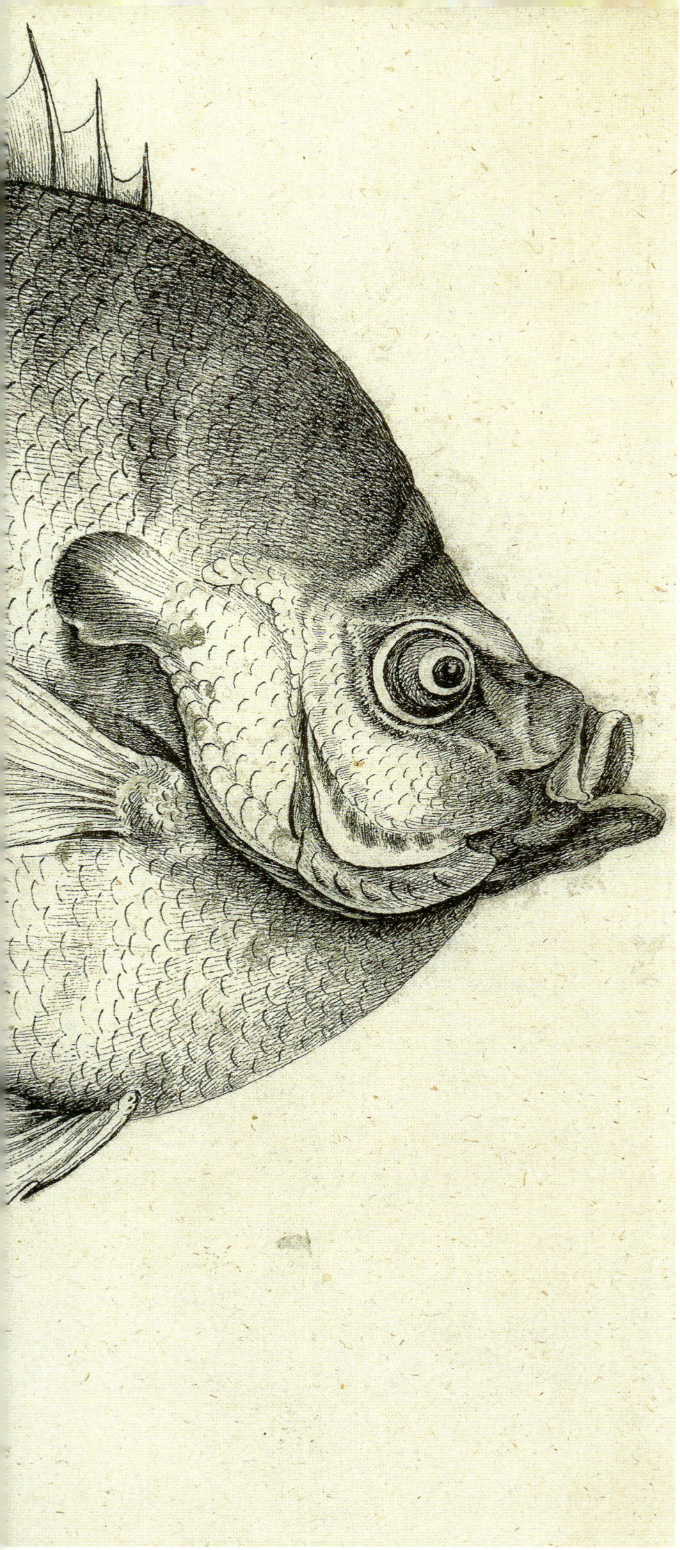

巴特拉姆在佛罗里达东部看到左图这只“大黑欧鳊”。这种鱼目前被命名为蓝鳃太阳鱼（*Lepomis macrochirus purpurascens*），英文俗称铜鼻欧鳊。根据巴特拉姆的叙述，这种鱼体色深紫，有泛红的黑色大眼睛。他说：“这种美丽的鱼在佛罗里达东部的淡水河、泉水和水洼中随处可见。它的嘴巴看起来出奇的小，不过它可以利用可活动的鳞甲，让嘴巴张大到足以吞下稚鱼，除了稚鱼以外，它们的猎物还包括蜗牛、螺类、蠕虫和水生爬行动物。太阳鱼在当地被认为是种美味的鱼。”在巴特拉姆提到上图的冠突鳃太阳鱼（*Chaenobryttus coronarius*）时，把它说成是“被称为‘老妇’的大黄欧鳊”。巴特拉姆在佛罗里达东部曾经看过这种鱼，说“它是一种大胆又贪吃的鱼，会像豹一样把自己藏起来，躲在洞穴或隐秘的地方，然后突然冲出去咬住路过的小鱼”。

第五章

横跨太平洋（1768～1771）

詹姆斯·库克、约瑟夫·班克斯爵士、悉尼·帕金森

1768年春天，年三十九岁，在英王乔治三世的海军担任船长的詹姆斯·库克，满心期待地认为自己即将离开怀孕的妻子与三个稚子，回到他连续任职了十年的北美洲。在过去十年间，库克在勘测工作方面早已建立起令人钦羡的名望，他通常在夏季进行野外测量，冬季则回到英格兰绘制图表。在库克的预期中，他于1768年应该重拾北美洲勘测的工作，然而，皇家海军却另有计划，打算把库克升为尉官，让他率领舰队远征太平洋。库克前后远航太平洋三次，改变了西方世界对太平洋的认识与了解。

初次远航太平洋的主要目的，是要观察金星凌日，也就是从地球上观察金星运行横过太阳的现象[1]。知道凌日现象在地表上不同观察点发生的确切时间，除了其他用途以外，主要让天文学家能计算地球与太阳之间的距离。在1768年以前的最后一次金星凌日发生在1761年，当时尽管有来自九国一百二十位观察者的努力，成果仍然欠佳，倘若错过1769年的

1.金星运行到太阳和地球中间时，由于金星比月球更加远离地球，视觉上它的大小不足以完全掩盖太阳，因此当金星凌日时，太阳上就会多了一个黑色圆点，这个黑点其实就是行星的剪影，它会慢慢由太阳的一边移到太阳的另一边。

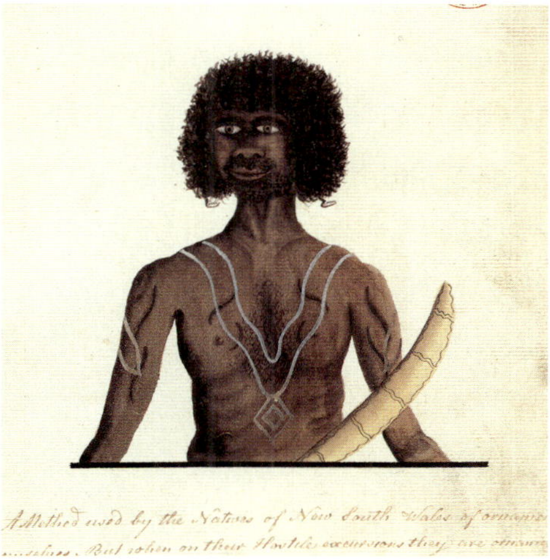

这些是欧洲人第一次描绘澳洲土著的记录，制作时间约莫是詹姆斯·库克初访澳洲的二十至三十年后，作者不详，化名为杰克逊港画家，目前为伦敦自然博物馆的收藏。

观察机会，则必须等到1874年才能再次观察[2]。因此，这次必须做得更好，所有适合的国家，包括当时战事未止的英法两国，都急于参与。英国对于此观察计划的部分努力之一，就是由皇家海军派遣考察队伍，在1776年甫由塞缪尔·沃利斯船长率领海豚号发现的塔希提岛上进行观察。

然而，此种规模的远航必须要能满足一个以上的目的。就当时状况而言，尽管在前两世纪间，已有许多横跨太平洋的记录，但太平洋大部分地区仍然是不为人所知的秘境。库克可能有望发现新的地区，占领能造福英国王室的任何事物。这样的想法尤其因为库克即将横跨南太平洋，让他满心期待能找到迄今尚未被发现的“未知的南方大陆”。在当时的认知中，这块南方大陆应该是占据着南半球的大部分地区，能与北半球的大面积陆地相抗衡，这样的大陆肯定资源丰饶，对于第一个发现并接管该地的国家，绝对会是庞大的资产。

这次远航选择的船舰，是一艘三十三米长、在惠特比建造的运煤船，非常适合库克。船身坚固且宽敞，吃水极浅，尽管船速不快，却具有极高的机动性，在未知且具有潜在危险的水域里航行，这样的船舰非常理想。英国海军购入时，它的船龄不到四年，它被重新命名为奋进号并整修改装，船身以薄木板保护层加以强化，保护层上布满大头钉，保护船体免受热带水域中恶名昭彰的蛀船虫[3]寄生。

除了八十五名船员所需的补给以外，奋进号与库克船长也必须接受一些平民随行，其中包括协助库克观察金星凌日的天文观测人员查尔斯·格林。在前两位皇家天文学家身旁任职时，格林是以助手的身份在他们的指导下学习，后来在1763年陪同当时的皇家天文学家纳维尔·马斯基林前往巴巴多斯测试约翰·哈里森的新计时器。没多久以后，哈里森的发明彻底改变了包括库克在内的航海家们测定经度的方式，库克在第二次远征太平洋时就采用了哈里森的仪器。然而，在第一次库克初探太平洋之际，仍须采用困难度高却较不可靠的传统天文观测方法，对库克而言，格林在这方面能够提供宝贵的协助。

格林的存在意味着库克必须重新整顿部分船舱空间，不过这比起库克在起航前

2.金星凌日发生的次数很少，通常以两次为一组，一组之间的间隔时间为八年，到下一组出现金星凌日的现象则需经过一百多年的时间。

3.蛀船虫并不是虫，而是一类外壳极度退化的海生双壳类软体动物，专门寄生于浸泡在海水中的木质结构上，例如柱子、码头、木制船体等。

悉尼海岸线，本页上图是从植物学湾延伸到杰克逊港，下图是从植物学湾往南延伸的部分。这两件作品出自托马斯·沃特林之手，沃特林因伪造罪而被判刑流放悉尼，替当时被派驻殖民地的英国海军高级军医约翰·怀特画下了杰克逊港的大部分景色。在沃特林的注记中，“班克斯角”和“索兰德角”（位于植物学湾入口）所用到的人名，指的是奋进号上的约瑟夫·班克斯和他的植物学家丹尼尔·卡尔·索兰德。由于班克斯随着奋进号航行悉尼之故，后来才有将此地当作殖民地来发展之建议。

一个月，接到“班克斯及其随从”等至少九人亦将随行的通知后所必须进行的整顿，算是小巫见大巫了。当时的约瑟夫·班克斯年二十五岁，是位相貌堂堂、富有且聪明的年轻人，他不但人脉深厚，而且早已成为英国皇家学会会员。班克斯将这趟旅程视为增进博物学研究、尤其是植物学的绝佳契机，于是便说服了皇家海军，让他能自费随着库克远征太平洋。班克斯坚持要带着四位随从、一位秘书、两位画家、一位植物学家、加上两只狗和许多行李一起上路。尽管在狭小且已嫌拥挤的船舱里硬是腾出空间，确实引起某些困扰，尤其让膳宿空间直接受到影响的资浅船员们感到不快，不过班克斯和他的随行人员，对整个航程的成功的确是功不可没。当然，如果没有班克斯和他所聘请的植物学家丹尼尔·卡尔·索兰德（1736~1782），就不可能搜集到这么多的博物学与人类学材料，尤其是他们所采集到的大量植物标本。班克斯坚持聘请随行画家，也让此行得以留下绝佳的视觉记录。这样的做法也创下了在此类航程中携带专用艺术家的先例。

班克斯聘请了两位画家随行，一是

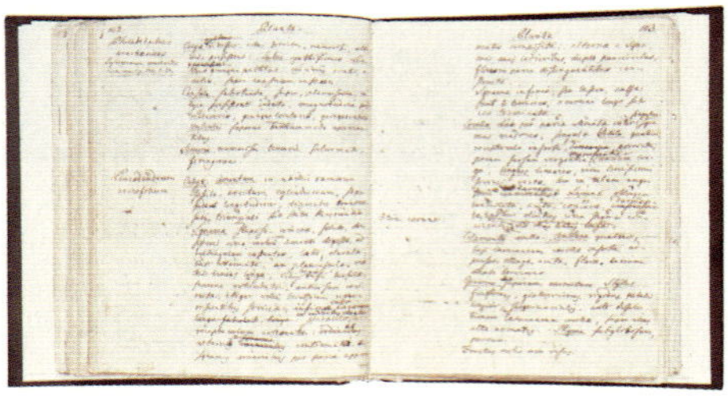

奋进号植物学家丹尼尔·卡尔·索兰德的航海日记。索兰德详实地记下航程中采集到的所有植物，这份记录让约瑟夫·班克斯印象深刻，因而决定长期聘请索兰德。

专门进行人物与地景绘画记录的亚历山大·巴肯，另一位是当时已经相当知名的悉尼·帕金森（1745~1771），负责替采集到的动植物标本作画。然而，巴肯在奋进号抵达塔希提岛后没几天过世，帕金森因此必须肩负起绘制所有画作的庞大任务，并由班克斯的瑞典秘书赫尔曼·斯波林提供部分协助，一直到1771年1月奋进号在返航途中横越印度洋时，两人在数日之隔相继辞世为止。帕金森来自爱丁堡，父亲是从事啤酒酿造的贵格会教徒。他在此之前就曾受班克斯之邀，在班氏于1766年前往加拿大纽芬兰和拉布拉多时，替途中搜集到的博物学材料进行绘图记录的工作，另外也曾临摹彼得·迪贝维尔的锡兰动物画作。而帕金森从不需要克服在上下起伏的船上如何顺利作画的问题，也不需适应在热带气候工作的不适感。

无论如何，航程在一开始是极为顺利的。库克于1768年8月离开英格兰，在11月13日抵达里约热内卢并在当地停留三周以前，途中曾在马代拉岛的丰沙尔港短暂停留。库克从里约直接航向勒梅尔海峡[4]，绕行南美洲前进，他先在火地岛登陆，之后在1769年1月下旬穿过合恩角，进入太平洋。此后，奋进号便朝西北方航行，在4月13日，金星凌日的七周前抵达塔希提岛的马塔韦湾。库克将观察站设好，并成功观察到金星凌日之后，在7月中准备返航。在停留塔希提岛的期间，帕金森出乎众人所料，对严峻的热带生活展现出极佳的适应力，然而，他还是遇上了许多问题，其中最让他困扰的问题之一，就是当地的苍蝇。根据班克斯的说法，这些苍蝇“……吃颜料的速度和画家上色的速度一般快，如果绘画素材是鱼，赶苍蝇比画画本身还麻烦。大伙儿想了不少权宜之计，不过没有方法比用蚊帐把椅子、画家和画作盖起来来得更好，而且光是这样还不够，蚊帐内还必须设置捕蝇器

4.位于阿根廷南端艾斯塔多岛和火地岛之间。

吸引这些害虫，避免它们跑去吃颜料。”

库克从塔希提岛往南航行到南纬40度以南，遵循上级指示，寻找南方大陆。然而，他没有找到任何大陆块的迹象，于是决定先往西北方再转往西南航行，最后向西来到阿贝尔·塔斯曼口中的新西兰岛的东岸。阿贝尔·塔斯曼来自荷兰，是1642年第一位踏上新西兰西岸的欧洲人。库克以逆时针方向沿着新西兰北岛沿岸航行，随后穿过库克海峡[5]以顺时针方向绕行南岛。虽然库克曾进行数次短暂的登陆勘查，不过他所绘制的精密地图，大体上却是“航行测量”的成果，亦即在沿岸航行时仔细记载地貌地物的方位、配合天文观测所综合而得的结果。

库克于1770年3月31日离开新西兰。在完成该次远航的两个主要目的以后，他可在返航时选择经过合恩角，或是绕行好望角的路线。前者东行路线由于季节之故，为时已晚，库克于是决定采行后者，并决定顺道绘制澳大利亚东岸地图，从塔斯曼在一百三十年前离开的地点往北沿着澳大利亚东岸航行。这个决定开启了航海史上最惊人的航行与地图绘制工作，即使就库克本身所订下的严峻标准而言，仍旧是困难度极高的航程。它同时也带来令人赞叹的博物学采集成果以及帕金森的几幅巅峰之作。

奋进号于4月19日抵达澳洲大陆东南端，沿着澳洲东岸航行超过两千英里（约三千两百公里），其中包括大堡礁水域里的许多险滩，更一度在珊瑚礁上搁浅三十六小时，计划几乎因此失败。在五个月极端危险且困难重重的航程中，库克除了因此制作出非常出色的地图，更借机登陆进行数次探勘，其中最重要的显然是在目前悉尼南方植物学湾所进行的勘查，植物学湾的来由，就是因为当时在此地采集到数量丰富的植物新种，因而得名。

帕金森自起航之初就没闲过，在行经大洋航路时，忙着替途中采集或射杀捕捉到的海洋生物与海鸟作画，登陆时则得绘制陆生动物与植物。然而，当船行经过澳洲东岸时，他几乎被工作给淹没。班克斯与索兰德几乎每天都带来新的材料，帕金森得发狂般地工作才能赶上进度，经常在拥挤的环境里，就着闪烁的烛光与油灯熬夜作画。尽管在奋进号航行于澳洲水域的那段期间，帕金森画出超过四百幅植物素描，不过他实际上只完成了少数作品；他采取的方式，是仔细替每种植物的重要部位进行素描，偶尔上色，大概是打算稍后借由干

5.位于新西兰南北岛之间。

标本的协助再来完成。相较之下，帕金森所完成的动物作品就比植物多了许多，不过许多已完成作品其实是航程早期绘制的鱼类与鸟类，而非那幅于1770年6月在目前昆士兰库克敦附近画下的袋鼠素描名作。事实上，帕金森画笔下的动物并不多，而且只有袋鼠和袋鼬来自澳洲。这也许一点也不奇怪，因为把植物用湿布包裹，可以在相对较长的时间保鲜，小型无脊椎动物甚至鱼类也不会太迅速地“变质”。然而，若是温血的哺乳动物，就完全是另一回事——尤其是帕金森在船上的大舱进行绘制工作，而大舱同时也是船员与平民乘客用膳的空间。

悉尼·帕金森的自画像，目前此作品属于伦敦自然史博物馆的艺术收藏。帕金森并没有受过正规艺术训练，不过当他开始在伦敦展示绘画作品时，还是受到班克斯注意。

当奋进号抵达卡奔塔利亚湾东北端的约克角时，不论是船身或索具都已残破不堪，库克因此决定，在返航英格兰前，必须在荷属巴达维亚（目前的雅加达）停靠以进行修理。奋进号于1770年10月11日到达巴达维亚，一直停靠到12月26日，接着又与逆风搏斗了三周，才驶向大海，踏上返乡之路。尽管起航时，船只状况已适合航行，不过在巴达维亚的停留，对船员的健康却造成了极惨重的损害。当他们离开时，库克写道：“我深信，与世上其他类似地点相较之下，巴达维亚更让许多欧洲人担惊受怕。在抵达此地时，我们的船员健康状况良好，适合出航，不过在此地不到三个月的停留，却让我们的船在离开时跟医务船没两样，还损失了七名船员。”在奋进号离开以后，船员状况并没有好转，反而更加恶化，在1771年3月15日抵达开普敦之前，库克失去包括斯波林、帕金森与天文观测员格林等在内的二十三名船员，他们大多是因为疟疾和痢疾而病逝。

在开普敦停留的一个月，让船员调养

生息，除了三名船员以外，其余皆逐渐康复，库克也借机招募新船员加入。奋进号终于在4月15日再度起航，在一段平静无事的航程之后，终于在1771年7月2日于普利茅斯港下锚。在远征期间，人们曾经数度以为奋进号已罹难，因此船员在返抵国门之际，更是受到热烈欢迎。库克大受皇家海军与科研机构的赞许，于该年8月升任指挥官。班克斯则摇身一变成了名人，和索兰德一起成了受伦敦上流社会广为赞誉的对象，声名远播。该次远航搜集到相当丰富的自然标本，其中包括超过一千件从未见于欧洲的植物标本，这点让卡尔·林奈印象深刻，更因此认为新南威尔士应该称为班克斯亚，以此向班克斯表达敬意。尽管林奈的建议未受采纳，不过后来确实也以班克斯之名替植物新属命名。

尽管这批标本的重要性显而易见，而且还有随即出版的《自然系统》和《植物种志》作为一流指南，这些新种的发表与相关出版工作，却不是那么顺利。班克斯当然想就这些植物学材料与动物标本出版一份完整的报告，而且不只是第一次远征的采集成果，还打算将后来库克第二与第三次远征的材料也纳入。然而这件事一直没有发生，这主要是因为班克斯日渐涉身其他事务，造成计划延宕，尤其是他担任了四十一年的皇家学会主席，更让他分身乏术。幸运的是，三次远航采集到的植物标本与大多数自然史图像都被完整地保留了下来，并在班克斯过世以后，悉数来到大英博物馆。至于动物标本，则因为班克斯本身兴趣缺乏，或送或卖至英国国内外许多私人收藏家或机构之处，而且大多都在辗转经手的过程中损坏或佚失。

然而，手上握有将近一千张帕金森所留下的已完成与未完成植物画作和速描以及数百张动物与其他主题图像作品的班克斯，仍然试着让它们充分发挥其价值。他花了将近七千英镑，聘请十八位镌版工根据帕金森的原图制作出七百五十三个印版，尽管如此，在他有生之年，仍无法将它们付梓出版。除了20世纪初以平版印刷的方式发表的三百一十八幅澳洲植物以及1973年出版的植物图像精选辑以外，《班克斯花谱》一直到1980年才出版，帕金森为奋进号远航所付出的努力，终于能获得公正的评价。至于帕金森绘制的动物图像，得以正式出版的数目就少了许多，不过很多都被后期的博物学家，用作新种描述的参考。不论如何，悉尼·帕金森在他悲惨短暂的一生中所做出的重大科学与艺术贡献，现在终于完全受到承认，尽管这已经是他去世两百多年以后的事了。

丹尼尔·卡尔·索兰德（本页左图）在 1768 年以年薪四百镑受雇于班克斯，以植物学家的身份随着他参加奋进号远航。保存航程中采集到的植物标本，是索兰德分内工作的一部分，右页图中由班克斯采集到蘋科植物的田字草（*Marsilea polycarpa*）就是一例。索兰德的植物笔记，被纳入《澳洲植物》（本页右图）一书中。

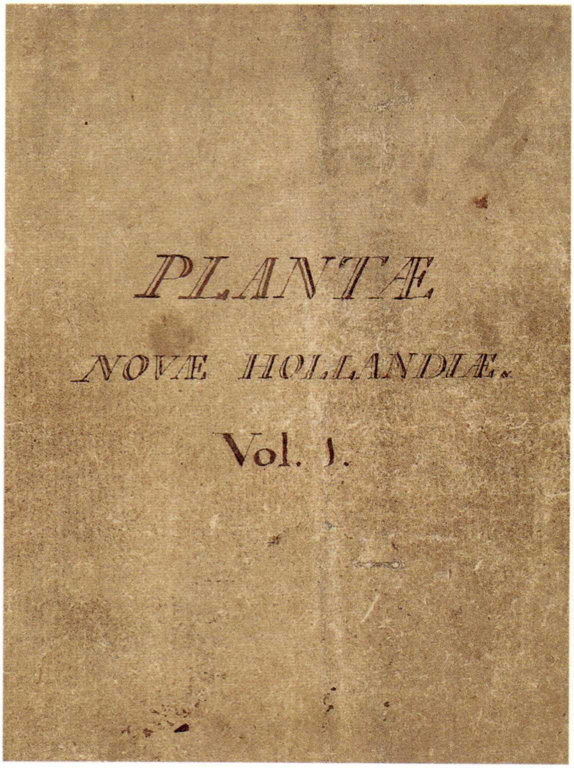

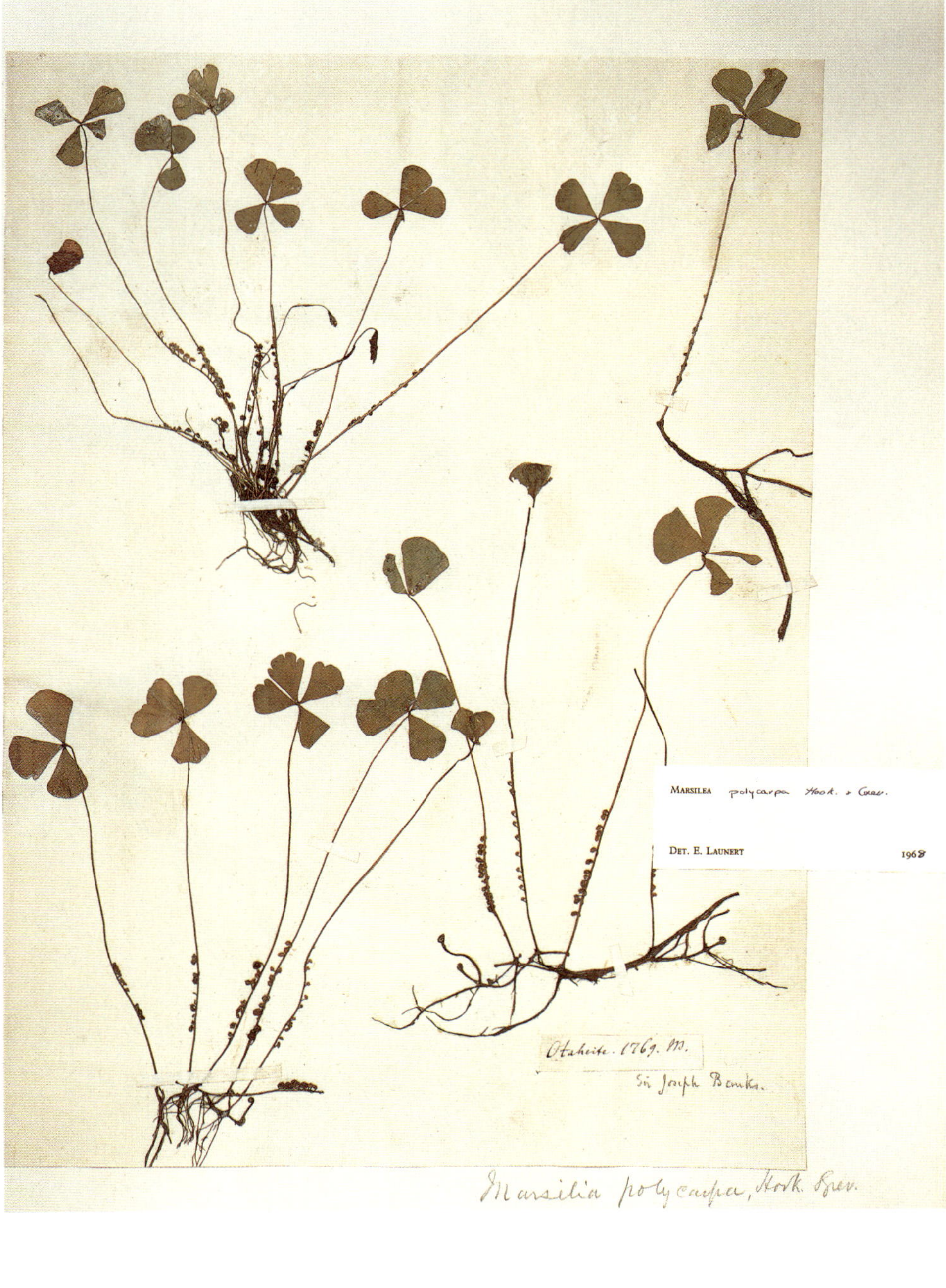
MARSILEA polycarpa Hook. & Grev.
DET. E. LAUNERT 1968
Otaheite. 1769. M.
Sir Joseph Banks.
Marsilia polycarpa, Hook. Grev.

Xylomelum pyriforme Smith

回到英格兰以后，班克斯计划把帕金森在旅行途中绘制的植物图像出版成一本版画集。每个图像都必须经过许多步骤处理，例如这两页所示不同版本山龙眼科的火木梨（*Xylomelum pyriforme*）。帕金森在奋进号上绘制的原作（本页左图），原本只有局部上色，在回到伦敦以后，由参与出版计划的艺术家约翰 · 弗雷德里克 · 米勒复制并以水彩完成上色（左页图）。之后，再根据米勒完成的作品制成雕版，并在进行彩色印刷以前以单色校样（本页右图）检验雕版。

下页两图（第 140、141 页）则是紫葳科植物束花金焰紫葳（*Deplanchea tetraphylla*）的水彩完成图与雕刻师印样。

2

Ophioglossum scandens. Linn. Sol. Flora Brasil. p125

Lygodium volubile Sw

来自巴西的海金沙（左页图），索兰德将之命名成藤蔓瓶尔小草（*Ophioglossum scandens*），目前正式学名为旋茎海金沙（*Lygodium volubile*）。这种植物在过去被用来编织篮子、纺纱、制作垫子和捕鱼器。虽然帕金森没落款，这张很可能是他的作品。在所有被认定是出自帕金森之手的作品中，有六百九十多幅并没有落款，然而根据相关笔记上的笔迹来判定，帕氏应该是这些原作的作者（在此指的并非后期艺术家如诺德、米勒等的临摹作品）。本页图为帕金森署名的水彩画，图上题着“悉尼·帕金森 1769 年作”的字样。图片描绘的是一种塔希提岛的水生植物，称为田字草（*Marsilea polycarpa*）。帕金森在塔希提岛的时候，当地昆虫猛吃他画布上的颜料，他不得不把自己和画架用蚊帐遮盖起来，省得颜料成了昆虫的大餐。

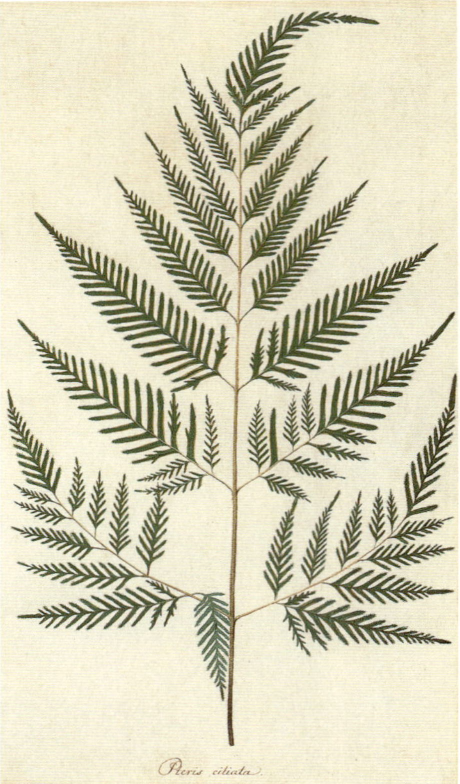

好几位艺术家都参与了《班克斯花谱》的出版计划。雕版的制作大多根据帕金森的原作，例如本页左图碗蕨科的蕨（*Pteridium aquilinum*），不过偶尔也有根据不知名艺术家作品所制作者（本页右图）。许多水彩画都是由约翰 · 弗雷德里克 · 米勒和詹姆斯 · 米勒两兄弟所完成。帕金森素描的小叶佛塔树（*Banksia ericifolia*），其水彩画版本（右页图）上就题有“约翰 · 弗雷德里克 · 米勒 1773 年作”的字样，这种植物所属的佛塔树属，就是以班克斯的名字命名。班克斯在植物学湾发现这种植物，植物学湾这个地名，乃来自于在此地发现的丰富植物种类。

Banksia ericifolia

John Frederick Miller pinx.t 1773.

左页图中这幅锦葵科植物磨盘草（*Abutilon indicum* ssp. *albescens*）的水彩画，乃根据帕金森的素描所完成，图上题有“弗雷德·波里多尔·诺德 1778 年作”的字样。这种植物生长于澳洲的热带地区与东南亚，俗称灯笼木。在奋进号停驻里约热内卢的三周期间，班克斯和索兰德搜集了许多植物标本，其中包括生长迅速、目前被命名为纤毛蕊叶藤（*Stigmaphyllon ciliatum*）的黄褥花科常青攀缘植物，本页图即为帕金森对这种植物的描绘。一旦帕金森完成了一幅作品，索兰德就会在作品背后记下植物种名，班克斯则负责注记采集地点。

两幅是根据帕金森的素描所制作的水彩画。桑科植物的华丽榕（*Ficus superba*）的水彩画（右页图）上题着“弗雷德·波里多尔·诺德 1782 年作”，是诺德替班克斯制作的。本页图中的星芒草科的多脉聚星草（*Astelia nervosa*）也被认定是弗雷德·波里多尔·诺德（约 1770 年至 1800 年）的作品，这种植物俗称为灌木亚麻。帕金森照例在素描背后注记了植物的颜色，诺德因此得以按照帕金森的笔记，完成他的作品。有关华丽榕的笔记是这么写的：“果实未成熟时呈淡绿色，上有白色小斑点，逐渐成长后呈白绿色，斑点则带红白色，成熟的果实呈深紫色，上有白色斑点。”

RAJA testacea.

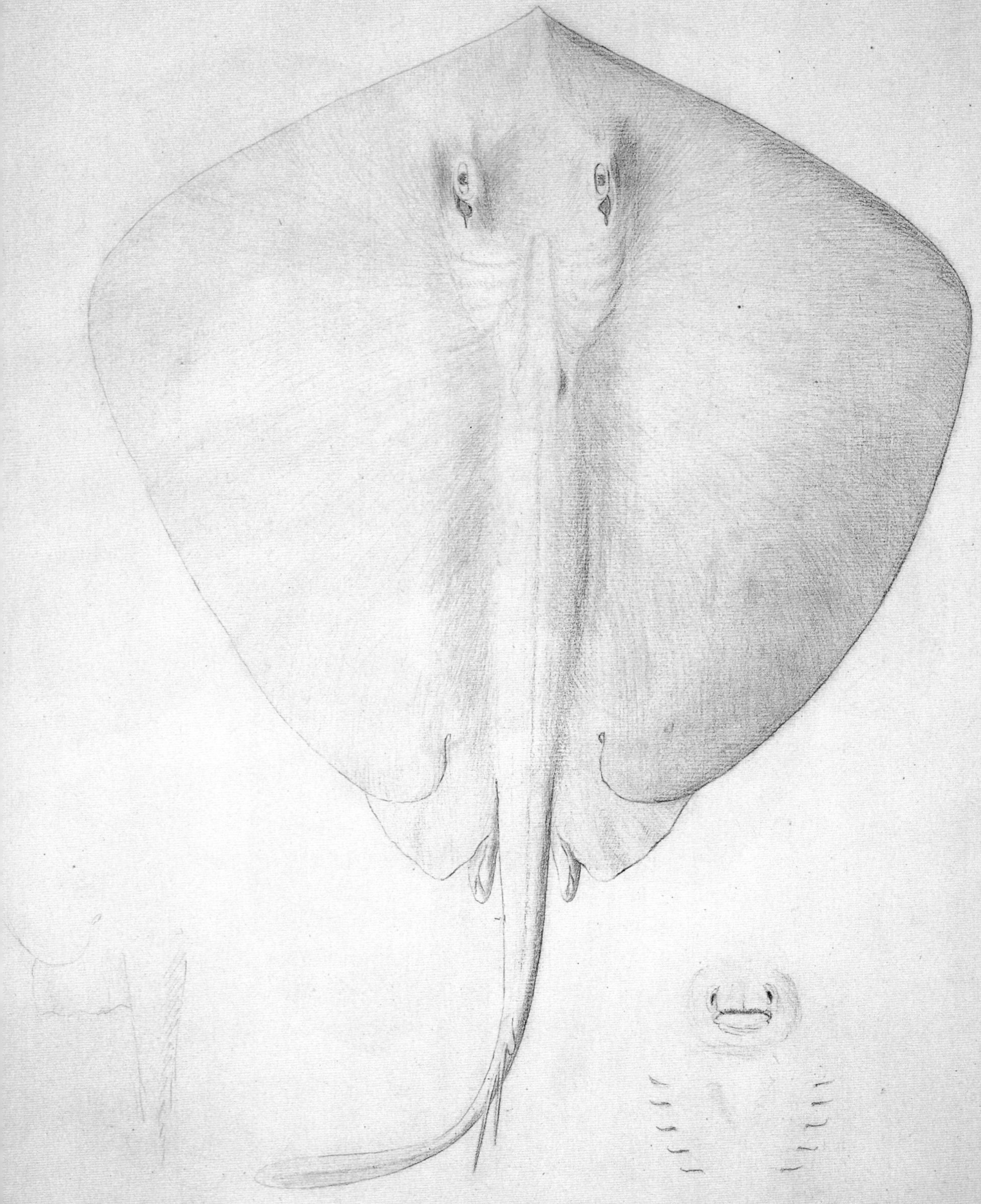

在奋进号航行期间绘制的所有素描与画作，只有四幅是以哺乳动物为题，其中一幅就是本页的袋鼠素描，它是帕金森于1770年6月在靠近现今昆士兰库克敦的奋进河边绘制的。班克斯的秘书赫尔曼·斯波林则画了左页图中学名原为 *Raja testaca* 的扁魟（*Urolophus testaceus*）。图上注记的日期为1770年4月30日，地点为植物学湾，当时班克斯和索兰德都把植物学湾称为刺魟湾。

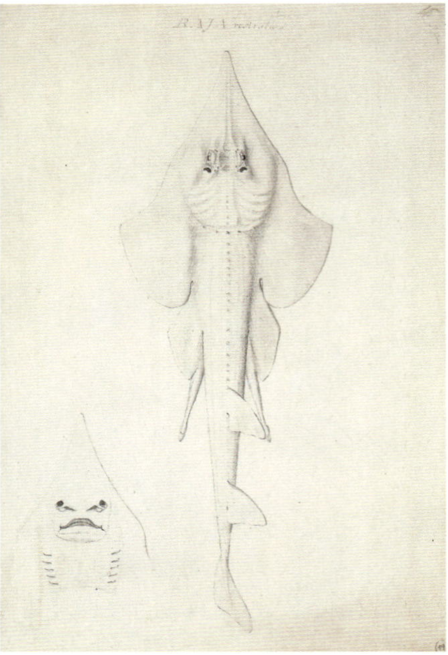

右图是帕金森于1768年在马代拉绘制的蝎子鱼。在这个阶段，帕金森尚未感受到他在后期所承受的庞大压力，因此能完成他已开始绘制的作品。在奋进号航行新西兰期间，帕金森完成了十九幅近海鱼类画作。然而，待船只航行到澳洲水域时，完成作品的数量已经大幅减少，帕金森只画了三幅，不过赫尔曼·斯波林却完成了七张鲨鱼、魟和硬骨鱼的铅笔素描，上图便为其中一幅。这种魟鱼原本被命名为突吻鳐（*Raja rostrata*），后来被重新命名为班克斯铲吻犁头鳐（*Aptychotrema banksii*）。尽管并未留下采集地点的记录，图上注记的时间为1770年4月29日，间接表示标本是在植物学湾采到的。

Scorpæna Patriarcha.
Sydney Parkinson. pinx^t 1768 –

1769 年 4 月，奋进号抵达塔希提岛，也就是帕金森开始绘制本页图这幅雀鳝的地点。索兰德将它命名为长吻狗鱼（*Esox rostratus*），不过后来重新命名为宽尾颌针鱼（*Platybelone argala*）。塔希提岛后来为奋进号上的艺术家们提供了丰富的海生动物题材，航程中总共绘制了一百四十八幅鱼类，其中有六十六幅是塔希提岛水域的物种。在塔希提岛发现的其他海生动物，包括本页下方两幅题有“笠螺”字样的海蛞蝓，目前它被称为短身鸭嘴螺（*Scutus breviculus*）。右页图中的巨蝶鱼（*Chaetodon Gigas*）目前被称为大西洋棘白鲳（*Chaetopdipterus faber*），这幅图画是帕金森在 1769 年根据一个在里约热内卢采集到的标本绘制的。

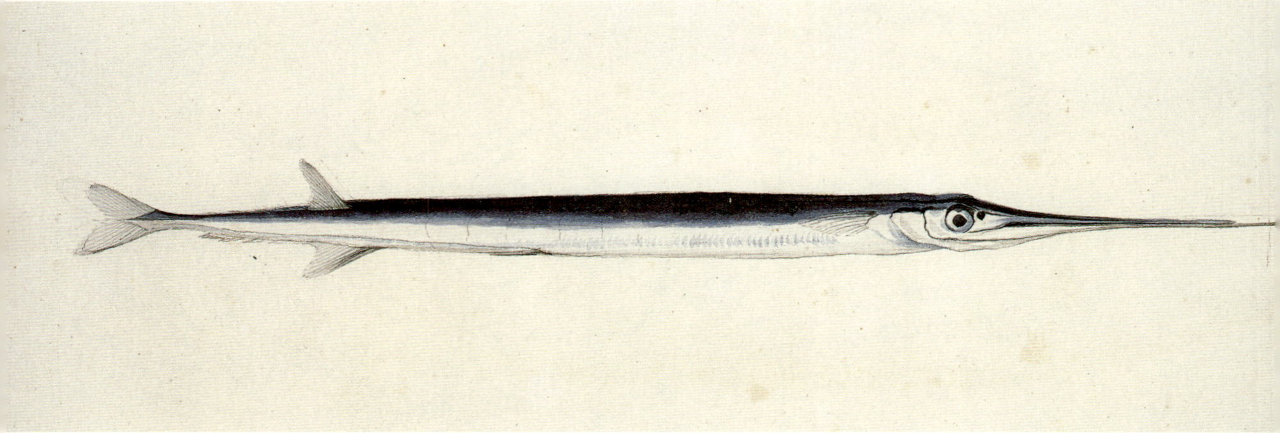

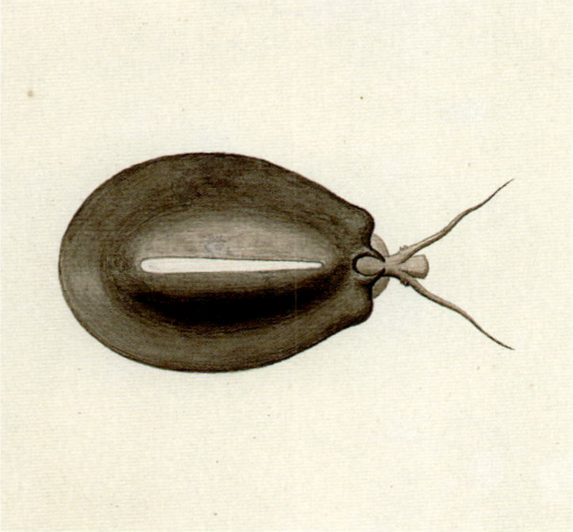

Chætodon Gigas.
Sydney Parkinson

第六章

回到南太平洋（1772～1775）

詹姆斯·库克、约翰·福斯特、乔治·福斯特

奋进号航行的成功，让詹姆斯·库克与约瑟夫·班克斯两人深信，另一趟南太平洋远征有其必要，以一劳永逸地解决南方是否真有巨大陆块的问题。然而，有鉴于上次航程所遭遇的困难，尤其是危机四伏的澳洲大堡礁水域，库克认为这次探险必须要派遣两艘船舰。皇家海军同意了库克的提议，1771 年 9 月底，奋进号返抵国门不到三个月后，海军委员会受命采购两艘适合此次航行任务的船舰。库克负责监视采购过程，并再次选择了与奋进号相同、于惠特比建造的运煤船：载着一百一十二位船员的果敢号由库克指挥，另一艘具有八十位船员的冒险号，则由托比亚斯·弗尔诺领队。

库克希望在 1772 年 3 月起航，不过由于他和班克斯两人意见相左，使出发时间延后到该年 7 月。班克斯提议带着一个不少于十六人的团队随行，其中包括博物学家、画家、佣人甚至两位号角手。所有随行人员都得被安置在果敢号上，而果敢号也因此必须重新调整空间配置。库克原本打算把他的船舱让给班克斯，自己搬到额外加在上层甲板的新船舱，不过当他们发现这个新船舱会让这艘船不适合航行而必须将之移除

1773 年 8 月在塔希提岛的短暂停留，让福斯特父子得以采集并描绘数种植物新种，本页图中玉蕊科的棋盘脚树就是其中之一。棋盘脚树的学名原为 *Barringtonia speciosa*，目前被重新命名为 *Barringtonia asiatica*。

时，班克斯却威胁要带着他的所有随行人员一起退出。班克斯耍这种手段为所欲为，已经很多次了，不过出乎意料的是，皇家海军这次却真的答应让他退出，并迅速地指派了自己的科学团队，其中包括博物学家约翰·莱因霍尔德·福斯特（1729~1798），以及他十八岁的儿子乔治（1754~1794）作为他的助手兼画家。

老福斯特出生于波兰，在哈勒大学研习神学与博物学，之后在波兰北部邻近但泽的乡下，当了十二年的教区牧师。老福斯特在从事神职期间结了婚，抚养着以乔治为长子的一家七口，并继续他的科学研究。1766年，他举家搬到英格兰，在备受推崇的瓦令顿新教徒研究院教授矿物学、昆虫学与其他博物学相关学门。尽管老福斯特确实有才，却因为脾气不好而在1769年被解雇，再度携家眷迁居伦敦，并逐渐在伦敦的科学圈内打响名号。这让当时的皇家海军部大臣桑威奇伯爵注意到了老福斯特，他也因此获聘为果敢号随船博物学家。然而，老福斯特喜怒无常的性格，到后来几乎激怒了船上的每一个人，使得乔治不得不肩负起替父亲打圆场的艰巨任务。

乔治·福斯特在学识与艺术方面都相当有才气。他自幼就由父亲教导博物学，更在父亲任教于瓦令顿研究院时借机拓展知识，不过，他的艺术细胞似乎是与生俱来的。在接下来的航程中，他替自己和父亲所观察或采集到的动植物进行素描作画，尤其是那些保存不易、无法稍后再行绘制的物种。乔治在果敢号上绘制的动植物画作，于1776年被约瑟夫·班克斯买下，目前是伦敦自然博物馆的收藏。至于果敢号航行期间绘制的风景画，大多出自另一位官聘画家威廉·霍奇斯（1744~1797）之手。

库克终于在1772年7月13日离开普利茅斯，计划先航向好望角，然后由此以尽量靠近南极的航路绕行地球一周，不过他这一次打算朝东走，好利用南半球高纬度地区假定存在的西风带。他的任务是调查途中遇上的任何大型陆块，不过会在南半球冬季时，将注意力转移到纬度较低的地区。在前往好望角的第一段旅程中，福斯特父子描述并绘制了不少海洋生物与水鸟，而水鸟剥制标本也慢慢地塞满了他们的船舱。果敢号在好望角停留的三周期间，以及三年后返航时再度停驻的五周，让福斯特父子借机仔细调查了包括开普敦动物园圈养动物在内的南非野生生物，乔治更初次画下了部分物种。驻扎点周遭丰富的不知名动植物，让他们眼花缭乱，因此当老福斯特遇到安德斯·斯帕尔（1748~1820）这位身兼医生、林奈门生与知名博物学家的瑞典年轻人时，便说服库克船长，让斯帕尔加入果敢号的科学团队，提供协助。

在1772年11月末离开南非以后，库克一行人持续向南方航行，并于12月10日

图为约翰·福斯特的手写目录，他在此为果敢号三年航程中采集到的标本，进行命名与叙述的工作。由于果敢号的停泊日数只有不到二百九十天，因此福斯特在上岸时都会全心全意、尽可能地进行物种的标本采集与描绘。

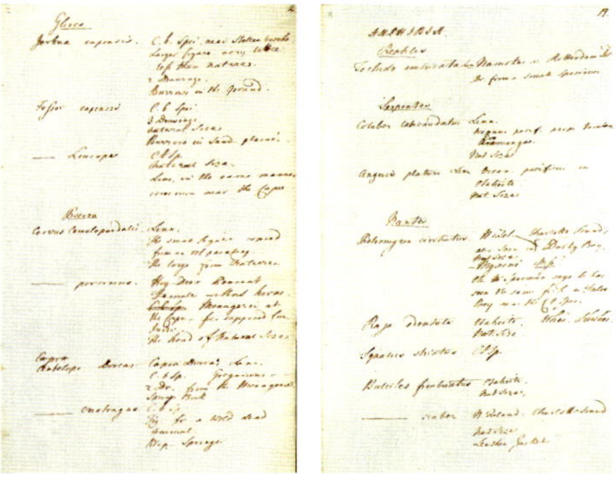

初次看到冰山。数日后，因为受到海冰阻挡，舰队于是先向西航行了一个月，然后再往东沿着海冰边缘前进，然而沿途却毫无陆地的迹象。到了 1773 年 1 月中，往南方的航路终于畅通无阻，在 17 日当天，舰队在人类历史上头一次穿过南极圈。当舰队航行到南纬 67 度 15 分的位置，仅距离尚未被人类发现的南极大陆一百二十公里处，坚实的冰场终究还是阻挡了他们的去路。于是，库克转往东北方进入南印度洋，不过到了 2 月 8 日，因为浓雾之故，果敢号与冒险号断了联系。在这种走散的情况下，弗尔诺会奉命前往新西兰夏洛特皇后湾与果敢号集合，因此果敢号继续朝东北航行，一直到约莫南纬 45 度的位置后转向东南朝南纬 62 度前进，然而此时又再次遭遇大型冰山所阻挡。2 月 24 日，库克终于决定不再南行，在接下来将近一个月的时间，果敢号一直朝东行进。

最后，在 1773 年 3 月 17 日，库克放弃了当季的高纬度搜寻，转向东北方的新西兰航行，在 25 日早晨，新西兰南岛终于出现在眼前。库克整个 4 月都待在达斯基湾，这是个离南岛南端不远的偏僻水域，是库克在奋进号航行时发现的地点。此处淡水充沛，食物资源丰富，让果敢号能借机替几乎耗尽的贮存进行补给，此外，更让库克有充分的机会探索峡湾内的各个小岛，并与毛利土著接触。到 4 月 5 日，福斯特和斯帕尔已经采集并描述了十九种鸟、三种鱼与六种植物。当他们在 5 月离开达斯基湾时，尽管搜集到更多物种，他们身为随船博物学家的工作却越来越令人不快。老福斯特写道，他的船舱“这时成了各种采集标本如植物、鱼类、鸟类、贝壳、种子等的仓库，整个船舱因此变得极为潮湿又脏乱拥挤，而且还会产生有毒

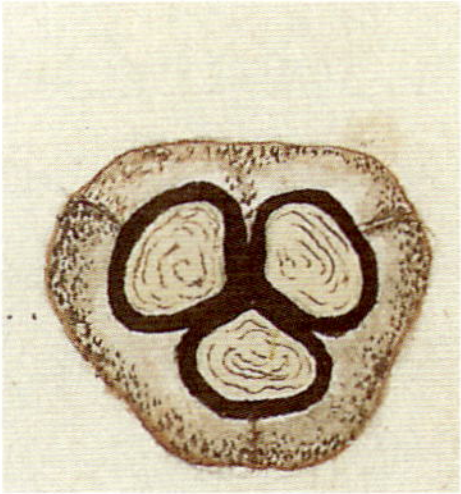

气体……”。

库克沿着南岛西岸航行，在 4 月 18 日抵达夏洛特皇后湾时，冒险号早在当地久候多时。在集合后，计划并未如弗尔诺和大多数船员所愿，在他们的“冬季船坞”长时间逗留休憩时，库克已打算利用这段时间搜索太平洋上另一个尚未勘查的区域。他打算从新西兰向东航行到西经 135 度、南纬 41 度至 46 度间的地区，就该时令而言，是纬度相当高的地方。之后，他打算转往北方，绕经塔希提岛与其他尚未完全探勘的岛群，再返回新西兰。

两艘船舰于 6 月 7 日出发，密切地遵循库克的计划。事实上，他们航行到比原来计划中更东方的地区，到达西经 133 度 30 分的区域，不过沿途并未发现任何陆地，此后，船队转向北方朝着土阿莫土群岛前进，然后往西向塔希提岛前去。一个月以后，两船载着沉甸甸的补给、大量的博物学标本和人类学文物以及乔治的画作，重新出发。然而，原本选择回到夏洛特皇后湾的最短路径，库克却往西航行，经过社会群岛和友爱群岛，终于在 10 月 8 日离开汤加。当他们在 10 月底朝着库克海峡西口接近，打算穿过库克海峡驶抵夏洛特皇后湾时，却受到恶劣天候所袭击。库克一直到 11 月 3 日才安全地把果敢号驶进湾区下锚停泊，不过他也发现，他再次失去了冒险号的消息。当弗尔诺终于领着冒险号抵达夏洛特皇后湾时，库克早已离开。最后，弗尔诺在 12 月底决定离开新西兰，取道合恩角返航，于 1774 年 7 月抵达英格兰。

在这段期间，库克再次横穿太平洋，其中包括两次南进南极圈的尝试。在抵达夏洛特皇后湾以后，库克修复了果敢号的索具，完整清理船身，修补甲板，并完成补给。他留了个瓶中信笺给弗尔诺，说明他大致的计划，包括在下一个冬天造访塔希提岛、复活岛与社会群岛。果敢号再次徒劳无功地在新西兰海岸搜寻冒险号，之后，终于在1773年11月26日独自驶离。在果敢号南行的途中，天气越来越糟，然而，尽管航程危险重重，库克仍执意前行，并在12月20日跨越了南极圈。果敢号在酷寒的南极圈里待了四天，在圣诞节前夕再度跨越。他们度过了一个风平浪静的圣诞节，尽管周围有许多冰山环绕，库克还是让船员以平常喝酒狂欢的方式来庆祝。然而，即使被欢乐的气氛所围绕，老福斯特却感到沮丧，因为他认为这些漫长的大洋航行正在浪费他的时间，剥夺他的机会，让他无法获得像班克斯和索兰德在前次航程所享有的重大科学发现。

果敢号在1774年1月初脱离海冰的包围，到了11日，已经在南纬48度线上航行了超过新西兰到南非航程三分之二的距离。库克在此改变航线，往合恩角的方向前进，让部分船员燃起希望，以为他们正在回家的路上。然而，果敢号没多久就再次转向南方，并在两周后再次穿越南极圈。到了1月30日，由于遭遇到冰原与浓雾，使库克深信，这些海冰会一直延伸到南极，让他不得不转向北方。

此时，果敢号最后一次离开南极圈与海冰，先朝东北再往北前进，寻找据航海家胡安·费尔南德斯所说在南纬38度线上找到的陆地。然而，库克并没有找到任何陆地，到了2月底，他决定放弃搜寻，直接前往复活岛。在果敢号启程前往新目的地之际，库克却在此时患了可能因为胆囊感染而引发的胆绞痛，病情危急，卧病在床几乎一周。在当时几乎无法取得新鲜食物的情况下，老福斯特只得把他从塔希提岛带上船的狗杀了，煮给库克吃。这方法显然管用，库克逐渐复原，众人也松了一口气。

1774年3月中，果敢号在复活岛短暂停留四天后，便朝马克萨斯转往塔希提岛，再向西经过波利尼西亚群岛，最后由南往西向斐济前去，最后抵达被库克命名为新赫布里底群岛的地方。自7月底至8月底，他仔细地调查了此地的海岸线，然后才出发前往被他命名为新喀里多尼亚的太平洋第四大岛。他整个9月都待在新喀里多尼亚，替那四百八十公里长、危机四伏的东北海岸绘制地图。之后，库克与几位植物学家上岸待了几天，检查那外观特异、树高达三十米而树枝却不到两米长的柱状南洋杉（*Araucaria columnaris*）。这些树替船员们带来了不少娱乐，因为人缘不佳的老福斯特，在船员从船上观察这些树的时候，以一打酒为赌注，断言它们实际上是玄武岩。在从新喀里多尼亚到新西兰的半路上，他们又发现了另一个具有奇异松树的岛屿，这种树后来被命名为柱状南洋杉。最后，果敢号于1774年10月17日再次回到夏洛特皇后湾。

在这两次独自地毯式地搜索太平洋岛屿的航程中，库克不论在地图绘制、勘查与采集方面，都大有斩获。然而，这些基本上只是此次航行的附属产物，此行的主要目的仍旧是要寻找南方大陆。为了完成主要任务，库克在返航回英以前，必须再次横越南太平洋，以对南大西洋进行勘查。不过这最后一次的尝试，仍旧是徒费无益，以至于他在 1775 年 1 月 27 日写道 ："我可以大胆地说，没有人会比我更深入南方，永远不会有人能涉足这块南方大陆进行勘查……越往南，越会遇到浓雾、暴风雪、酷寒与其他让航程更为艰难的严苛条件，而这块土地无法言喻的恶劣条件，更大幅提高了探险的困难。这是个注定无法感受到温暖阳光的土地，永远埋没在永恒冰雪的地方。"

库克终于在 1775 年 7 月 30 日抵达英格兰。一回到家，他马上埋首准备将第二次远航的成果付梓出版，不过却在此过程中与老福斯特发生纠纷。老福斯特声称，之前曾经有协议，由他来撰写该次航程的报告书。尽管这不太可能是真的，库克和老福斯特还是在 1776 年年初达成妥协，由两人共同撰写出版这份报告。到了夏天，这个安排还是以失败告终，结果，最后出版的航程报告共有三份。在皇家海军的全力支持下，库克的两本报告于 1777 年 5 月出版，其中包括十二张地图以及五十一幅单色印刷的风景、人物与文物版画，这些图像主要是根据霍奇斯的原稿制作而成。然而，乔治·福斯特早在六周前就出版了一份与父亲一起制作的两本报告，而约翰自己的"……自然地理、博物学与人种哲学"的单册评论报告，则在次年问世。福斯特父子既无金援又时间不足，无法制作昂贵的版画，加上欠缺官方支持，因此他们的出版品中并没有附上任何图片。

尽管老福斯特为自己的报告取了这样的书名，事实上，报告中有关博物学收藏的详细资讯并不多，这和库克第一次远航的状况一样，详细的博物学相关信息，一直到很久以后才正式出版。果敢号在航行期间所采集到的许多动植物，在当时都是全新的物种，然而，由于约翰笔下许多以乔治的画作为依据的物种描述，一直到 1844 年，也就是约翰死后四十六年才付梓问世，而许多动植物在这段期间都已经由其他学者进行描述与命名。尽管时至今日，许多幸存的果敢号动植物收藏及图像，因为它们的历史、科学与艺术价值而受到尊崇与重视，然而在它们初抵英国的那段期间，确实没有获得应有的重视与关注。

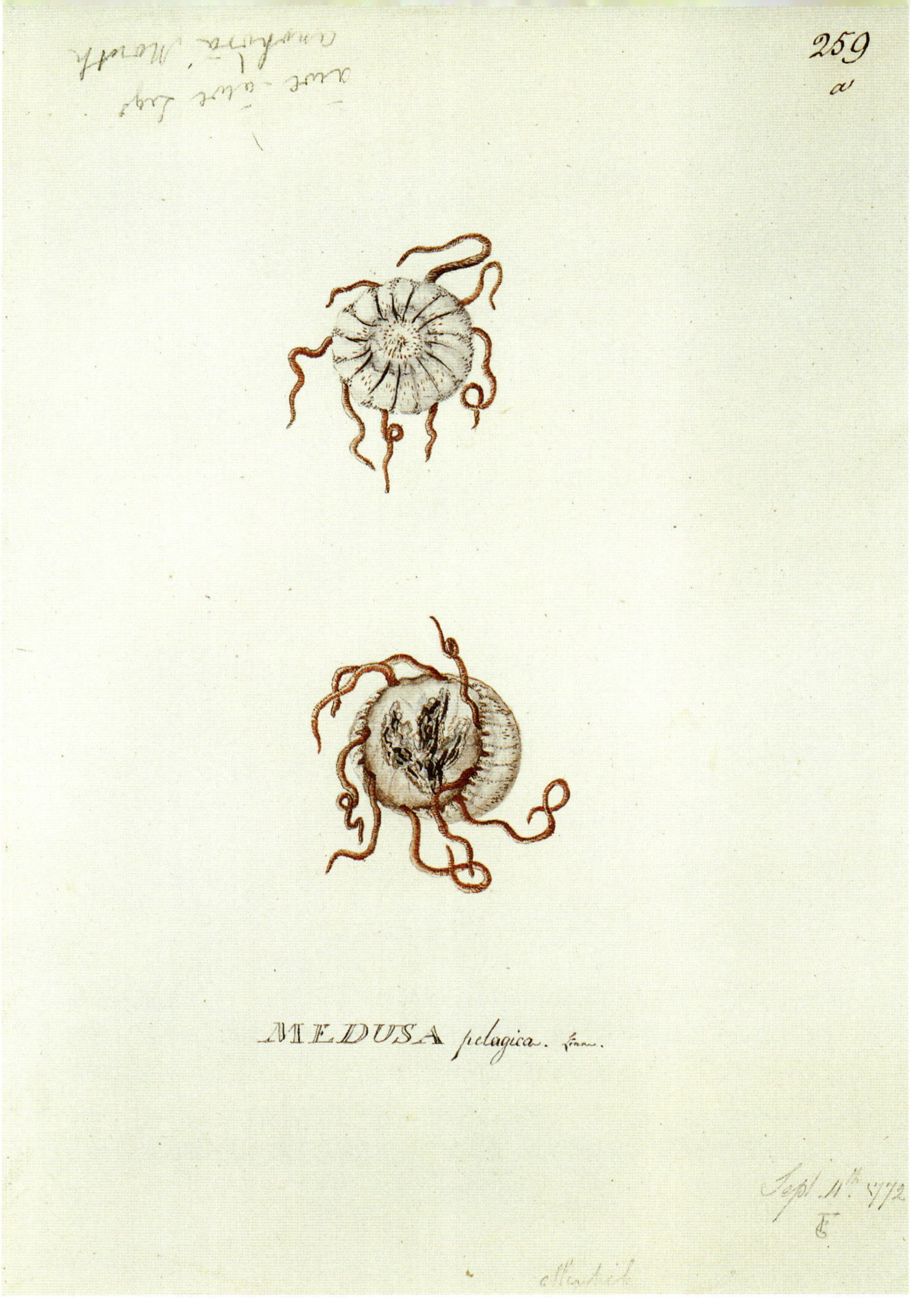

本页图为一种大洋水母的两个视图。福斯特将它称为 *Medusa pelagica*，其中 *Medusa* 一字来自于古希腊神话的蛇发女妖，将水母那发状且会螫人的触手，用来和蛇发女妖头上不停蠕动且会咬人的蛇群类比。*pelagica* 一字则意指大洋。

果敢号在好望角停留的时间长达两个月，这些铅笔素描是乔治·福斯特在那段期间的作品。不论是乔治或约翰，都没有时间离开好望角深入南非，因此只好倚赖买来的标本和当地动物园圈养的动物作为素描的对象。右页图中的白尾角马（*Connochaetes gnou*）是南非特有的大型羚类，本页图中状似长颈鹿的动物，则是乔治根据当时好望角总督约乔基姆·普莱滕贝格所收藏的一幅油画临摹而来的。

约翰·福斯特在笔记中提到，1772年曾在好望角动物园看到一种生活在南非的巨羚（右图）。当时，这种动物的学名是*Antilope oryx*，目前已重新命名为*Taurotragus oryx*，中文译为旋角大羚羊，学名中的*tauro*来自拉丁文的*taurus*，是公牛的意思。上图这幅有落款的完成图，是学名原本为*Rallus cafer*、后经重新命名的暗蓝秧鸡（*Rallus caerulescens*）。这是福斯特父子在好望角动物园看到的另一种动物。野外的暗蓝秧鸡以沼泽地和芦苇河滩为栖息地，乔治似乎也试着以它的原始栖地为背景作画。

乔治·福斯特在 1772 年 12 月 30 日画下了本页图中这只栖息在“南冰洋”的雪鹱（*Pagodroma nivea*）。根据约翰·福斯特的笔记，雪鹱可见于南纬 52 度线以南，尤其是靠近海冰的地方。果敢号博物学家来到这极南酷寒之境的最大收获，就是能有机会观察该地区丰富且几乎毫无文献记录的不知名鸟类，例如本页图的雪鹱、右页图中的鹱鸟以及鸽锯鹱、皇帝企鹅与王企鹅等。

81.
Aptenodytes patachonica
36 inches high
Aptenodytes patachonica J. R. Forster in Comm. Gotting. 3. p. 137.

约翰·福斯特在果敢号于 1772 年 12 月初次短暂进入亚南极水域时，就已经看到过王企鹅，不过他和库克在 1775 年于南乔治亚岛看到的实例（左页图），让他们两人都留下深刻的印象。在南乔治亚岛与邻近岛屿栖息的王企鹅，数量多到好像用黑地毯把雪地覆盖起来一般。他们在这里也看到群居的海豹（本页图），福斯特把它们命名为南极海豹（*Phoca antarctica*）。这是库克和船员们最后一次看到王企鹅和海豹，因为库克此后便放弃搜寻这块难以到达的南方大陆，返航回到英国。

根据记录，右页图中魟鱼的采集时间为 1774 年 5 月 10 日，刚好介于果敢号第二次造访塔希提岛的期间。它的学名原为 *Raja edentula*，目前被重新命名为 *Aetobatus nariniri*，中文称为纳氏鹞鲼。这是约翰·福斯特在长子之绘画技能协助下，于塔希提岛进行的众多博物学研究之一。然而，福斯特并不只把注意力放在岛屿动植物相的调查，他同时也观察当地人种，于是也针对塔希提岛与南太平洋其他岛屿的居民进行人类学研究，并成为人类学这个新领域的先锋。他研究过的其他海洋生物，包括本页上图中的这种河豚，它的学名原为 *Tetraodon hispidus*，后被重新命名为 *Arothron meleagris*，中文叫作白点叉鼻鲀。福斯特是在社会群岛的瑞亚堤亚岛采集到这种鱼，它在受到威胁时会让自己膨胀，借此竖起身上的毒刺。本页下图中的鱼，则是在果敢号返航英格兰的途中，在好望角附近水域钓到的，其学名原为 *Blennius superciliosus*，后被重新命名为 *Clinus superciliosus*，中文称为光唇草鳚。

Tahiti. May 16th 1774.

本页左图与右图分别是红胸辉鹦鹉（*Prosopeia tabuensis*）和斑布克鹰鸮（*Ninox novaeseelandiae*）的未完成图，前者来自友爱群岛，后者俗称摩雷波克猫头鹰。摩雷波克只是勤奋的福斯特父子及斯帕尔在夏洛特皇后湾所采集到的众多鸟类标本之一，他们的发现还包括新西兰鸻、新西兰鸫鹟、垂耳鸦、数种鹦鹉、斑鸬鹚以及不会飞的新西兰秧鸡。在他们所记录到的鸟类中，有好几种在一世纪以后就已灭种。右页图中的灰头翡翠（*Halcyon leucocephala acteon*），是库克在前往好望角的途中，于佛得角群岛采集到的。在果敢号航程的众多作品中，这幅灰头翡翠是乔治·福斯特少数连背景也一并完成的画作。

Alcedo

Forstera sedifolia Fl. Austr. p. 61. n. 324.
published by Dr. Ge. Forster in Nova Acta Upsal. 3. tab. 9.

左页图中是花柱草科的福斯特草（*Forstera sedifolia*），是在达斯基湾发现的。达斯基湾是果敢号初访新西兰的第一个停靠港。这只是福斯特父子和斯帕尔记录下的众多动植物标本之一，他们的努力，大大增加了约瑟夫·班克斯爵士和植物学家丹尼尔·索兰德在库克第一次造访新西兰时所编辑的动植物清单。本页图中包括树皮、种子穗和种子等细节的木麻黄科的木贼叶木麻黄（*Casuarina equisetifolia*），采于塔希提岛。它是木麻黄属的植物，以鳞状叶为特征，其种名equisetifolia意指其外观状似木贼（属名*Equisetum*来自拉丁文的马“equus”）。

Passiflora aurantia Fl. Austr. p. 62. n. 326.

Passiflora aurantia

左页图为西番莲科的橙花西番莲（*Passiflora aurantia*）水彩完成图，其记载日期为 9 月 8 日，对应的地点为新喀里多尼亚——因此应在 1773 年采集。本页这张未完成图所描绘的植物，采集地点是新西兰夏洛特皇后湾，图上写有 *Trichilia spectabilis* 的字样，不过它现在是属于楝科植物的新西兰樫木（*Dysoxylum spectabile*）。果敢号于 1773 年 5 月初访夏洛特皇后湾，之后于 1774 年 10 月重返旧地，博物学家们在果敢号两次造访此地期间，都有进行采集。

在果敢号十一万三千公里的航程中，画家共画了三百多幅植物图像，本页与右页便是其中的两幅。本页图中的植物是桃金娘科的物种，原名称为 *Melaleuca astuosa*，目前已改银叶铁心木（*Metrosideros collina*）。虽然在近距离观察这种来自塔希提岛的植物时，会觉得它与白千层属（*Melaleuca*）有些相似之处，不过由于这些植物图像并无法表现出比例尺，确实容易造成误解。有些白千层属的植物，高度可达 12 米，不过铁树属植物却可以长到 25 米高——这种高度差异并非来自不同属的树枝标本所能呈现的。右页的植物图像包含了这种植物的种子穗和种子，由乔治 · 福斯特以 GF 署名，它被命名为 *Jatropha gynandra*，不过它更可能是学名为 *Jatropha curcas*，大戟科的麻风树。

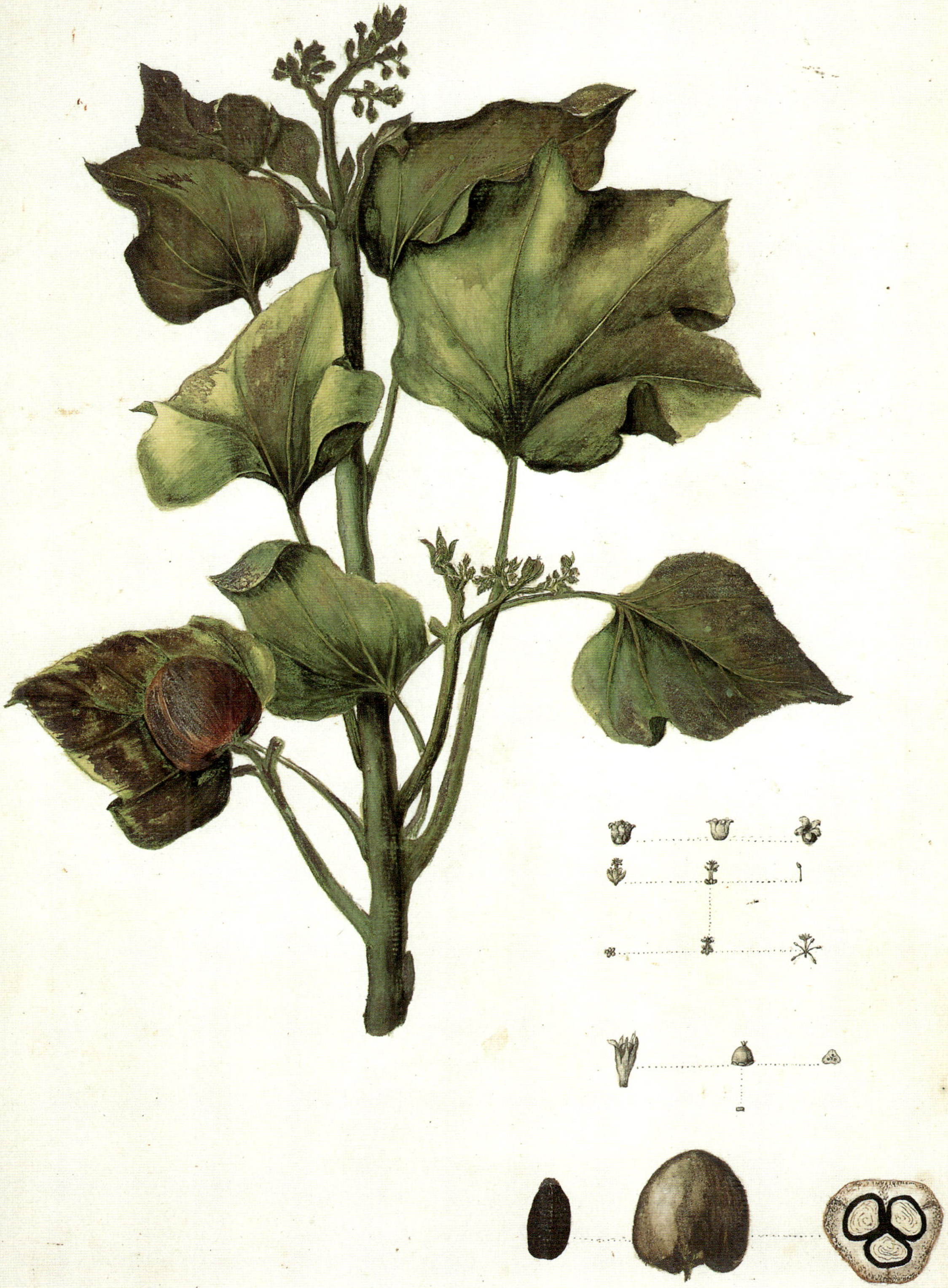

JATROPHA *gynandra*. St. Jago G.

Curcas? Pl. Atlant. in Commentat. Götting. 9. p. 70. u. 148.

右页图中状似蓟草的菊科植物锦毛红花（*Carthamus lanatus*），又称为藏红花，是1772年8月初作于马代拉，不过它和包括本页左图旋花科植物的掌叶旋花草（*Convolvulus digitalis*）在内的许多植物一样，直到1773年2月或3月间才完成。然而，根据这幅掌叶旋花草图下方的笔记，它实际上可能是地中海旋花（*C.althaeoides*）。本页右图中来自夏洛特皇后湾的桃金娘科植物，原本被命名为*Leptospermum callistemon*，后改称铁心木（*Metrosideros scandens*）。

adeira. sketched Aug. 1. 1772.
CARTHAMUS lanatus. LINN.
Gotting. 9. p. 66. n. 131.
Fl. Atlant. in comment. J. Forster. 1773.

第七章

勘测澳大利亚（1801～1805）

马修·弗林德斯、费迪南德·鲍尔

1778 年 11 月，约瑟夫·班克斯获选担任大不列颠地区级别最高的科学职位——皇家学会会长，一直到他于 1820 年去世后才卸职。在甫上任的前几年，他提出的最重要建议之一，便是将澳洲植物学湾当作放逐罪犯的前哨站来发展，因为在 1781 年美国独立战争结束后，英国再也无法将罪犯放逐到北美洲。在班克斯的建议终于受到采纳后，1787 年 5 月，由十一艘船组成的第一舰队，由斯匹特角[1]载着四百四十三位船员、八百名罪犯出发前往创建新的罪犯流放地。他们在 1788 年 1 月抵达植物学湾，不过身为舰队指挥官与殖民地第一任总督的亚瑟·菲利浦船长，对植物学湾印象平平，决定转往位于北方、距植物学湾只有数公里远的杰克逊港，也就是未来的悉尼，并且在该地安定下来。

在刚开始殖民的前几年，殖民地政府并没花多少力气调查海岸线。因此，在 1795 年，当年仅二十一岁的海军学校学员马修·弗林德斯，随着载着殖民地新任总督约翰·亨特的信赖号抵达悉尼时，只有悉尼南北

1.位于英格兰南部汉普夏郡索伦特海峡内的港城。

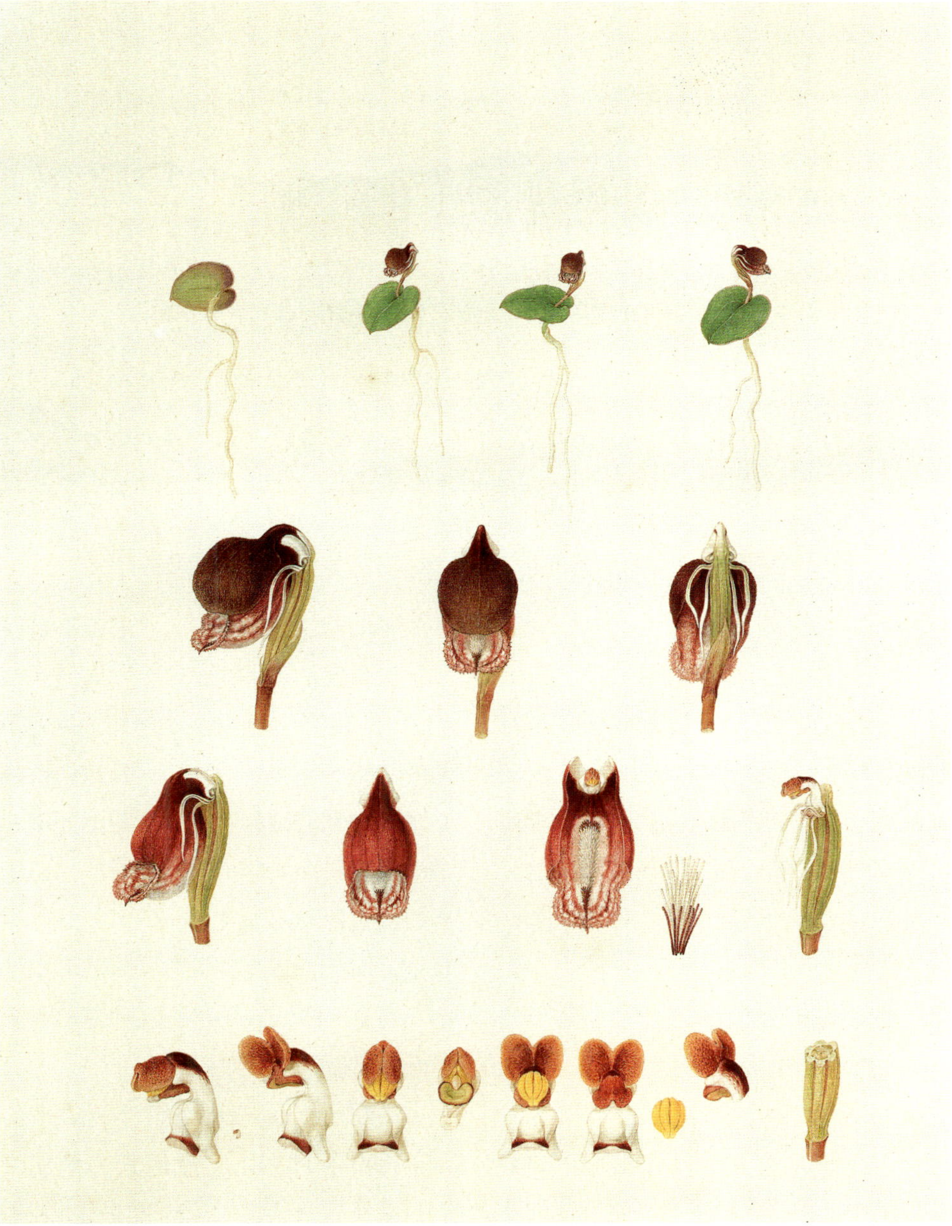

本页图中兰科植物的爪花铠兰（*Corybas unguiculatus*）至多可以长到 3 厘米高，是澳洲的原生种。费迪南德·鲍尔画的标本，可能是 1804 年在乌鲁姆鲁采集到的。

马修·弗林德斯针对调查者号远航勘查所出版的报告《澳洲大陆之旅》，以澳洲南部海岸地貌插图为其特色，其中包括上图菲利浦港入口一带，以及下图描绘的斯潘塞海湾周围山峦。

一百六十公里左右的海岸线曾受到调查。在接下来五年间，弗林德斯以当地有限的设备扩大勘查，并在1800年8月返回英格兰时建议班克斯，促请英国正式派遣考察队到澳洲，以将近三十年前由库克所绘制的地图以及班克斯与索兰德所开启的澳洲博物学研究作为基础，继续发展。

班克斯和皇家海军都同意了这项建议，尤其是当皇家海军听到风声，获知法国正派出大队人马，由尼古拉斯·博丹船长在1800年10月率领着地理学家号和博物学家号到澳洲探勘时，英国更不愿落于人后。英国并非唯一对澳大拉西亚[2]感兴趣的国家。自1793年便与英国争战频繁的法国，也正着眼衡量在该地区殖民的可能性，这尤其因为人们认为当时被称为新荷兰的澳洲，也有可能并不是一个单一陆块，而是被一个连接大澳大利亚湾和卡奔塔利亚湾的南北通道切成东西两半。因此，交战的两国同时派遣探险队前往澳洲水域，并互相保证，探险队将免受敌方军事或海军干涉。结果，两队人马不论在地理与科学方面，都有重大斩获。

然而，上面说的这些都是后来的事。1800年11月，三十米长的单桅帆船色诺芬号获选成为探险队主力，并被改名为调查者号，由当时已晋升为海军上尉的弗林德斯担任指挥。调查者号

2.泛指澳洲、新西兰及附近南太平洋诸岛。

将载着八十名船员，以及包括官派风景画家威廉·韦斯托尔（1781~1850）、天文学家约翰·克罗斯利、矿物学家约翰·艾伦（出生于1775年）、一位博物学家与一位博物画家等在内的文职人员一同出发。为了满足探险队对博物学家的需求，班克斯最后选了罗伯特·布朗（1773~1858），一位二十七岁、来自安格斯郡蒙特罗斯的苏格兰人。布朗曾经在爱丁堡习医，自1795年起，便在苏格兰的法夫郡兵团担任少尉兼助理外科医师。在爱尔兰北部服务三年以后，布朗被调职到伦敦，并在班克斯原来属意的博物学家芒戈·帕克决定退出以后，被推荐给班克斯。在调查者号航程中，布朗的助手包括原本在邱园服务的园丁彼得·古德（殁于1803年），以及目前被认定为世界上最伟大博物画家之一的奥地利画家费迪南德·鲍尔（1760~1826）。

鲍尔出生于当时属于下奥地利州的范尔德斯博格，不过该地在第一次世界大战后被并入捷克。他的父亲是列支敦士登亲王的御用宫廷画家，不过在费迪南德年仅周岁时去世。费迪南德遗传了父亲的艺术天分，而且自幼便格外展露出植物绘画的兴趣与技术。他原本在范尔德斯博格找到工作，后来转往维也纳大学，在植物学教授兼植物园园长尼古劳斯·雅坎教授（1727~1817）处服务。1784年，当费迪南德还在维也纳大学任职时，他认识了约翰·西布索普（1758~1796）——当时英国牛津大学的谢拉德植物学荣誉教授[3]。在西布索普的邀请下，费迪南德参加了希腊植物调查采集计划，随着西布索普去了希腊。他们在希腊待了十八个月以后，鲍尔在1787年年底，随着西布索普和旅行期间绘制的超过一千五百份素描，一起回到英格兰。鲍尔在牛津定居以后，花了好几年的时间，把这些素描转为完成作品。之后，这些画作随着西布索普的《希腊植物相》在1806至1840年间出版（其中许多作品是在鲍尔去世多年以后才问世），而且受知名英国植物学家约瑟夫·胡克认定为是“史上最伟大的植物绘画”。由于这批作品之故，班克斯知道了鲍尔这号人物的存在，并随之推荐他到调查者号上服务。

调查者号于1801年7月离开斯匹特角，在12月抵达澳洲西南的卢因角。弗林德斯的第一项任务，是要针对南边

3.植物学家威廉·谢拉德在1728年身殁时，将他终身的藏书、植物标本收藏与一笔三千英镑捐款留给牛津大学，并指明此款项专用于资助该大学植物系主任兼植物园园长，以及植物园的运营。此后，为纪念谢拉德，便以谢拉德植物学荣誉教授作为牛津大学植物系主任的称呼。

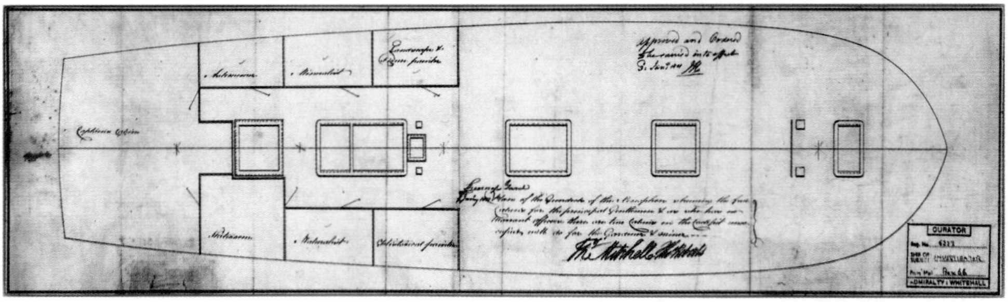

本页图为调查者号的部分蓝图。调查者号拥有足够的空间，可以承载八十名以上的船员。这部分船舱被规划为船长室和贵宾室，根据计划书上的注记，所谓的贵宾乃指随船的天文学家、矿物学家、风景画家、博物画家与博物学家等人。

的海岸进行探勘调查，不过在正式开始以前，调查者号在乔治王湾停留了数星期，让布朗和他的团队有机会研究这个区域。短短数日间，他们搜集了五百多种植物和一些动物，其中，植物标本几乎都是新种——让鲍尔勤奋不懈地描绘的庞大收藏，就是这样开始的。在进行海岸调查之际，弗林德斯在勒谢什群岛安排了上岸勘查，并在大澳大利亚湾进行航行勘查，之后便来到林肯港短暂停靠。弗林德斯在靠近林肯港一带，曾派出一艘小艇寻找水源，却因此失去八名船员。在完成斯潘塞海湾与袋鼠岛一带的调查与采集以后，调查者号与法国的地理学家号在1802年4月8日于相遇湾遭遇，当时，博丹正领着地理学家号以反方向进行海岸调查。一个月后，两队人马陆续抵达悉尼，在悉尼湾停泊。

此时距调查者号离开英格兰已有十个月的时间，船身迫切需要修理，因此，弗林德斯在悉尼一直逗留到7月21日船身完成整修为止。在停留的这段期间，弗林德斯的日子一点也不平静。布朗和鲍尔进行了几次重要的采集勘查，其中包括前往悉尼附近的蓝山，布朗也致信班克斯，表示他们已经搜集到三百多种植物新种，而鲍尔也绘制了超过五百张素描。除此之外，这段期间也有重大政治发展，英法两国停止交战。在弗林德斯抵达悉尼时，法国的第二个船队博物学家号早已在悉尼久候多时，而载着病弱船员的地理学家号，一直到数周以后才缓慢地驶进悉尼。不论是调查者号或地理学家号，都对两国停战的消息松了一口气，尽管和平只是短暂的。

在船舰完成整修、船员调养生息以后，弗林德斯着手完成他的下一个伟大目标，环绕澳洲大陆一周，从北部海岸确认是否真有通往内陆的大型水道。调查者号向北航行，成功地通过了詹姆斯·库克在三十年前挑战过的大堡礁险滩。在几次前往澳洲本土和离岸岛屿勘查以及数度和澳洲原住民友善相遇以后，他们在1802年11月初绕着约克角进入卡奔塔利亚湾。在接下来的四个月中，弗林德斯针对卡奔塔利亚湾和阿纳姆地区以西进行海岸线调查，不过却没有找到任何通往南方的重要水道。澳大利亚确实是一个单一陆块。在这个地区，弗林德斯和澳洲土著有过几次不太友善的遭遇，至少有一次是以一名澳洲土著死亡收场。此外，与该地区植物的接触也不甚愉快，布朗、鲍尔和古德因为吃了苏铁的坚果而大病一场，尽管他们在前一年就曾在澳洲南部海岸有过同样的经验，不过他们似乎是忘了。鲍尔似乎病得特别重，但他并没有因此怠职，仍然仔细地画下这种植物和该地区的其他数百种动植物，成果丰硕。

调查者号的船身早已显示出严重耗损的迹象，到了1803年3月，弗林德斯决定，他们必须尽快完成绕行澳洲的计划，缩短仔细调查的时间，迅速返回悉尼。此时，逆风迫使他们通过帝汶海，来到帝汶的古邦湾。他们在古邦湾重新补给后，出发返航悉尼，然而这趟历时两个月的航程，却是困难重重，许多船员早已筋疲力尽，又病又累，结果又遇上痢疾爆发，在途中造成两位船员死亡，当他们终于在6月9日抵达悉尼以后，又继续损失了包括古德在内的四名船员。此刻，调查者号的状况很糟，实在无法继续调查任务。

弗林德斯与许多探险队人员决定返回英格兰，希望能弄来另一艘船，以完成原本的任务。然而，弗林德斯的厄运还在持续着。他的第一次返英尝试，在他出发的一周后，亦即1803年8月17日，因为船舰在珊瑚礁失事而告终。弗林德斯乘着船上的小型快艇，在挣扎中回到悉尼，并于9月20日领着由三艘船所组成的救援队再次出发，其中包括弗林德斯的私人船艇——二十九吨的坎伯兰号在内。按计划，救援队在抵达失事地点后，部分人员会随着一些幸存者继续前往英格兰，其余则返回悉尼。不过当救援队完成营救任务后，情况并未随之好转。坎伯兰号并不适合远航，在它绕着澳洲北部，经过帝汶朝往印度洋航行的过程中，已经承受相当程度的损害，由于它无法支持到好望角，弗林德斯决定转往法国属地法兰西岛（现在的

马修 · 弗林德斯终于在 1810 年 10 月返抵英格兰，并马上着手准备正式的航行报告。而弗林德斯在该报告于 1814 年 7 月出版时去世。

毛里求斯）。很不幸的是，他并不知道英法两国间的战事再次爆发，而且这次的拿破仑战争持续了十多年之久。由于弗林德斯并未乘坐着他护照上列出的船舰，法兰西岛总督德加昂以从事间谍活动之嫌逮捕了弗林德斯。尽管英格兰甚至法国皆提出抗议，弗林德斯仍然蒙受了六年半的牢狱之灾，一直到德加昂被召回法国后，弗林德斯才在 1810 年 10 月回到家乡。

弗林德斯离开以后，从调查者号幸存的博物学家们，仍继续着他们的工作。当弗氏启程前往英格兰时，布朗、鲍尔和矿物学家艾伦执意留在悉尼。他们决定至多等待弗林德斯十八个月，如果他没有回到澳洲，那他们就会自己想办法回英国。他们一起在悉尼地区进行了几次短期采集之旅，一直到 1803 年 11 月布朗决定前往范迪门地（现在的塔斯马尼亚）为止。布朗原来计划的是十周旅行，然而，这趟行程最后却延长为九个月，他在此期间进行了数量惊人的采集，有了许多新的发现，其中包括后来在 1930 年绝种的袋狼。布朗并未与画家同行，因为以悉尼为根据地的鲍尔有自己的旅行计划，最远曾到过在悉尼北方一百五十公里远的纽卡索。鲍尔完全不知道布朗何时会回来，到了 1804 年中，他认为自己已经把悉尼地区的自然状况研究透彻，应该往更远处前进。

此刻，原本破旧不堪的调查者号经过重新整修，准备载着鲍尔、布朗和他们的收藏一起返回英格兰。鲍尔决定独自前往澳洲东方一千公里外的诺福克岛，并预计让调查者号在数周后到诺福克岛接他。鲍尔在 1804 年 8 月布朗抵达悉尼的数日前离开，结果毫不可靠的调查者号，让他在诺福克岛停留了将近八个月后才把他接走。在这八个月期间，鲍尔仔细调查了诺福克岛，进行标本采集与绘制，并且特别着重植物的部分。这些绘画成果成了斯蒂芬·恩德利歇尔于1833年出版《诺福克植物大全》的基础，该书列举诺福克岛上一百五十二种植物，许多种类更以鲍尔之名命名以表敬意。调查者号终于在1805年2月底接走鲍尔，将他载回悉尼，和布朗及艾伦会合。5月23日，他们带着三十六大箱收藏、鲍尔的画作以及一只活毛鼻袋熊一起出发返英。在经过一段冗长却也平顺的航程后，调查者号在1805年10月13日缓慢驶进利物浦，距从英国起航已有四年三个月的时间。

布朗采集到将近四千种植物，其中大约有一千七百种是新种，此外，他还收集了大约一百五十份鸟类剥制标本、许多脊椎和无脊椎动物以及数量丰富的矿物标本。鲍尔画了超过两千张动植物素描，其中约一千七百五十张为植物。这整批收藏都被搬到约瑟夫·班克斯爵士在伦敦苏活广场旁的屋子。接下来的十年间，布朗便在此致力整理典藏，为报告的出版做准备，鲍尔则根据之前的素描和丰富的色彩笔记，完成了数以百计的图像。这些图画大多是皇家海军的财产，皇家海军一直到1843年才将所有权转让给大英博物馆。

布朗原本计划以澳洲植物为题出版一系列著作，不过最后只有一本付梓，而且仅卖出两百五十本中的二十六本。鲍尔有意伴随着布朗的文字叙述出版一系列插图，不过却找不到合适的人选替他制作雕版和上色。他不得已只好自己动手，结果在发表的十五张作品中，只卖出了几份而已。鲍尔如果知道，其中一份在1982年以两万五千美金的价格卖出，大概会感到非常诧异。不论如何，布朗和鲍尔都在有生之年看到自身作品的出版。至于弗林德斯，尽管经历了许多磨难，他一回到伦敦，便马上着手进行其正式报告《澳洲大陆之旅》。这本书终于在1814年问世，其中包括由布朗负责的八十页植物附录，以及鲍尔绘制的十幅植物插图。1814年，幻想破灭的鲍尔带着他在调查者号航行期间绘制并上色标的大量素描和少数完成图，回到家乡奥地利。鲍尔回到奥地利以后，仍持续以植物画家为生，于1826年殁于目前为维也纳郊区的希青。因此，鲍尔的素描目前大多为维也纳自然博物馆所有，不过有些精美的完成图却在无意间来到大英博物馆，之后成为伦敦自然博物馆的收藏，形成世上最精彩的动植物插图原稿收藏之一。

鲍尔在调查者号航程中所绘制的作品之所以了不起，是因为他能在相当有限的上岸期间内画出许多细节。鲍尔为了解决时间有限的问题，发展出一种独特的技巧。他并没有采用悉尼·帕金森在奋进号航行中部分上色的方式，而是根据自己研发出的复杂系统，在采集地花很多时间进行仔细的铅笔素描与色彩标记。在回到伦敦后，他便利用这些上了色标的素描来作画，捕捉色彩的细微差别。他完成了许多特出之作，包括右页图中的菊科植物黄刺冠菊（*Calotis lappulacea*）、本页右下图棕榈树的矮蒲葵（*Livistona humilis*）以及本页上图草海桐科的锦毛花树（*Velleia pubescens*）。

本页图中的菊科植物糙茎瘦长菊（*Leptorhynchos scaber*）来自西澳的乔治王湾，是调查者号在此地短暂停留期间所采集到的数百种植物标本之一。鲍尔在 1802 年 5 月 22 日从悉尼湾写给兄长弗朗茨的信中提到："从好望角起航的五周后，我们第一次在 1801 年 12 月 7 日看到新荷兰，并在隔日于西部的乔治王湾下锚。我们在那里一直停留到 1802 年 1 月 4 日，期间曾数次进行登陆勘查，找到许多新植物。"

在乔治王湾短暂停留期间，调查者号的科学团队累积了数以百计的植物标本，其中包括本页图中于 1802 年 1 月 1 日采集的单属种植物：土瓶草科的土瓶草（*Cephalotus follicularis*）。这种植物又称囊叶草，夏季开花。它的花长在又长又瘦的茎上，茎的底部是一群有致命杀机的壶状物，可以困住昆虫，以植物分泌的消化液将它们溶解。

本页左图为水鳖科的卵叶水车前草（*Ottelia ovalifolia*），是罗伯特·布朗于 1803 年 11 月在新南威尔士的帕拉玛塔、霍克斯伯里和里士满一带采集到的。在抵达该地区的三个月以前，布朗在昆士兰的肖尔沃特湾采到了本页右图这个结了果实的棕榈科大伞参棕（*Mackinlaya macrosciadea*）标本。这种植物的属名 Mackinlaya 是为了纪念探险家约翰·麦金利（1819~1872），他因为前往营救第一批从南到北横跨澳洲本土的欧洲探险家罗伯特·奥哈拉·伯克（1820~1861）和威廉·威尔斯（1834~1861）而名声大噪。右页图的山龙眼科深红佛塔树（*Banksia coccinea*），又称为深红花班库树，是澳洲西部的原生种，属名以约瑟夫·班克斯来命名，种名则来自拉丁文 *coccineus*，鲜红色之意。

左页图是山龙眼科蕨叶银桦（*Grevillea pteridifolia*）的黄色花朵。罗伯特·布朗确立了银桦这个包括许多种植物的属，他原本把图中的这种植物命名为黄树银桦（*Grevillea chrysodendron*），不过约瑟夫·奈特早了布朗一年，在 1809 年先将它命名为蕨叶银桦，因此根据国际命名规范，保留了蕨叶银桦的名称。[4] 在昆士兰，蕨叶银桦被称为金鹦鹉树，因为它开满大量黄色花朵，吸引了许多吸蜜鹦鹉和其他鸟类的驻足。本页图中的戟叶多须草（*Lomandra hastilis*）是一种蔺草，生长在澳洲西部。这也就是说，鲍尔采集到这份标本的时间，应该是在调查者号以乔治王湾为根据地的 1801 年 12 月到 1802 年 1 月间。

4. 除非物种名称违背了命名法的规定，成为不可用的名称，否则物种的命名以最早的命名为基准。

本页左图为苏铁科植物澳洲苏铁（*Cycas media*）的雄株和雄球果，本页右图为它的坚果、含有剧毒的种子、叶片与茎，右页图则为裸露的雌球果。所有苏铁属的植物都是雌雄异株，也就是说，具有花粉的雄球果和具有种子的雌球果分属在不同的植株上。库克船长的团队早在1770年进行澳洲勘查时便已遇上这种植物，约瑟夫·班克斯就曾写道：“……尽管曾受警告，我们有些船员还是吃了一两颗种子，结果严重上吐下泻……”虽然其种子有毒，澳洲土著还是将它当成食物，将它磨成粉状制成西米——不过种子必须先浸泡并且煮熟才行。

探险队在昆士兰北岸的托雷斯海峡群岛采到一种原本被认为是木棉树的弯子木科的吉利弯子木（*Cochlospermum gillivraei*），本页图是鲍尔画下的荚果。弗林德斯在他的日记中写到，在岛上"……有种木棉树长得很茂盛，它荚果里的纤维很强韧，而且带有漂亮的光泽，也许可以运用在制造业上……"然而，这种树和其他木棉如吉贝木棉（*Ceiba pentandra*）并不相同。吉贝木棉产于热带美洲与非洲，其植物纤维被用作床垫填充物或运用在隔音方面。这种澳洲木棉的根，一直以来就被澳洲土著当成食物。不论是本页图的荚果或是左页图中的棕榈树，都能让人感受到鲍尔在艺术表现上的细腻度。

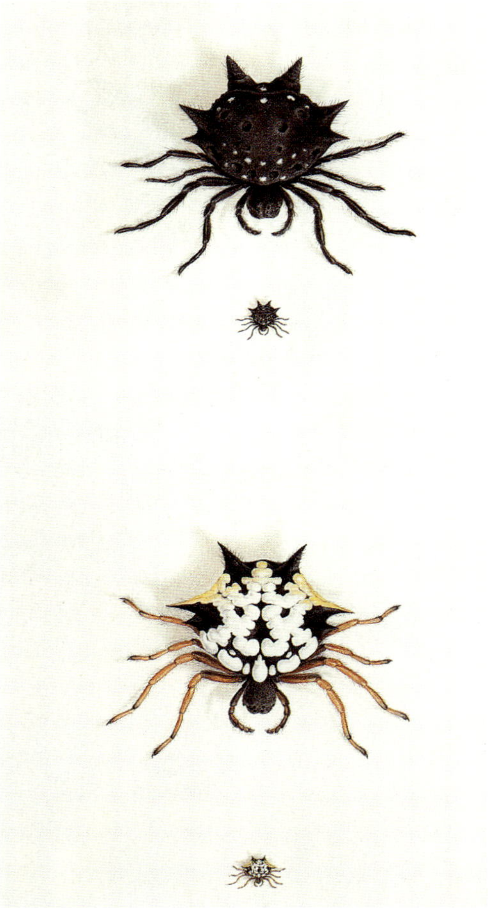

左图的草海龙（*Phyllopteryx taeniolatus*）可能是随着许多其他动物在乔治王湾被捞起来的。弗林德斯在 1802 年 1 月 3 日的日志中，曾提到船员们捕获各式各样的小鱼：“……它们不大能吃，不过这些贝壳、海藻和珊瑚等，替船上的博物学家（想必是布朗）和制图员（鲍尔）带来不少娱乐消遣。其中有一种挺好看的海马，还挺常见，大部分人都觉得它很漂亮……”本页上图中的棘腹蛛（*Gasteracantha mimax*）在澳洲水域也很常见。

本页图的远海梭子蟹（*Portunus pelagicus*）有许多俗名，如蓝花蟹、蓝泳蟹等，其学名来自罗马文化中的河港之神波图努斯，是可食用蟹种中最常见者。在鲍尔使用的复杂色标编码系统中，每个颜色都有一个至多四位数的号码作为代号，右页图意味着鲍尔能在样本还新鲜、尚未褪色时先加以记录，然后再以精确的原始色调绘制出水彩画。

N° XVIII

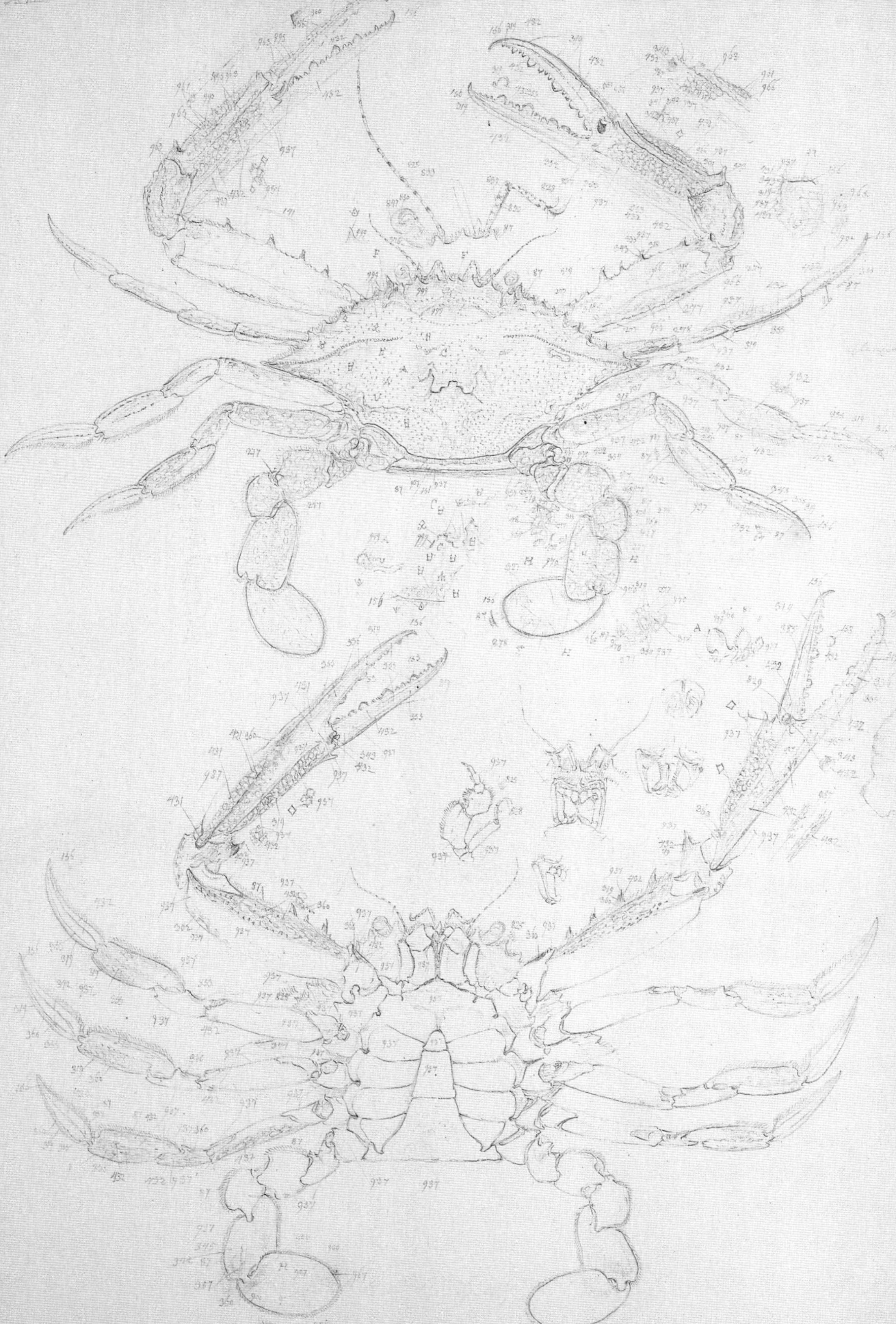

N° 245

左图是鲍尔笔下的帚尾岩袋鼠（*Petrogale penicillata*）。鲍尔作画的样本，被马修·弗林德斯叙述为“……一种小型袋鼠，和我之前看过的任何种袋鼠都不一样……”布朗在发现本页图中的杂斑石龙子（*Egernia cunninghami*）时，也有类似的反应。当时在乔治王湾停驻的布朗，在 1801 年 12 月 22 日的日记中写道：“他们找到许多矿企鹅（*Aptynidotes miner*）和一种我从未看过的蜥蜴……”

右页下图的布氏刺尾革鲀（*Acanthaluteres brownii*）是以罗伯特·布朗来命名的，俗称布氏革鲀。鲍尔的画作是原始物种描述的仅存信息。右页上图描绘的另一种革鲀，也显示出鲍尔作品恒久不坠的价值。这种鱼在 1846 年被命名为南澳短革鲀（*Brachaluteres baueri*），没人想到它和之前已经命名的杰克逊鳞鲀（*Balistes jacksoniaunus*）有何关联。1985 年，一项以鲍尔作品为题的研究显示，这两个名称事实上指的是同一物种（同物异名）。目前，这种鱼仍然被称为南澳短革鲀。本页图中的鱼也是鲍尔的作品，它是蓑鲉属（*Pterois*）的动物，据信是在 1802 年 8 月 28 日在昆士兰强潮海峡捕获的。

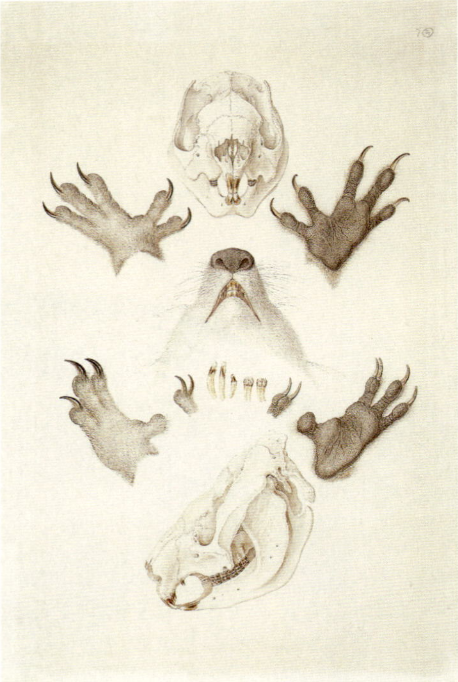

最先看到本页左图的毛鼻袋熊（*Vombatus ursinus*）的欧洲人，可能是1797年在巴斯海峡保护岛一带沉船的水手。这些水手和澳洲原住民一样，常常以毛鼻袋熊为食，当弗林德斯把他们救起时，也抓了一只毛鼻袋熊，并把它交给当时在悉尼的澳洲总督亨特。然而，这只毛鼻袋熊在六周后死亡，其尸体被送到伦敦的约瑟夫·班克斯手中。班克斯也希望能收到一对活的树袋熊（*Phascolarctos cinereus*，本页右图），罗伯特·布朗原本提议要送给他，不过因为树袋熊的饮食限制（吃桉树树叶），最终还是无法实现。对于右页图描绘的鸭嘴兽，班克斯原本对这种动物的存在有所质疑，不过在1800年，当时的澳洲总督金把一个鸭嘴兽标本送到班克斯手上，两年后，鲍尔在新南威尔士的杰克逊港画下了这张图。

第八章

小猎犬号航行（1831～1836）

查尔斯·达尔文

查尔斯·达尔文搭乘着由罗伯特·菲茨罗伊船长指挥的小猎犬号环游世界的五年航行，是世界上最著名的航程之一。达尔文在旅程中搜集的大量标本与笔记，最后让他借着《物种起源》一书发表了以自然选择概念为中心的演化理论，撼动了全世界。然而，《物种起源》在 1859 年的出版，其实已经是很后来的事了。1831 年 12 月，当小猎犬号从普利茅斯港出发时，达尔文才二十二岁。这个来自中上阶层的青年，放弃了在爱丁堡习医的学业，刚从剑桥拿到一个二流的神学学位，准备成为圣公会牧师，到安静的乡村教区服务。虽然他对博物学很感兴趣，尤其对甲虫的研究抱持着极度的热忱，也认识一些具有影响力的科学界友人，但当时并没有任何征兆显示，年轻的达尔文即将成为史上最伟大的生物学家之一。

另一方面，罗伯特·菲茨罗伊则似乎注定会在海军生涯上大放异彩。菲茨罗伊是英王查理二世后裔，他在 1818 年，以十三岁之龄进入朴次茅斯皇家海事学院就读，就学期间学科表现杰出，早已锋芒毕露。菲氏在十九岁时晋升海军上尉，并在 1828 年，也就是他二十三岁时被调职

达尔文在巴西的马尔多纳多看到本页图中这只以仙人掌为食的鸟，它原本被命名为达尔文风琴鸟（*Tanagra darwinii*），不过现在被重新命名为橙腹裸鼻雀（*Thraupis bonariensis*）。达尔文对鸟类研究的兴趣，实际上比他发现加拉帕戈斯地雀的时间还早。

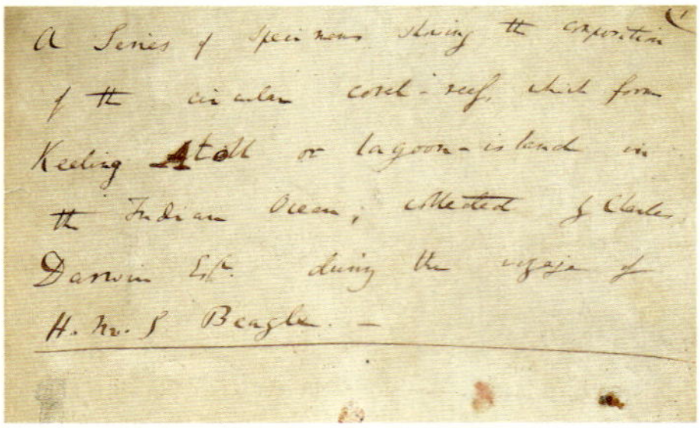

图为达尔文的笔记，内容乃是关于一些他于1836年在科科斯群岛（原来称为基林群岛）研究礁脉时所采集的珊瑚标本。达尔文意识到，珊瑚礁是一漫长过程的最终结果，其中涉及古老火山岛屿的逐渐下沉，以及珊瑚结构在岛屿下沉之际同时在岛屿斜坡上增长发展。达尔文后来在1842年发表了著名的研究报告《珊瑚礁的结构与分布》。在发表该报告时，达尔文提出的珊瑚礁形成理论受到众人驳斥，不过后来的深海研究则完全证实了达尔文理论的正确性。

到里约热内卢，开始指挥小猎犬号。菲茨罗伊的调职，是为了代替自杀身亡的小猎犬号前任船长，然而，菲氏在四十年后竟也步上同样的后尘。

菲氏在成为小猎犬号船长后，花了两年时间调查南美水域，期间并完成了绘制火地岛海岸线地图的任务，此后，他在1830年10月带着四名火地岛土著回到英格兰，有意让土著们在英国接受教育，然后把他们送回家乡，让他们的社会能够从这种与“文明”的接触中受益。虽然其中一名土著死于天花，皇家海军对这个想法也不是太热衷，不过当菲氏重新接受任命为小猎犬号船长，受命继续执行南美洲调查并绕经太平洋和好望角返回英国时，他实现计划的机会来了。

根据菲茨罗伊之前的经验，他向海道测量员建议“应该寻找愿意屈就船上膳宿环境的科学家同行，借机拜访这些遥远却鲜为人知的国度，从中获益”。在获得科学界友人的推荐和大部分家人的支持，并克服来自父亲的些许阻力后，查尔斯·达尔文成为这个人选，在海军提供膳宿、部分自掏腰包以及父亲提供金援下成行。除了身为随船博物学家的任务以外，达尔文得陪菲茨罗伊用膳，在某种程度上减轻了船长本身无法避免的孤独状态。由于菲茨罗伊个性暴躁且郁郁寡欢，而达尔文非常随和，因此，在船员与极受敬重的船长间，达尔文便成了一种缓冲。

小猎犬号是艘单桅帆船，体积不大，船长二十七米，宽八米。小猎犬号得承载七十四名船员，包括海军官兵、达尔文、三名火地岛土著以及当时或多或少已经是强制性编制的官派随船画家。专业画家的存在尤其重要，因为尽管包括菲茨罗伊在内的几位海军人员都是技术高超的制图员，但达尔文却毫无艺术天赋可言。

第一位专任画家是小猎犬号起航时已经三十八岁的奥古斯塔斯·厄尔，他同时也是年纪最大的船员。厄尔是菲茨罗伊请来的，他和达尔文一样，都是由皇家海军供应膳食，不过，厄尔是个很好的选择，因为在此之前，他已经有到偏远地区绘制风景画的二十年经验，足迹遍及南美、澳洲与新西兰。而且，厄尔还是位杰出的肖像画家，在小猎犬号航行的第一年，他趁着小猎犬号行进到大西洋南美沿岸之际，画下一系列以船上生活为题的风景画和水彩画，也记录下达尔文在海里和岸边采集到的各种生物。在这段期间，达尔文在岸上有充分的时间停留，当小猎犬号在里约停驻的几周间，他和厄尔一起在岸上租房子住了下来，而接下来当小猎犬号停靠蒙得维的亚（乌拉圭首都）和布兰卡港（位于阿根廷）时，也是如此进行。然而，厄尔的健康状况并不理想，因此在小猎犬号于 1832 年 12 月第一次造访火地岛时，被迫留在蒙得维的亚。由于厄尔的缺席，该次航行由菲茨罗伊取而代之，第二次造访由厄尔的后继者康拉德·马顿斯执笔所描绘的火地岛土著，都不如预期中的那样精彩。当小猎犬号在 1833 年 4 月底回到布兰卡港时，厄尔仍然在当地停留，然而，他的身体状况不允许他重返团队，最后他自己回到伦敦，并于 1838 年去世。

同一时期，达尔文进行了两段最长的陆路旅行，先是从埃尔卡门到布宜诺斯艾利斯的九百六十公里，接下来是沿着巴拉那河上溯到圣塔菲再经原路往回走的九百六十公里，沿途都没有专业画家的随行。之后，达尔文前往蒙得维的亚和小猎犬号会合，期间还得穿过布宜诺斯艾利斯的军事封锁。在他终于和小猎犬号会合时，菲茨罗伊已经找到厄尔的替代人选。康拉德·马顿斯是位三十二岁的风景画家，他在 1833 年夏天抵达里约热内卢，正要去印度时，听到菲茨罗伊需要找位画家，他马上动身前往蒙得维的亚，向菲茨罗伊自荐。马顿斯马上受到聘用，在小猎犬号于 1833 年 12 月最后一次离开蒙得维的亚时随船起航。九个月后，小猎犬号抵达瓦尔帕莱索，由于船上再也没有能容下马顿斯的空间，马顿斯被迫上岸。马顿斯在船上的这段期间，小猎犬号第二次造访火地岛，并且穿过合恩角来到南美洲太平洋沿岸。菲茨罗伊在抵达火地岛时发现，几名受文明洗礼的土著已经恢复到他们原本的状态。尽管马顿斯在船上停留的时间不长，不过他的创作力旺盛，留下相当多的作品，因此，他的铅笔素描和水彩，成为小猎犬号航程绝大部分的图像记录。而在马顿斯离开小猎犬号以后，他造访塔希提岛、新西兰岛屿湾与悉尼，这些小猎犬号在返航英国途中亦曾停靠的地点。部分不在小猎犬号上完成的画作，后来也被菲茨罗伊用在他的正式航程报告里。

在离开瓦尔帕莱索以后，小猎犬号继续往北行，花了一年调查南美洲太平洋海岸，而达尔文则持续进行着许多迷人、有时甚至危险的陆上探勘，随时进行采集、观察与记录。当调查任务终于完成以后，小猎犬号在1835年9月离开南美洲，绕经加拉帕戈斯群岛进行第一阶段返航。小猎犬号耗费超过一年的时间返航英国，除了加拉帕戈斯群岛以外，小猎犬号还先在塔希提岛、新西兰、澳洲、科科斯群岛、开普敦、圣赫勒拿岛、阿森松等地停靠，然后再次返回布兰卡港，并由布兰卡港前往法尔茅斯，并让达尔文在1836年10月2日在此上岸。对船员而言，返航行程是相当没有压力的，不过达尔文仍持续不懈地在瓶瓶罐罐里装满了各式标本，并在笔记本上写满各种观察记录。

在快抵达加拉帕戈斯群岛时，达尔文已亲眼看到充分的证据，让他深信地球和它的居民在过去曾经经历过巨大的变化：山脉被往上推，然后受到侵蚀；海平面的重大变化，造成原本的海床裸露；以及整个岛屿和陆地的出现与消失。然而根据化石记录，在上面这些事情发生的时候，有些动物与植物族群在相当长的地质年代中似乎没有太大的改变，有些发生重大变化，有些则完全灭绝，被新物种所取代。更何况，他在所到之处观察到的生物体，都显示出奇妙的适应，在恶劣的环境中尽可能地利用变幻莫测的资源。这些包括动植物演化在内的想法都不是编造出来的故事，不过它们却让达尔文和对圣经世界观坚信不疑的菲茨罗伊产生了冲突。根据圣经的世界观，地球所有生物都是由上帝所创造且永恒不变的，而地质学上的剧变与大灭绝事件，则与圣经记载的事件有关，例如大洪水。

相信演化是一件事，证实演化是另一回事，而解释演化又完全是另一回事。达尔文接下来又花上二十年的勤奋工作，才公开提出他的自然选择理论，小猎犬号在加拉帕戈斯群岛停留的五周，的确替他后来的工作提供了关键性的信息。这与世隔绝的群岛由大约十二个小岛组成，当达尔文在岛间到处闲逛时，有两个奇特的现象让他深深着迷。首先，它们的动物相独一无二，从极为庞大的巨龟、海生与陆生鬣蜥，到小型无脊椎动物，许多生存在加拉帕戈斯群岛的物种，都是世界上其他地方找不到的。尽管它们显然与南美洲大陆物种极为相似，加拉帕戈斯群岛的物种却有着极细微的变化，有些甚至截然不同。达尔文写道："被前所未见的鸟、爬虫类、贝壳、昆虫和植物

图中扬帆的小猎犬号，是欧文·斯坦利1841年的作品。达尔文以船长菲茨罗伊旅伴的身份上船，因为菲茨罗伊对远航南美洲绘制海岸线地图期间的寂寞感到害怕，觉得这孤独感可能会让他发疯。小猎犬号的名称，早已和达尔文以及导致达尔文提出演化理论的航程画上等号。很讽刺的是，虔诚的菲茨罗伊相信：达尔文的理论与圣经创造论相违背，于是认为达尔文的理论等同于异端邪说。

新种包围，是非常不寻常的经验。更有甚者，这些生物身上有无数值得注意的构造细节，有些甚至是鸟鸣声调和鸟类羽毛的差异，好像把南美洲巴塔哥尼亚高原的温带草原或智利北方的干燥沙漠，活灵活现地呈现在我眼前。”更令人惊异的是，有些岛屿甚至有其独特的种类，和那些在相距仅数十公里的邻近岛屿上生活的种类完全不一样。这种现象甚至也在龟类身上出现，不过在其他类动物却更为明显。

这些令人好奇的特征，在鸟类身上尤其真实，特别是那一群外观一点也不起眼、看起来非常相似、不过鸟喙形状却有极大差异的小型鸟类。这些鸟类最后被证明是十三种不同的鸟，它们的鸟喙让它们在食物来源上有所特化，以坚果、种子、昆虫甚至花果为食者都有。它们后来成为著名的“达尔文雀”，不过在发现这些鸟类的当时，年轻的达尔文并没有意识到它们的重要性。由于没有官派画家随行，加拉帕戈斯群岛的动物并未受到充分描绘记载，而绘制加拉帕戈斯群岛鸟类的画家约翰·古尔德，可能甚至从未看过小猎犬号，更别说随船航行，尽管如此，古尔德对小猎犬号的故事却有无可抹灭的贡献。古尔德和达尔文不同，他是鸟类学专家，而且他几乎马上就发觉了这些加拉帕戈斯群岛雀类标本的重要性。

当小猎犬号回到英国时，达尔文已经认识到，牧师生涯并不适合自己。十分幸运的是，他良好的财务状况，意味着他并不需要赚钱养活自己。因此，他全心全意地准备小猎犬号航程动物调查成果的出版，并长时间投入演化理论的发展工作。然而，他

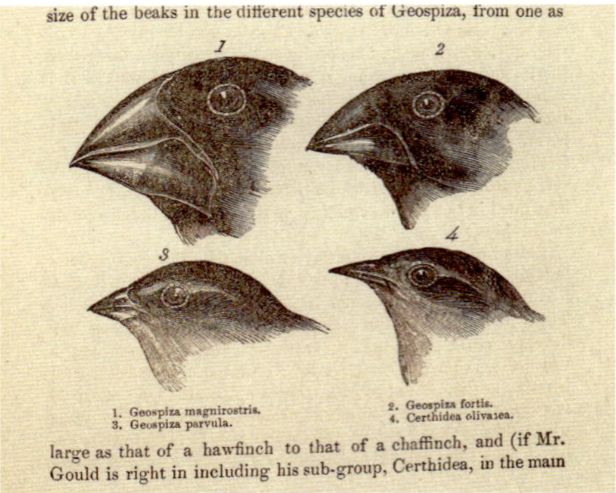

显然无法单凭一己之力来处理所有的动物族群，需要向专家寻求协助。因此，1837年1月，他带着自己采集到的哺乳动物和鸟类标本，来到甫成立的伦敦动物学学会，而古尔德是该学会的鸟类学家。

古尔德出生于1804年，是温莎堡园丁之子，他并未接受过太多正规教育，早年便随着父亲的脚步，以实习园丁的身份开始在温莎工作。在训练过程中，他接触到标本制作的艺术，在当时的环境中，园丁具备标本制作技术是很平常的事，而到古尔德二十岁时，他便已在伦敦开始了自己的标本制作事业。由于他在温莎的人脉，他替乔治四世做了几只鸟类剥制标本，并在1827年在新成立的伦敦动物学学会获得了“研究与保存专员”的职位。六年后，他晋升为该学会鸟类部门的负责人，而且早已开始了他终生的挚爱，亦即出版具有大量精致图像的鸟类专书，事业极为成功。尽管古尔德自己也是相当有才华的画家，但他众多出版品中的图像大多出自他人之手，即使宣称为古尔德所绘制者亦是如此。这些图像有很多是其妻伊丽莎白和著名打油诗人爱德华·利尔的作品。至于古尔德本身的优点，则在于他是个非常成功的出版事业家和鸟类学家，而他在鸟类学上的能力，让他能在达尔文演化理论的发展上做出重大贡献。

古尔德仔细检查了达尔文带来的所有鸟类标本，据此为其中的许多新种进行命名与描述。他对此感到非常兴奋，尤其是那些来自加拉帕戈斯群岛、看来不甚起眼的小型鸟类。由于它们的生活方式显然不同，达尔文将它们假定分成几种不同的代表性类别：鷦鷯、雀类、蜡嘴雀和拟鹂。然而，在古尔德收到标本的六天以后，他就宣布，这些鸟尽管具有形状完全不同的鸟喙，它们事实上全部都是雀类。虽然这很有趣，不过它所代表的真正含义，在当时并没有马上让人意识到什么，即使是古尔德和达尔文也没有领会到此一发现的意义。事实上，尽管这群加拉帕戈斯雀在演化论的发展中扮演了如此重要的角色，古尔德从未将这些阐明自然选择理论的证据据为己有。

尔文渐渐意识到，他在小猎犬号航

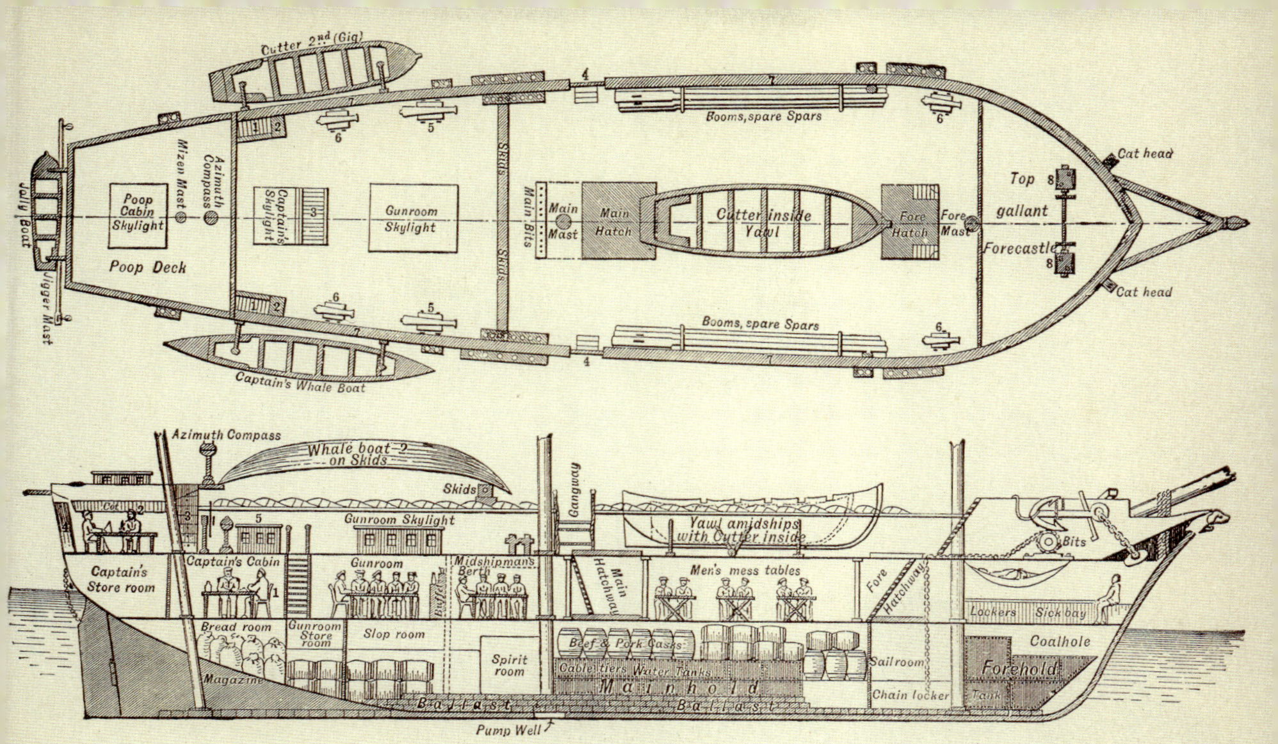

DIAGRAMS OF THE "BEAGLE."

[To face p. 1.

在左页图的达尔文研究日志中，记录了四种具有不同鸟喙的加拉帕戈斯雀。达尔文对“上帝个别创造每种生物，万物永恒不变”的观点提出质疑，写道：“由于每种生物的出生个体比存活下来的多很多，加上这现象导致生存竞争不断地发生，因此，任何生物，若以任何让自己有利可图的方式改变一下……则会有更高的机会存活下来，以此方式受自然选择……这种保存有利的个体差异及变异，淘汰不利者的现象，我将之称为自然选择，或是适者生存。”这些地雀标本随着小猎犬号（本页图）被带回伦敦。

行期间采集到的雀类标本，代表着演化“自然实验”的卓越成果。在遥远的过去，当鸟类尚未在加拉帕戈斯群岛定居时，有些典型的雀类可能从南美洲大陆来到这些岛屿。由于没有其他食性特化的小型鸟类与这些始祖雀类竞争，它们经过演化与特化，占据了岛上所有可取得的“小型鸟类生态区位”，并在过程中演化出各式各样与原始雀类完全不同的鸟喙——尽管这个例子十分不寻常，它的确是由自然选择引发适应的完美范例。当然，达尔文即使没有得到古尔德的协助，最终还是会获得这样的结论，不过替演化概念播种的第一人，无疑是约翰·古尔德这位出版商与鸟类学家的杰作。

Mammalia Pl. 2.

Phyllostoma Grayi.

达尔文在巴西布兰卡港北部的伯南布哥找到左页图与本页图中的蝙蝠，并将之命名为葛氏叶口蝠（*Phyllostoma grayi*）。他写道："这种蝙蝠似乎在伯南布哥很常见……当我在中午时分进入一个古老的石灰窑时，让一群数量相当多的蝙蝠受到惊扰。它们似乎不受光线侵扰，栖息地也比一般的蝙蝠休憩地来得明亮。"这种蝙蝠的头长与体长加起来不过 5 厘米，不过其翼展开后却有 25 厘米。

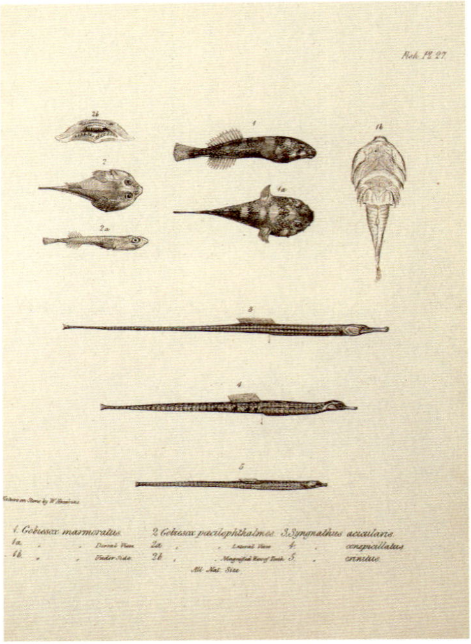

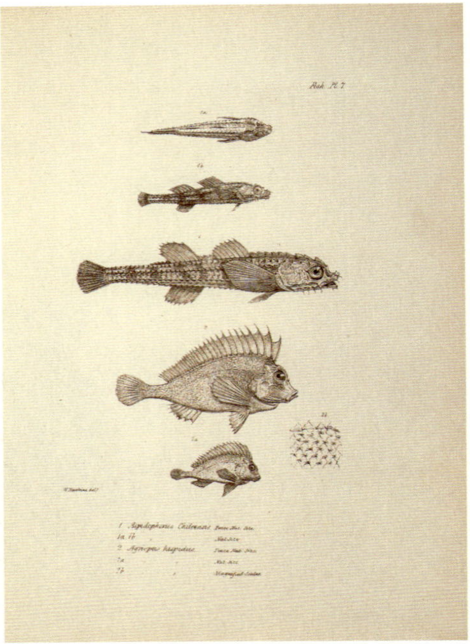

本页左图是一些来自南美洲与塔希提岛水域的鱼类，包括达尔文在南美洲西岸奇洛埃岛发现的石纹喉盘鱼（Gobiesox marmoratus. 1. 1a. 1b），在查塔姆岛（圣克里斯托瓦尔岛）发现的杂色阿科斯喉盘鱼（Gobiesox poecilophthalmus. 2. 2a. 2b）单一标本，在瓦尔帕莱索采集到的高体隆背海龙（Leptonotus blainvilleanus. 3），来自塔希提岛的毛小颌海龙（Halicampus crinitus. 4），以及来自布兰卡港的黄带冠海龙（Corythoichthys flavofasciatus. 5）。

本页右图中的两种小鱼来自奇洛埃岛，分别是智利拟八角鱼（Agonopsis chiloensis. 1. 1a. 1b）及秘鲁前鳍鲉（Agriopus hispidus. 2. 2a. 2b）。

达尔文在南美洲也采集到非常多蛙类，如右页图中来自巴塔哥尼亚地区的南美伪眼蛙（Pleurodema bufonina. 1. 1a），根据达尔文的记载，这种蛙“……出生并生活在盐度高到难以入口的水域。”

Drawn from Nature on Stone by B. Waterhouse Hawkins. C. Hullmandel Imp.

1. 1 a Leiuperus salarius.
2. 2 a. 2 b. 2 c. Pyxicephalus Americanus.
3. 3 a. 3 b. Alsodes monticola.
4. 4 a. Litoria glandulosa.
5. 5 a. 5 b. Batrachyla leptopus.

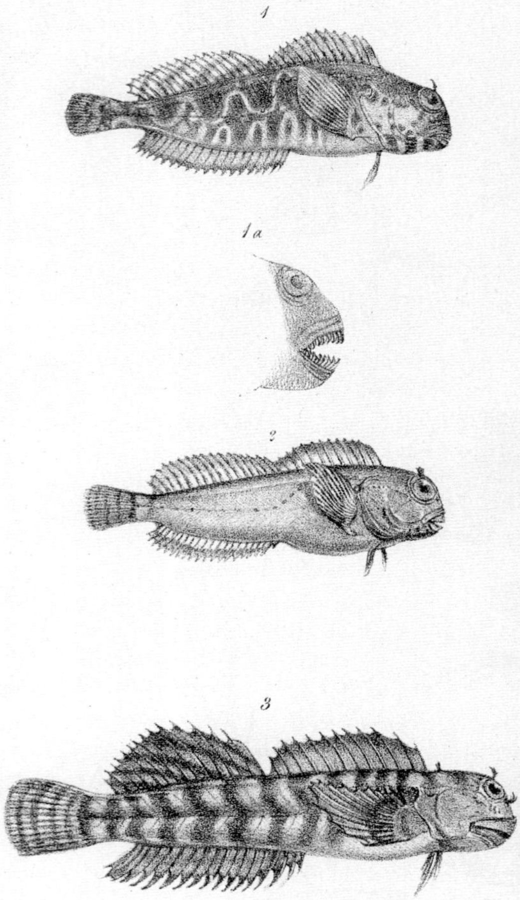

Waterhouse Hawkins del.

1. *Blennechis fasciatus.* Nat. Size.
1a. " " Teeth magnified.
2. *Blennechis ornatus.* Nat. Size.
3. *Salarias Vomerinus.* Nat. Size.

左页图中的三种鱼类包括最下方于探险早期在佛得角群岛普拉亚港捕获的红唇真蛇鳚（*Ophioblennius atlanticus*）。这种鱼的下颌上有两颗又长又尖锐的獠牙，可以在其他动物身上造成严重的伤口，根据达尔文的记录，它确实也划伤了一位小猎犬号船员的手。在南美洲采集到的众多蛙类和蟾蜍中，包括本页图中央的安第斯蟾蜍（*Phryniscus nigricans*），这种生性厌水的蟾蜍，后来被重新命名为黑昧蟾蜍（*Melanophryniscus stetcheri*）。它是在马尔多纳多的海岸沙丘上被找到的，达尔文把一只丢到淡水池里，结果发现它不会游泳，赶紧把它救了起来。达尔文的另一个重要新属发现，则是第 228、229 页图中的亚德里亚海鲉（*Scorpaena histrio*）。在此之前，人们只有在美洲东海岸和东印度群岛发现过多种鲉鱼。

Scorpæna

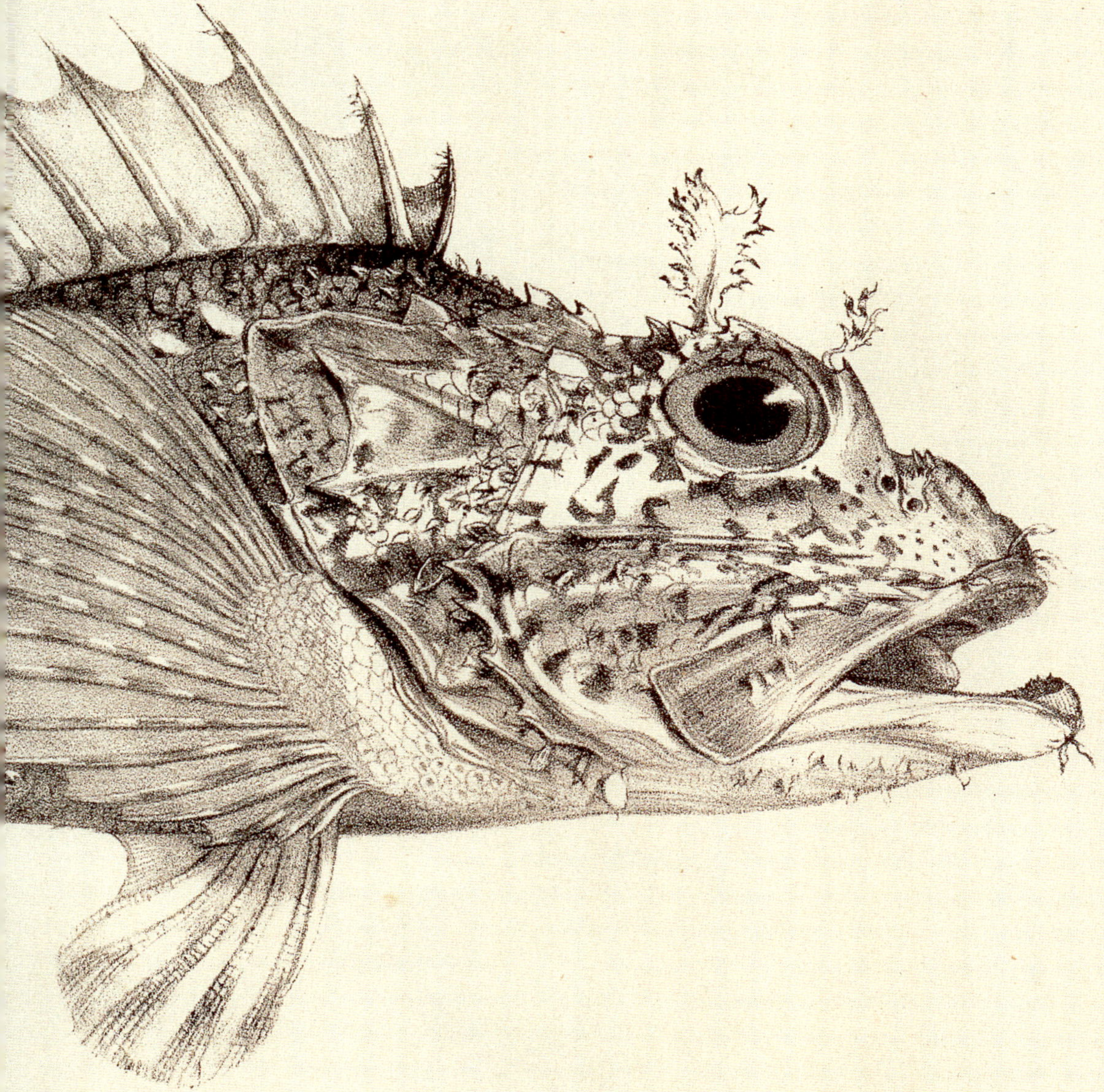

ro. Nat: Size.

Fish. Pl. 23

W. Hawkins del.

1 Tetrodon angusticeps
1 a. ____ Dorsal View
Nat Size

Fish. Pl. 26

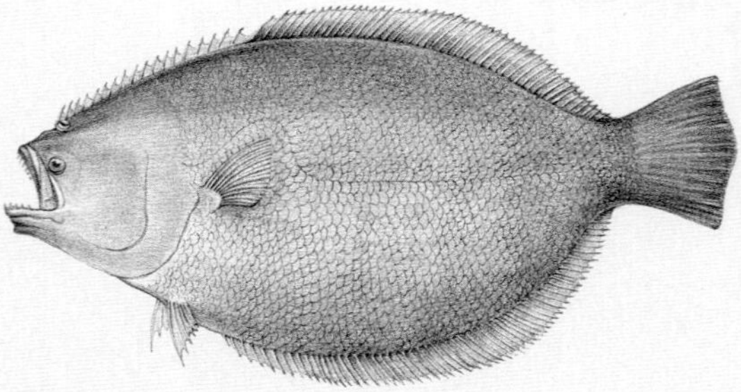

Lithog. from Nature by W. Hawkins

Hippoglossus Kingii.

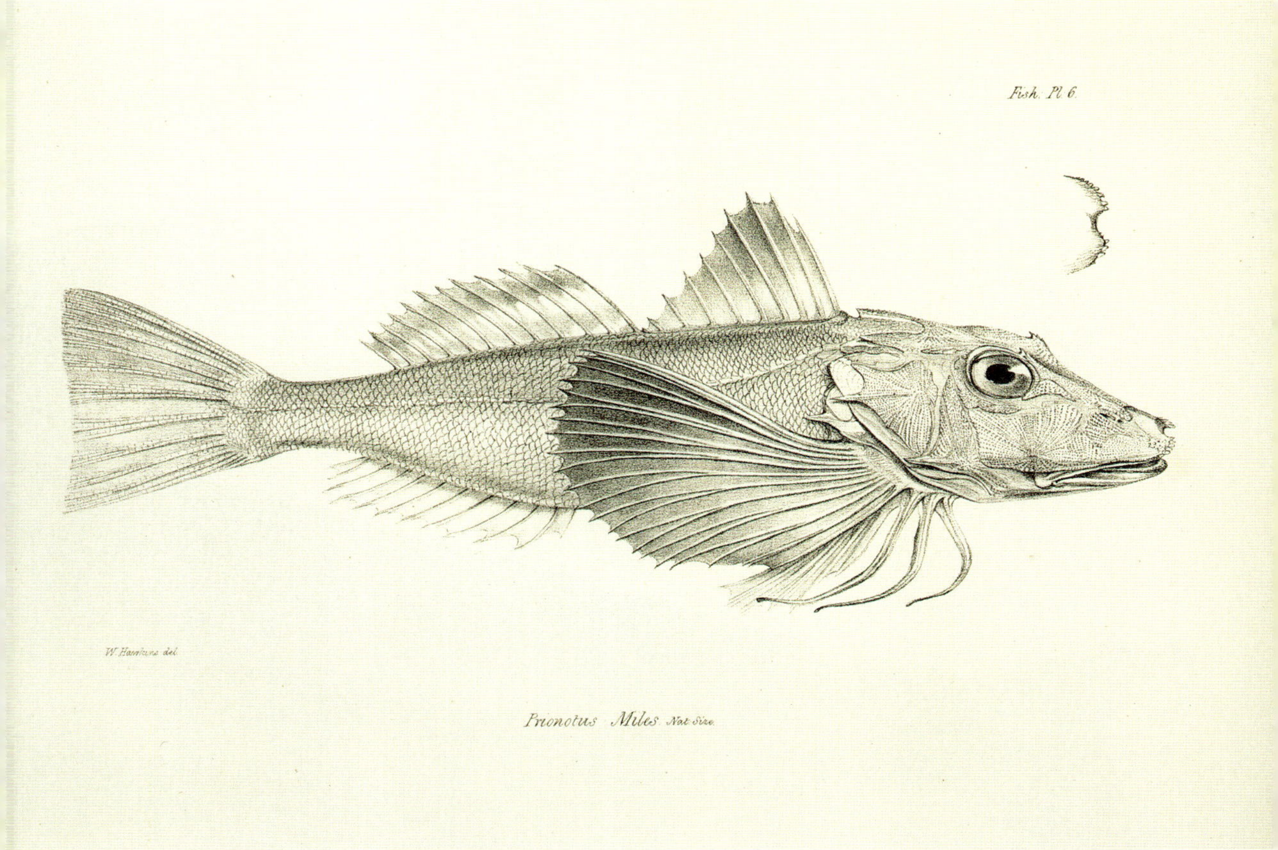

左页上图的蛇首圆鲀（*Sphoeroides angusticeps*）是在加拉帕戈斯周围海域捕获到的。达尔文的笔记中也提到，这种鱼“会膨胀”，换言之，它是一种河豚，在受到威胁时会让自己充气或充水膨胀，一直到身体涨大，体表的刺竖直为止。另一种具有奇特外观的，是左页下图双眼皆位于头部左侧的多粑牙鲆（*Hippoglossus kingii*），它的名称来自替菲茨罗伊绘制此鱼图像的船员菲利浦·金。本页图中的迈尔斯锯鲂鮄（*Prionotus miles*）是达尔文在加拉帕戈斯发现的惊喜，因为人们原本以为，该属鱼类只出现在大西洋。第 232、233 页中的海豚是在巴塔哥尼亚外海发现的，被达尔文命名为菲氏海豚（*Delphinus FitzRoyi*）[1]，以表达对菲茨罗伊的敬意。菲氏稍后也礼尚往来，以达尔文之名替火地岛的一座山命名。

---

1. 这种海豚目前被重新命名为乌色海豚（*Lagenorhynchus obscurus fitzroyi*）。

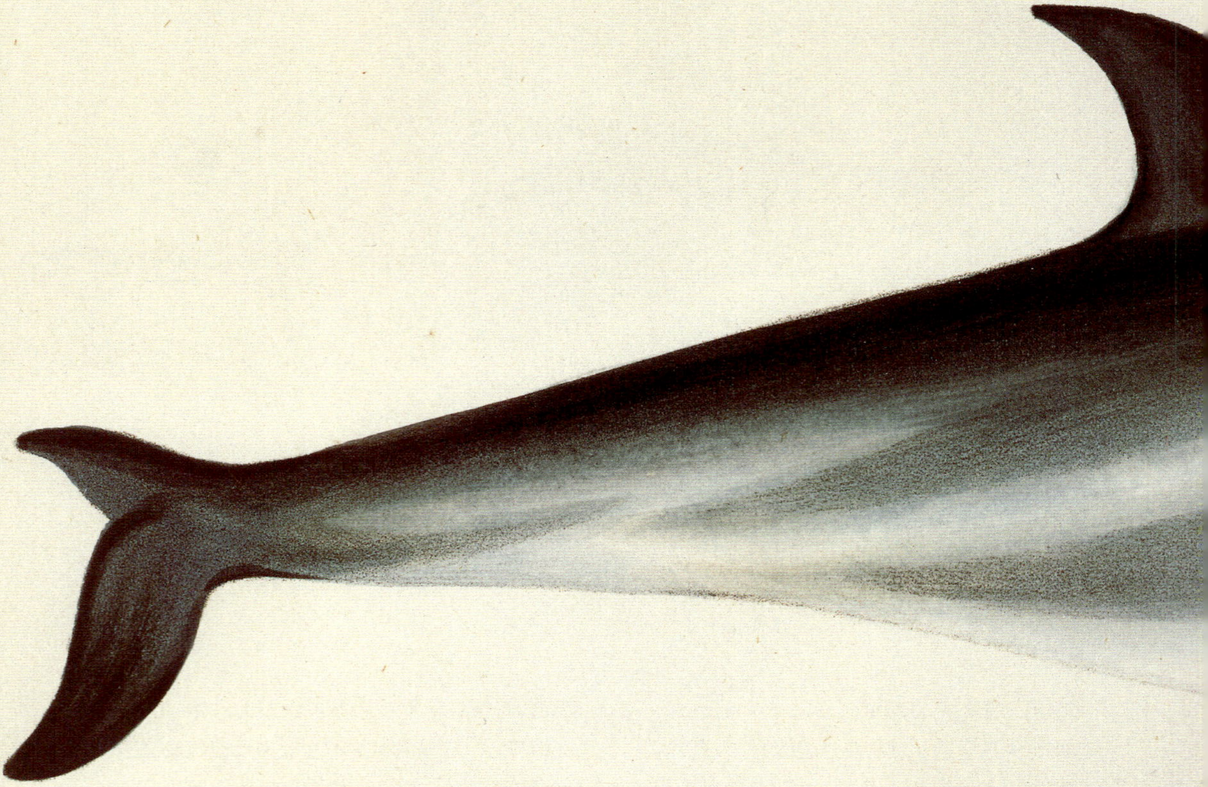

Delphini

-z-Royi.

两幅来自不同地方的蜥蜴图。本页图中的达尔文壁虎（*Homonota darwini*）来自巴塔哥尼亚的希望港，达尔文说，这种蜥蜴“数量非常多，一般躲在石头底下”。他又说，这种蜥蜴在被抓住的时候会发出刺耳的声音——事实上，它是一种会模仿蜥蜴声音的壁虎。这种壁虎体色呈棕色，有时亦带深绿色，体色在死亡后逐渐消失，根据达尔文的说法，“一个标本在锡盒子里放了几天以后，颜色整个变成灰色，甚至没有黑色的云状花纹……”右页图中体型较大的蜥蜴是原本被命名为翡翠守宫（*Naultinus grayii*）的绿树守宫（*Naultinus elegans*）。这种动物的身体呈“漂亮的绿色”，标本来自新西兰的岛屿湾，它生活在树上，据说会发出类似笑声的声音。

1. *Gymnodactylus Gaudichaudii.*
2. *Naultinus Grayii.*

Craxirex Galapagoensis.

达尔文《小猎犬号之旅的动物学》的鸟类图片，是约翰·古尔德与伊丽莎白·古尔德的作品。左页图中的加岛鵟（*Craxirex galapagoensis*）[2] 来自加拉帕戈斯群岛，它和岛上的其他鸟类一样都很温驯，本页左图的加岛角鸮（*Otus galapagoensis*）也是一例。当达尔文来到巴塔哥尼亚时，他很渴望能找到本页右图这种在西班牙文里被称为“侏儒鸵鸟”的动物，因为之前的博物学家没人能采集到这种鸟类的标本。当探险队人员射杀到一只，并把它煮好端上桌时，达尔文过了一段时间才意识到，他百寻不着的鸟儿正躺在他面前的盘子里：“我看了看，当时却很不幸地忘了侏儒鸵鸟这档事，我以为这是一般鸵鸟，只是长得比较娇小一点而已。在我会意过来之前，他们已经把它剥了皮下了锅。不论如何，它的头部、颈部、脚、翅膀、许多较大的羽毛以及大部分外皮都被保存下来。从这些残骸中，我拼凑出一个几乎完美的标本，现在这个标本正在动物学会博物馆展示。”这种鸟被命名为达尔文鹎（*Rhea darwinii*）[3]，又称小美洲鸵。

---

2. 目前普遍使用的学名为 *Buteo galapagoensis*。
3. 目前普遍使用的学名为 *Rhea pennata*。

加拉帕戈斯地雀：右页图中为仙人掌地雀（*Geospiza scandens*），其鸟喙经演化适应，以仙人掌为食（此图的仙人掌种类分布在巴塔哥尼亚地区，出现在此并不正确）。本页图中的中地雀（*Geospiza fortis*）生活在查尔斯岛和查塔姆岛（圣玛丽亚岛和圣克里斯托瓦尔岛）。这些地雀具有不同形状的鸟喙，因此最初让达尔文把它们分到不同的亚科里，有些被他称为“蜡嘴雀”，有些是“燕雀”或“真雀”，而以仙人掌为食者，包括拟鹂和拟黄鹂等则被纳入“拟鹂科”。在达尔文回到伦敦以后，身兼鸟类学家与出版商的约翰·古尔德，将达尔文的鸟类标本重新分类，其中也包括加拉帕戈斯地雀在内。古尔德认为加拉帕戈斯地雀却是一个前所未见的新类别，每种都是一个独立且迥异的雀类。

Cactornis assimilis.

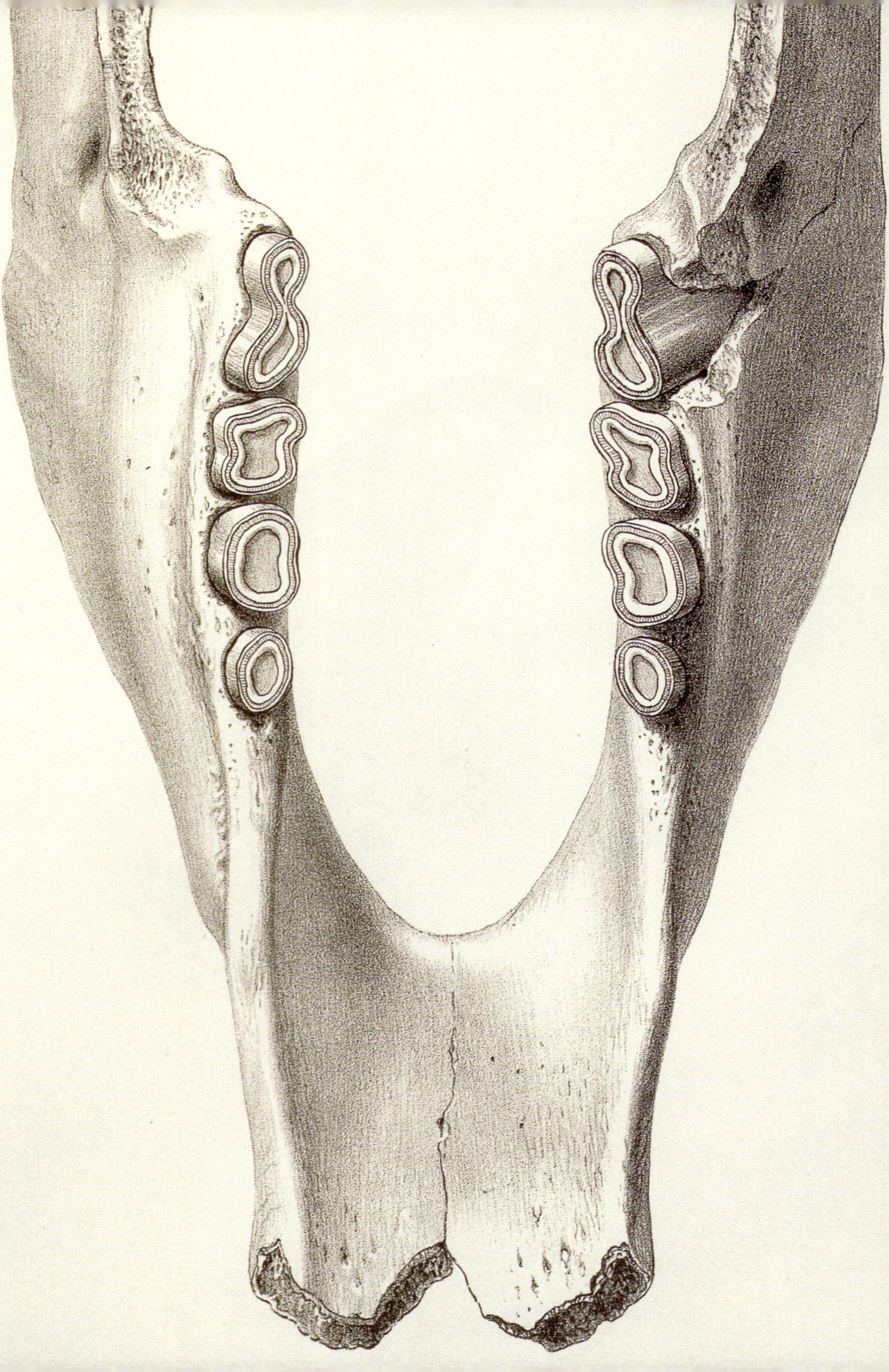

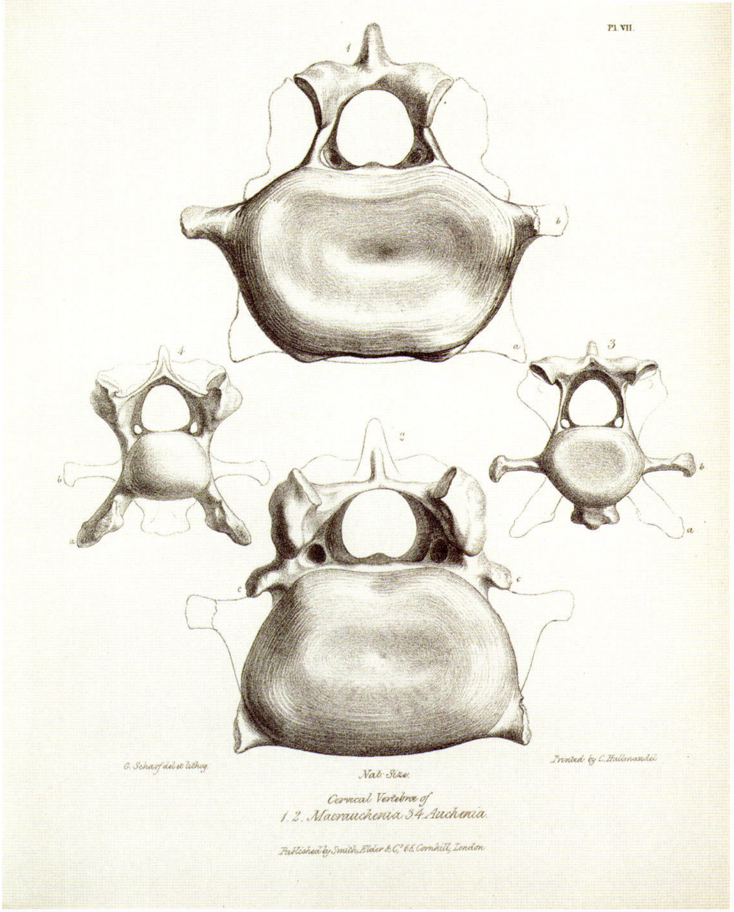

1832 年 9 月，当小猎犬号在布兰卡港停靠时，达尔文在蓬塔阿尔塔注意到一些嵌在软岩里的动物骨骼化石。他着手进行挖掘，有时彻夜工作，最后挖出三具不完整的大型动物骨骼标本，其中包括左页图中的磨齿兽（*Mylodon darwinii*）颚骨。这些发现让达尔文感到很困惑：它们显然是灭绝动物的骨骼，然而却和某些现存小型动物的骨骼非常相似。这种过去与现今物种的关系，是另一个带领他走向演化理论的联结。达尔文在巴塔哥尼亚的圣朱利安港发现了另一个哺乳动物化石，一种状似美洲驼、体积相当于骆驼大小的哺乳动物，被称为长颈驼（*Macrauchenia patachonica*）。本页图显示的较大型骨骼，是长颈驼的颈椎。

第九章

深入亚马孙雨林（1848～1862）

阿尔弗雷德·拉塞尔·华莱士、亨利·沃尔特·贝茨

1858 年春天，一个三十四岁的威尔士男子躺在今印度尼西亚摩鹿加群岛中特尔那特岛上某间棕榈茅草屋的吊床上，因疟疾而发高烧，忽冷忽热。在半梦半醒之间，阿尔弗雷德·拉塞尔·华莱士在脑中反复思考着他在这十年中，在这个位于印度洋和太平洋之间的群岛和在此之前造访的亚马孙雨林，所看到过的各种动物。这些物种有着美妙的环境适应，这到底是如何形成的？最后，他在高烧最严重的期间，潦草写下一篇四千字论文表达他的看法，并将文章和附信寄给他在英格兰的同事查尔斯·达尔文，询问达尔文的意见，看看是否值得把文章寄给学术期刊发表。

三个月后，达尔文收到这篇让他目瞪口呆的文章。华莱士在这篇简短手稿中扼要说明的概念，都与达尔文自己对演化所抱持的所有主要想法不谋而合，达尔文自小猎犬号航程以后的二十年间，一直致力于这种物竞自然选择理论的发展。如果华莱士的手稿被单独出版，就等于让他以些微优势抢先一步发表这个论点。结果，达尔文的好友地质学家查尔斯·莱尔爵士和植物学家约瑟夫·胡克想出了解决之道——1858 年 7 月，

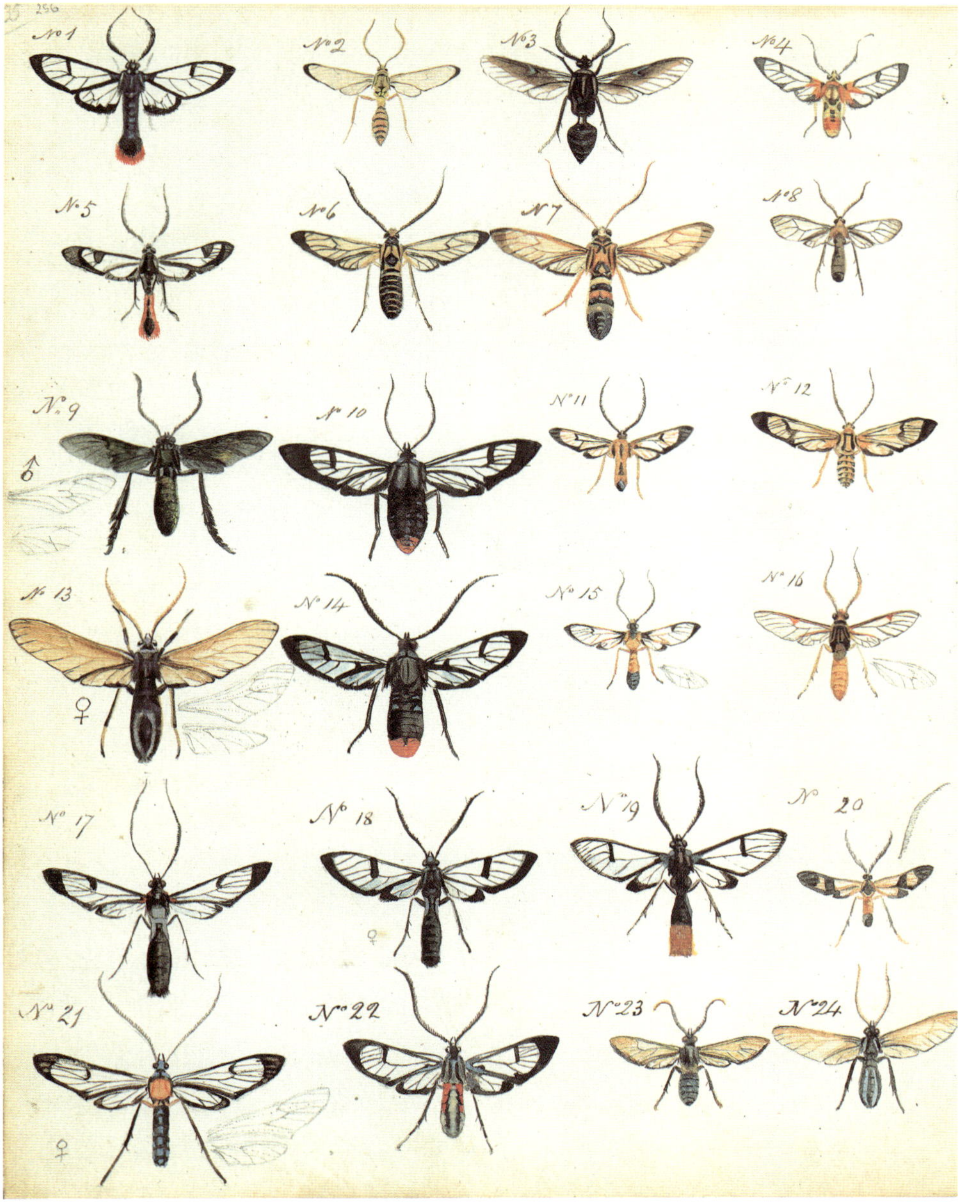

在亨利·沃尔特·贝茨的两本亚马孙昆虫笔记中，包括数百张他在亚马孙丛林探险与在基地停留期间所绘制的精致图像（本页图）。

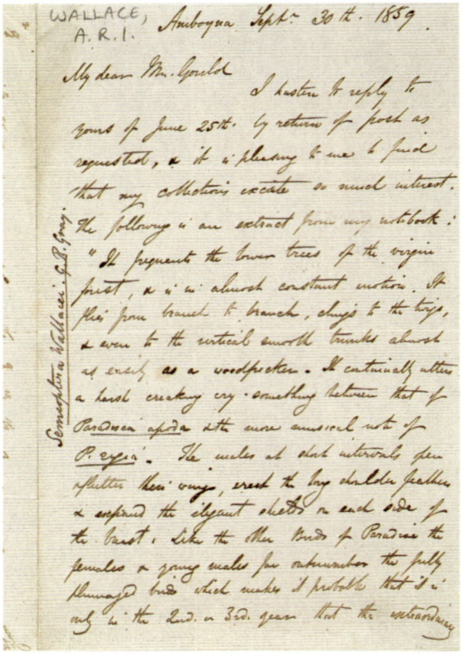

WALLACE,
A.R.I.
Amboyna Septr. 30th. 1859.

My dear Mr. Gould
I hasten to reply to yours of June 25th. by return of post as requested, & it is pleasing to me to find that my collections excite so much interest. The following is an extract from my notebook:
"It frequents the lower trees of the virgin forest, & is in almost constant motion. It flies from branch to branch, clings to the twigs, & even to the vertical smooth trunks almost as easily as a woodpecker. It continually utters a harsh creaking cry, something between that of Paradisea apoda & the more musical note of P. regia. The males at short intervals open & flutter their wings, erect the long shoulder feathers & expand the elegant shields on each side of the breast. Like the other Birds of Paradise the females & young males far outnumber the fully plumaged birds which makes it probable that it is only in the 2nd. or 3rd. year that the extraordinary

Semioptera Wallacei: G.R. Gray.

左图是阿尔弗雷德·拉塞尔·华莱士在 1859 年于安汶岛写给鸟类学家约翰·古尔德的信。这两人都非常迷恋极乐鸟，古尔德于 1875 年问世的《新几内亚鸟类图鉴》第一卷，就采用了好几张根据华莱士标本所制作的插图。在古尔德的插图中，这些极乐鸟是最华丽、色彩最丰富的图片，对华莱士这位世界上最伟大的动物收藏家之一来说，是最适合不过的献礼。

华莱士的论文和达尔文调查结果的概要，一起被送到伦敦林奈学会。两位作者都不在场，因为华莱士在新几内亚，达尔文则甫因猩红热遭逢丧子之痛。乍看之下，这似乎是个双方平手的解决方式，然而在这件事以后，达尔文便发狂似的着手准备将自己的概念付梓出版，其成果就是 1859 年问世的《物种起源》，并在十三年内加印六次。尽管华莱士的原创论点至少在该书最初几印受到认同，然而，人们渐渐把演化理论归功于达尔文，越来越少提到华莱士，最后，人们几乎忘了华莱士对演化论的贡献。十分令人惊讶的是，华莱士并未因此感到愤恨，而且到了晚年，似乎也因为人们对他的精彩游记印象深刻、认可他身为动物采集专家的技术以及开创了研究动物分布的生物地理学这门学问而感到心满意足，而对人们口中“达尔文主义”始发者的身份不以为意。

华莱士在 1823 年出生于威尔士南部的阿斯克，在家中排行第七，父亲是个热爱阅读却不甚成功的商人，于 1828 年举家迁居哈特福郡。阿尔弗雷德十四岁辍学，与分别以勘测及营建为生的两位兄长威廉与约翰一起工作，直到 1844 年他在莱斯特学院学校取得教职为止。在此之前，他早已对植物学产生兴趣，不过他在莱斯特的时候，认识了当地一个同样醉心于博物学的年轻小伙子亨利·沃尔特·贝茨，不过与华莱士不同的是，贝茨的兴趣主要在昆虫学。两个年轻人互相点燃了热情，决定全力投注于自身兴趣之中，如果可能的话也将以此为生。

因为华莱士和贝茨两人并不富裕（不像达尔文），在这领域唯一能让他们赚钱的方法，就是从事采集工作，针对19世纪中期私人与公共收藏那似乎毫无止境的强烈欲望，专门供应来自原本未开发地区的奇异新种。华莱士的哥哥威廉于1843年去世，他因此返回威尔士的家乡整顿兄长的勘测事业，与贝茨分开了几年。当时持续拓展的铁路系统，暂时让勘测成为很赚钱的工作，使得接管兄长事业的华莱士能在短期间累积充分的资金，支持他和贝茨共同策划的南美洲亚马孙采集之旅。

由于大英博物馆高层向华莱士与贝茨保证，所采集到的任何标本都会有现成市场，两人便于1848年4月从利物浦出发，动身前往位于亚马孙入口附近的帕拉（现今的贝伦）。除了一趟沿着托坎廷斯河顺流而下约一百六十公里的行程外，他们第一年大多留在帕拉，了解当地风俗民情与即将成为其终生事业的动物采集工作。雨林与河流周遭的动物多样性，尤其是各色各样的昆虫，让人大为惊奇。当他们开始进行采集工作的前两个月，华莱士向他们在伦敦的代理人塞缪尔·史蒂文斯说，他们采集到不下于“……五百五十三种包括蛾、蝶在内的鳞翅类……四百五十种甲虫，以及其他四百多种动物……”。

在一起沿着托坎廷斯河进行探勘以后，华莱士和贝茨通常分开行动，大概因为如此一来，他们可以涵盖较大范围的地区。华莱士在南美洲待了四年，其胞弟赫伯特在1849年亦加入他的行列，不过到了1852年，部分因为赫伯特去世之故，华莱士返回英格兰。

赫伯特陪着哥哥阿尔弗雷德进行第一次深入亚马孙的大型勘查，最远曾到达玛瑙斯，然而，他却在1851年6月因为黄热病于帕拉过世。阿尔弗雷德继续着他在亚马孙河上游的旅行，尤其集中在尼格罗河和沃佩斯河。他努力地采集各种动植物，特别是鸟类与昆虫，并且迅速地将部分标本寄给史蒂文斯贩卖，替未来的采集行程筹措资金。他利用“蒂姆博”这种以无患子科的羽叶醒神藤

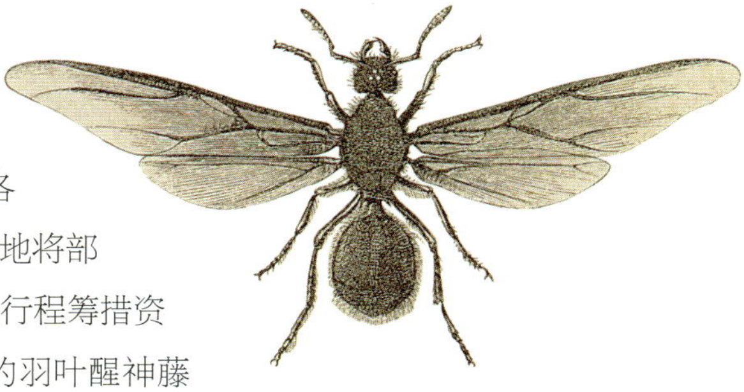

（*Paullinia pinnata*）和豆科植物尼可豆（*Lonchocarpus nicou*）的根部制成的毒鱼剂来采集淡水鱼。华莱士描述并绘制了数百种鱼类，累积了数量相当可观的收藏。然而，当他带着这些标本搭船返乡时，船舱失火，标本全数烧毁，他仅在大火中救出一只锡盒，里面装着他的鱼类笔记与绘图，以及他在探访尼格罗河和沃佩斯河时的调查记录，其中尚有一些棕榈树与所到之地的风景素描。沉船事故幸存者乘着舢板在海上漂流了十天以后，才获救并被带回英国。

根据华莱士的说法，当他在肯特郡的迪尔上岸时，身上只有“五英镑和一件单薄的厚棉布外衣”。虽然华莱士寄给史蒂文斯贩卖而且最后都陆续成为伦敦自然博物馆收藏的少数标本，其售价足以支付他在南美洲的花费，不过他原本预期能多赚个五百英镑的那批标本全部都付之一炬。所幸，史蒂文斯替船上的这些标本投保了一百五十英镑，或多或少有所补偿。然而比较严重的是，华莱士本来希望用他的笔记和标本，出版一本绝对能让他名垂青史的重要著作，现在这也不可能达成了。华莱士针对亚马孙经验出版的记述并未替他带来大笔收入，因此他下一趟已经规划好的采集旅行，也就变得更加重要。

华莱士选了马来群岛作为目标。相较之下，贝茨在南美洲总共停留了十一年，分别以亚马孙河下游的圣塔伦、埃加、亚马孙河上游的圣保罗欧利芬卡和索利蒙伊斯河等作为根据地，进行了广泛、有时甚至极其危险的采集考察。当贝茨在年届三十四岁的1859年回到英格兰时，据估计他已经采集了包括哺乳动物、爬虫类、鸟类、鱼类与软体动物在内的七百一十二种动物，以及大约一万四千种昆虫，其中有八千种昆虫是前所未见的新种。

和华莱士的亚马孙著作不同的是，贝茨针对他在南美洲停留期间所写下的精彩记述《亚马孙河上的博物学家》，在1863年出版以后，马上受到肯定，被视为科学记述与探险的经典之作，书中妙笔生花地叙述着亚马孙河的地貌地势、气候、自然、当地土著风俗以及动植物相。贝茨的笔记非常严谨，他寄给英国科学界同行的许多信件摘要，也在期刊上刊登发表，而他在皇家地理学会担任助理秘书的二十七年间，更撰写了许多篇重要的论文。

然而，贝茨之所以能在动物学上一举成名，主要在于他意识到一种目前被称为“贝氏拟态”的现象，他和许多达尔文主义支持者都认为，“贝氏拟态”为自然选择理论提供了有力的支持。所谓的“贝氏拟态”，是指鸟类好以为食的蝴

图为华莱士的笔记本，其中记载了许多他在马来群岛不同地点所进行的昆虫与鸟类观察笔记及图像。

蝶种类，与其他鸟类不喜欢吃或甚至对鸟类有害的蝴蝶种类之间，具有近似的颜色甚至外表。借由模仿有害物种，无害者尽管适口性极高，亦能免于掠食者的侵害——对演化论者来说，这是天择力量的绝佳范例。

同一时间，华莱士也对动物学做出独特的贡献。自 16 世纪起，欧洲人曾经好几次造访过马来半岛与澳洲之间的许多群岛，不过除了爪哇岛以外，其他岛屿并没有博物学家前往进行透彻的调查。这个地区蕴藏着各种可能性，有许多新种与有趣的生物生存其中，绝对能让华莱士弥补他在亚马孙探险时所蒙受的灾难性损失。在寄予厚望的心情下，华莱士在 1854 年 3 月离开英格兰，并在该年 4 月 20 日抵达新加坡。他在马来半岛停留了六个月，于新加坡和马六甲附近进行采集，之后便开始了他长达八年的岛屿探险，期间旅行约两万两千四百公里，改变根据地超过九十次。他几乎踏遍了该地区的所有岛屿群，最东曾抵达阿鲁群岛与新几内亚。华莱士跟以前一样，定期将标本寄回给史蒂文斯，第一批寄卖品包含大约一千个来自马六甲的昆虫标本，其中至少有四十种未曾发表的新种。然而，当他在 1862 年 4 月 1 日回到伦敦时，上面这数字早已显得微不足道，因为当时他总共已经累积到十二万五千件数量庞大的标本，其中大多为甲虫，不过也包括许多无脊椎动物、鸟类、哺乳动物、两栖类动物、爬虫类与鱼类。这批标本至今仍被认为是史上最重要的采集收藏，更成为许多科学论文的基础，包括华莱士自己的研究在内。

在华莱士于1869年出版游记《马来群岛自然考察记》之前，他已经根据这些材料发表了十八篇论文，而来自华氏收藏的将近两千种甲虫与数百种蝴蝶新种，也逐一由其他博物学家完成描述的工作。和他的亚马孙经验恰相反，《马来群岛自然考察记》深获好评，这一部分是因为这些标本的重要性受到承认，一部分是因为华莱士与达尔文理论的关联性，然而无论如何，这本游记写得很好，而他所记述的地区也存在着一些既定利益。

单纯从科学的角度来看，除了他对自然选择理论的想法以外，其研究工作的重要性，无疑来自于他在生物地理上的观察。他得到的结论是，马来群岛代表着两大动物区系的边缘地带，介于西边印度马来亚群系和东边澳洲群系之间，这个论点至今仍广为接受。这个概念所代表的含意，是指该地区的动物物种分布与实际上的整个动物相，可能与相邻两地区的地质史及目前我们所谓的演化史相关，而在那个年代，这是相当新颖的说法。华莱士在1876年发表《动物的地理分布》时，就进一步发展了这个概念，这本书更确立了他身为现代生物地理学之父的地位。就马来群岛来说，华莱士相信两个区域可以用一条假想线分隔开来，包括菲律宾、婆罗洲至爪哇等地区属于印度马来亚群系，而西里伯岛、摩鹿加群岛、帝汶岛与新几内亚等则属于澳洲群系。虽然在他发表此论点以后的下一个半世纪间，生物地理学家不停地挪动这条假想线的位置，不过目前这条假想线仍然被称为“华莱士线”，以尊重华莱士的原创论点。

然而对一般读者而言，《马来群岛自然考察记》让人向往的主要特质，在于有关该书次标题“红毛猩猩与极乐鸟之地”的篇章，因为不论是红毛猩猩或是极乐鸟，都是相当有魅力的焦点。华莱士在沙捞越停留了将近三个月，主要就是为了观察并采集红毛猩猩，以便在英国卖个好价钱。他搜集到的大部分极乐鸟标本来自阿鲁群岛，不过也发现，要找到这些鸟的踪迹并不容易。他说 :“大自然似乎采取了一些预防措施，她最精选的珍品绝对不能太普遍，所以其价值也不会受到低估。”因此，尽管尽了最大的努力，他设法取得的标本只有当时十八种已知物种中的六种和一种新种，此新种后来被大英博物馆的知名鸟类学家乔治·罗伯特·格雷命名为幡羽极乐鸟（*Semioptera wallacii*），学名便是为了纪念其发现者华莱士。

华莱士甚至慷慨投资了一百英镑养了两只小极乐鸟（*Paradisaea minor*），并成功地将它们带回英格兰，其中一只甚至在伦敦动物园活了将近两年的时间。

华莱士在1862年回到英国后，与妻子过着美满的生活，主要以贩卖马来群岛标本的所得以及写作科学文章及几本书籍所赚来的钱为生。他年老时把大部分时间花在园艺上，于1913年在多塞特郡布罗德斯通去世，享年九十岁。

而当鸟类学家兼出版商约翰·古尔德在他最后一本著作《新几内亚鸟类图鉴》中采纳了华莱士的极乐鸟时，这些鸟儿又因此受到更广大的注目。

在回到英格兰以后，华莱士一方面在竞逐皇家地理学会助理秘书一职时败给了好友贝茨，后来在贝斯纳尔·格林博物馆刚成立时，又没拿到馆长的职位，因此便开始以投资、演讲与写作为生，他的演讲邀约特别多，更曾经到美国巡回演讲。他写了几本相当成功的著作，包括在1905年问世的自传《我的一生》。华莱士的兴趣广泛，从催眠术到招魂术都包括在内，让他得到一个结论，认为人类被排除在自然选择过程之外，其他星球上亦有生命存在的可能性。

尽管华莱士没有正式文凭，许多大学和科学学会还是主动表示愿意颁布荣誉学位与奖章肯定他的贡献。他大体上是采取拒绝学位而接受奖章的态度，不过当他获颁在学界享有极高声望的林奈学会皇家奖章时，他却开玩笑地与一位友人说道："发生了一件可怕的事情！我才刚请人不计成本地把奖牌盒做好，他们现在又要给我另一个奖牌！"1892年，有违他的期望，他获选为对科学家而言代表着最高荣誉的皇家学会会员。华莱士对科学的贡献也许不如查尔斯·达尔文一般地深植人心，不过他肯定因为那让人印象深刻的大量采集收藏而名留青史。

鲶鱼的种类多到让人难以置信，在热带地区更是如此。本页图中的巴西星项鲶（*Asterophysus batrachus*），大嘴中有许多细小的牙齿，是种外形怪异的颈鳍鲶。华莱士发现，这种鱼在尼格罗河上游被称为 mamyacú。华莱士描绘的其他鲶鱼有着更具恐怖性的外表，例如右页图中尚未受到确认的这种鱼。它属于棘甲鲶科，在尼格罗河上游一带被称为 caracadú。华莱士画了很多棘甲鲶科的鱼类，棘甲鲶又被称为“会说话的鲶鱼”，因为它们离开水中时会发出声音。

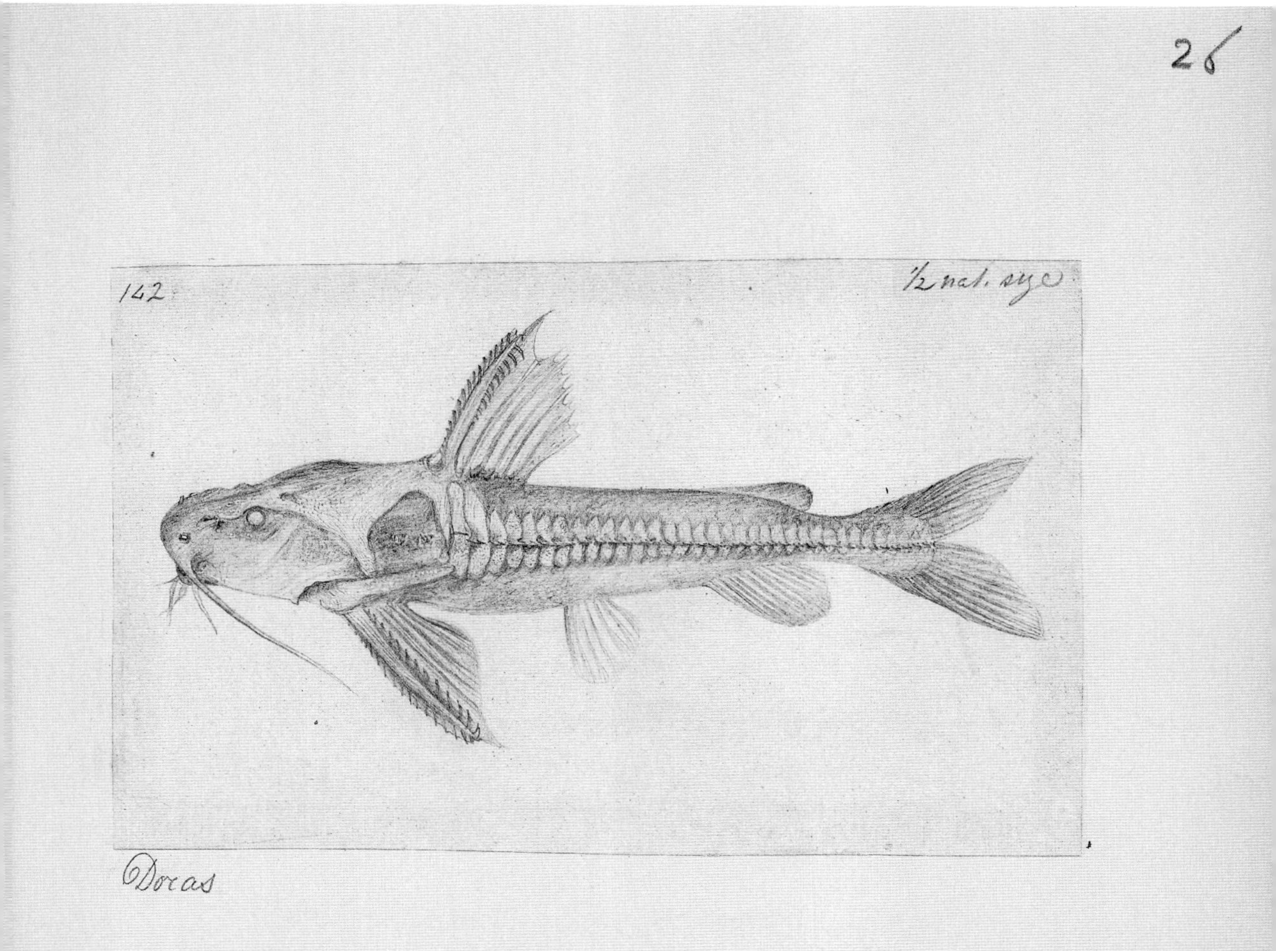
26
142
½ nat. size
Doras

在欧洲人于 16 世纪发现极乐鸟以后，人们便因为雄鸟鲜艳亮丽的色彩与奇异非凡的羽毛而对其大为赞赏，相对而言，雌鸟在外观上通常较为朴素。华莱士在马来群岛停留期间，很努力尽可能地观察并采集标本，在他观察到的鸟类中，包括本页图中华莱士命名的六线风鸟〔*Parotica sexpennis*；现称为阿法六线风鸟（*Parotia sefilata*）〕以及右页图中的黑蓝长尾风鸟（*Astrapia nigra*）。这两张都是古尔德为《新几内亚鸟类图鉴》所亲绘的图片。

ASTRAPIA NIGRA.

J.Gould & W.Hart, del et lith

Walter, Imp.

J. Gould & W. Hart del. et lith. Walter Imp.

华莱士将左页图中的鸟命名为巴布亚极乐鸟（Paradisea papuana），目前已更名为小极乐鸟（Paradisaea minor）。华莱士在新几内亚本岛和几个邻近岛屿上都曾经找到这种美丽鸟类的踪迹，他不只取得保存状况良好的标本，也将第一批活的小极乐鸟带回英格兰。在将活鸟带回英国的途中，他克服了无法找到足够蟑螂来喂食的问题，趁着船在马耳他停靠时，在船上设了一罐罐装满饼干的陷阱捕捉蟑螂。最后，“……它们抵达伦敦时健康状况极佳，一只在动物园里活了一年，另一只两年，它们常常向围观的仰慕者展示着它们美丽的羽毛”。至于本页左图的威氏极乐鸟和右图的丽色极乐鸟，华莱士就没有找到状况如此上佳的标本。

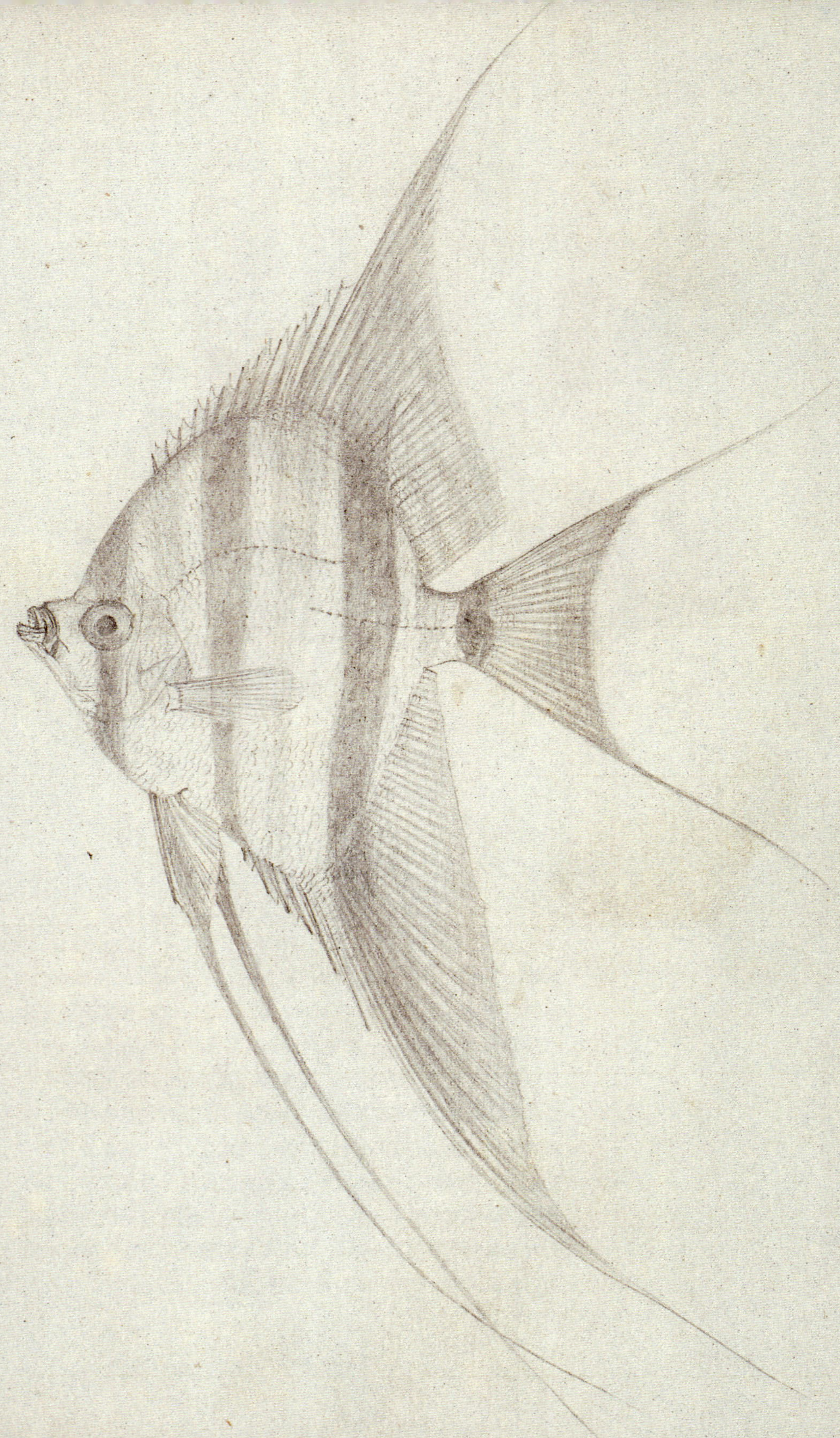

在华莱士旅行到尼格罗河和沃佩斯河时，他尽可能地将所有鱼类都画了下来。在那场让华莱士的亚马孙标本付之一炬的大火中，这些素描幸存了下来，他的亚马孙盆地动物的详细笔记，只剩下这些。左页图中的大神仙鱼（*Pterophyllum scalare*）被华莱士称为蝴蝶鱼，不过现在通常被称为天使鱼或神仙鱼，它们最早在20世纪被引进欧洲，当作水族箱宠物。神仙鱼一进欧洲，马上就引起风潮，时至今日，在市面上贩卖的神仙鱼已有数百种之多。本页图中的黑带兔脂鲤（*Leporinus nigrotaeniatus*）也可以在水族店买到。华莱士在尼格罗河画下这只鱼，当地人将它称为uaracu murutinga。

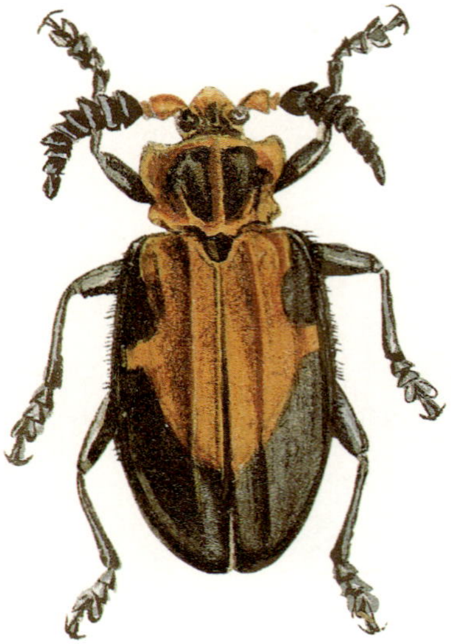

贝茨对鞘翅目或甲虫类非常感兴趣，鞘翅目是昆虫纲里物种数量最庞大的类别，有超过二十五万种昆虫。在右图中，他把甲虫演化的极端画了出来：下列与中列是五种相当原始、具有掠食性的虎甲（虎甲科）。最上列两种以植物为食的天牛，其英文名称直译为“长角甲虫”，主要是因为它们那异常巨大的触须之故（如上图所示）。

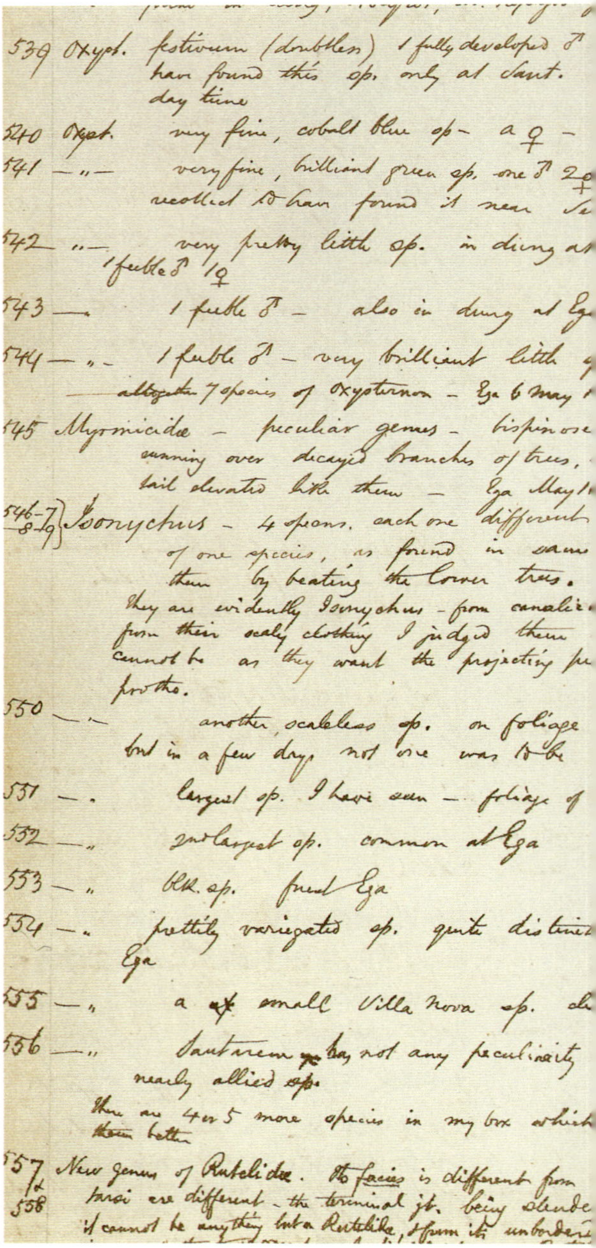

539 Oxyps. festivum (doubtless) 1 fully developed ♂ have found this sp. only at Sant. day time
540 Oxyst. very fine, cobalt blue sp — a ♀ —
541 —„— very fine, brilliant green sp. one ♂ 2♀ recollect to have found it near Sa
542 „— very pretty little sp. in dung at 1 feeble ♂ 1♀
543 — 1 feeble ♂ — also in dung at Ega
544 —„— 1 feeble ♂ — very brilliant little
altogether 7 species of Oxysternon — Ega 6 May
545 Myrmicidae — peculiar genus — bispinose running over decayed branches of trees, tail elevated like them — Ega May
546-7 / 8-9 } Isonychus — 4 specimens, each one different of one species, as found in same then by beating the lower trees. They are evidently Isonychus — from canalic from their scaly clothing I judged them cannot be as they want the projecting pe protho.
550 —„ another scaleless sp. on foliage but in a few days not one was to be
551 —„ largest sp. I have seen — foliage of
552 —„ 2nd largest sp. common at Ega
553 —„ blk. sp. fund Ega
554 —„ prettily variegated sp. quite distinct Ega
555 —„ a small Villa nova sp.
556 —„ Santarem has not any peculiarity nearly allied sp.
There are 4 or 5 more species in my box which them better
557 & 558 New genus of Rutelidae. the facies is different from tarsi are different — the terminal jt. being slender it cannot be anything but a Rutelida, & from its unborder

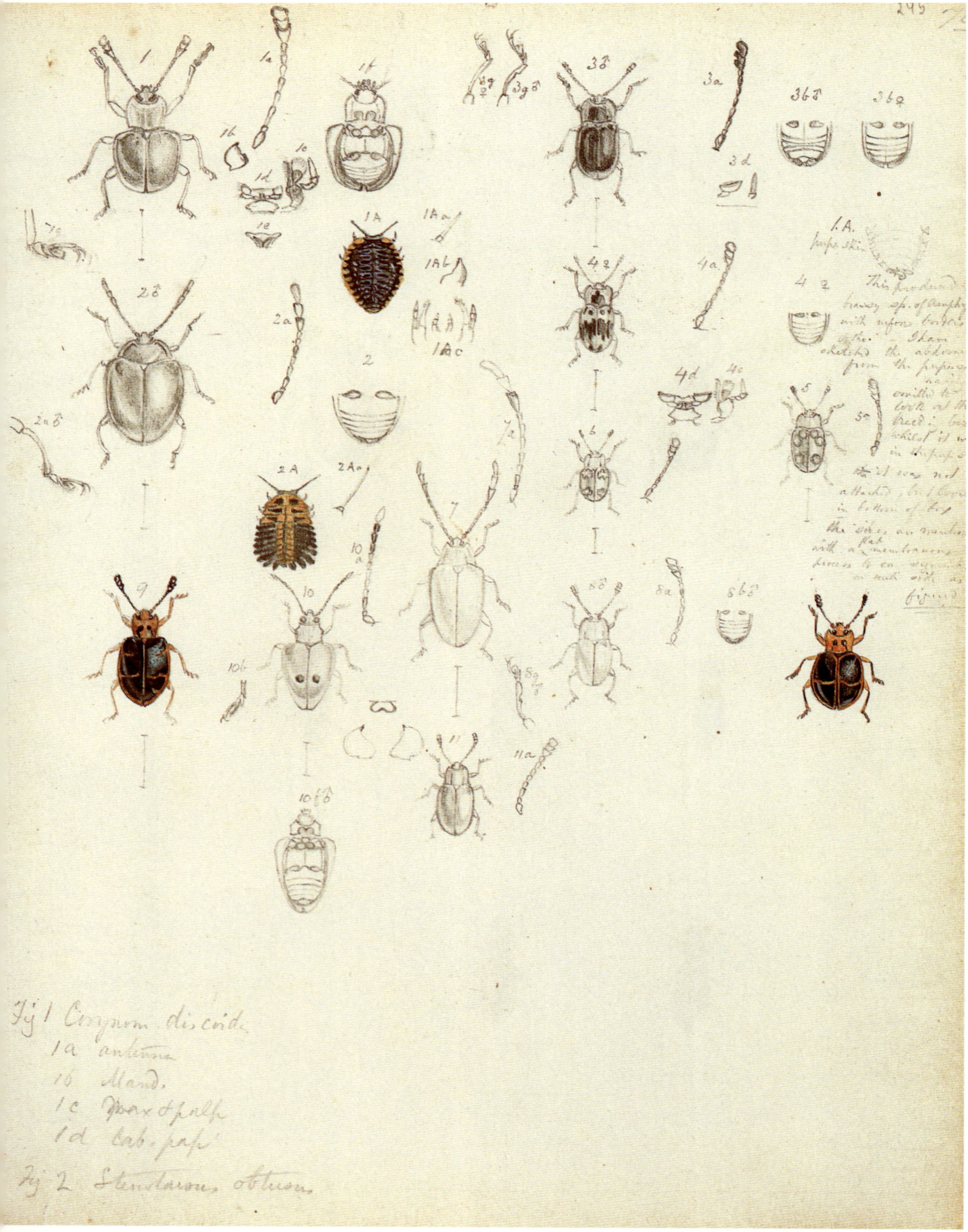

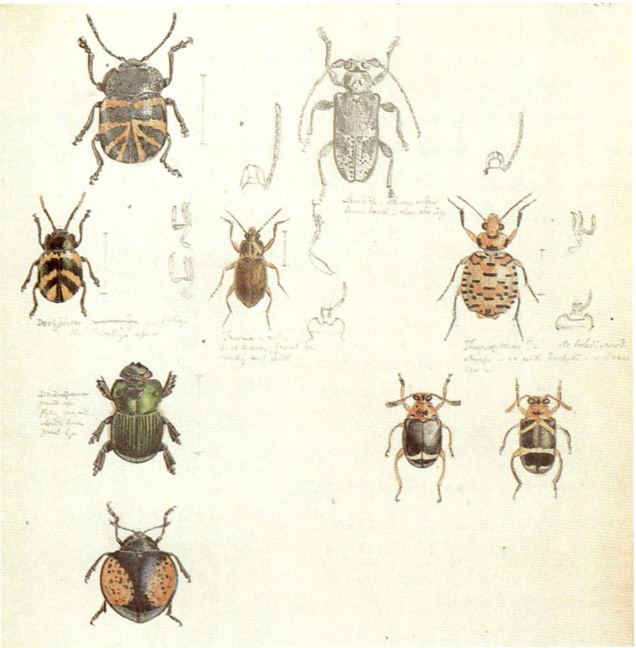

左页图、本页图与第 262、263 页图都是贝茨笔下的美丽甲虫插图，至今仍然和他一百五十年以前刚绘制的时候一样地生动。这些一旁写着密密麻麻注释的图片，描述着甲虫家族的所有类别，包括闪烁着金属光泽的步甲、金龟、叶甲以及一种虎甲虫。

Anisocerus

d to ~~...~~ ... colour, shape
deceptively resemble the elongated
bi .. on branches of fallen trees
e held close together over the
4 Oct. 55

♂ Anisocerus Onca, White

Megaderus Stigma. The lower lip is composed of a very broad & short piece a: of the same horny consistence as the general integument: its upper edge is cut out & joined to the membranous piece b: forming the intermediate piece between mentum & palpi – ~~...~~ c: is the paraglossae or ligula or ligula & paraglossae united – it is white cartilaginous & flexible & springs (as I make quite sure) from the oesophagus as far down as the base of mentum it is one piece at its basal half & soft, membranous or tumid – its upper half is cleft: ~~...~~ within then is the usual horny rib on each side running up each of the lobes. Now it appears to me that the ligula here is reduced & invisible externally the paraglossae being in recompense highly developed.

The roots of lab. palpi are visible – & soft. e. There is no trace of the horny solidification of parts as in Ctenoscelis No 36 – except a small dark horny looking plate at the bottom of the cleft of paraglossa (d). This latter may be the remains of the reduced ligula. 5 Oct. 55

Allied to Lamia & especially to ...cerus. The ♂ has fore tarsi jts. fringed on sides with long hair the apical jt. of ant. shorter ... the preced. jts.

The labium is on same ty... Megaderus & other Longicor... but the mentum, altho' hor... softer than the integument, ... coriaceous. The other parts narrower & more elongate th... Megaderus. I see no tr... of rib or keel on the inside ... the ligula-paraglos. 5 Oct. 55

The sp. is frequent at Ega in on branches of fallen trees, & found in cop.

The mandibles have not a ... w. apex as in Megaderus, but faintly crenulated in the mid... inner side.

...opsis ? ♀ Antennae more
...ce the length of body. In ♂
...uch longer, but the terminal jt.
...er. Prosternum dilated after
...x ~~...~~ & rather advanced
...s the mesost. being broad &
...ted, there is a narrow slit
~~between~~ ... wh. renders
...styloid cav. not closed.
...entum as in figure. I
particularly the horny piece
...it is elongate & narrow. in
...b. & its tip furnished with
...f bristles, exactly as the
in many other Coleoptera
...the ... it no doubt H.W. Bates
12. 1856

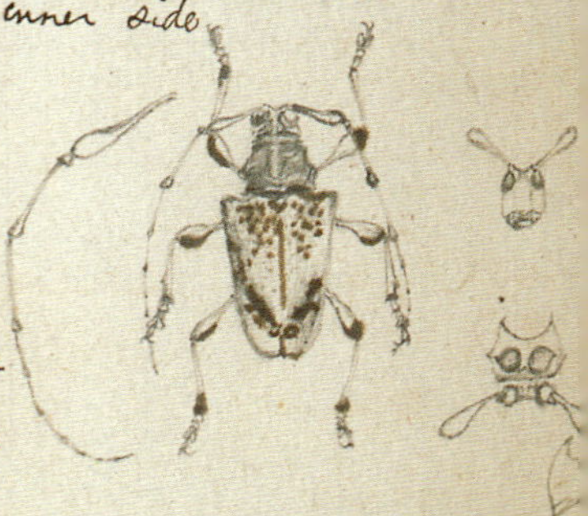

Anisocerus Eganensis White

very common at Ega – depth of forest – on fe...

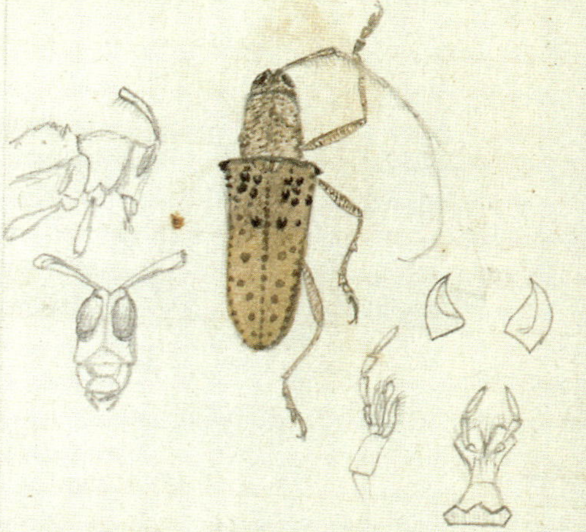

...sopraxis — the large, broad sp. ...iddle lobe of maxillae, greatly ...ated, spoon shaped, like the ...chroma & unlike Trachyderes ...bium — Ample expanded ...nded lobes. 1st jt. of maxpalpi ...at, — mandibles toothed ...iddle — &c &c.

25 March 1856

Lamiidae Trachysomus — . Mandibles broad blades, simply pointed not toothed — Front-plane elongate, rather narrow, eyes notched slightly at upper border antenniferous tubercles arising from the notch —

Ega 27 March 1856

Listroptera

Common small, wholly black & elytra with blk striae . o... surface rugose-corroded Ega 2...

Ibidion with maxillae 20 June /56

B.

Lamiidae — nearest Leiopus — the second jt. of labial & the 2nd & 3rd of maxipalpi — much enlarged, tip jts. thin & tapering — the lingua is not cleft like other Longicornes, but a single piece, scarce even a sinuation in its upper edge. — The mandibles are suddenly narrowed near the tip, the latter being a narrow very pointed tooth. between the tubercle of mid.tib. & tip there is a semicircular ...

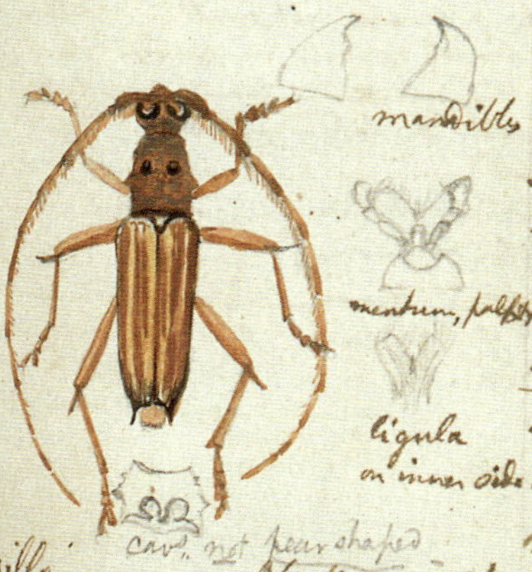

...axillae are as in Ibidion. The ... small. Labials attached to base ... side of ligula; the stipes being ... small & I think fixed. The ligula ... no doubt.

Cycnoderus basalis

parts of the mouth, membranous or cartilaginous, semi transparent the mentum & tips of palpi ligula very feebly notched, hairs, semitransparent.

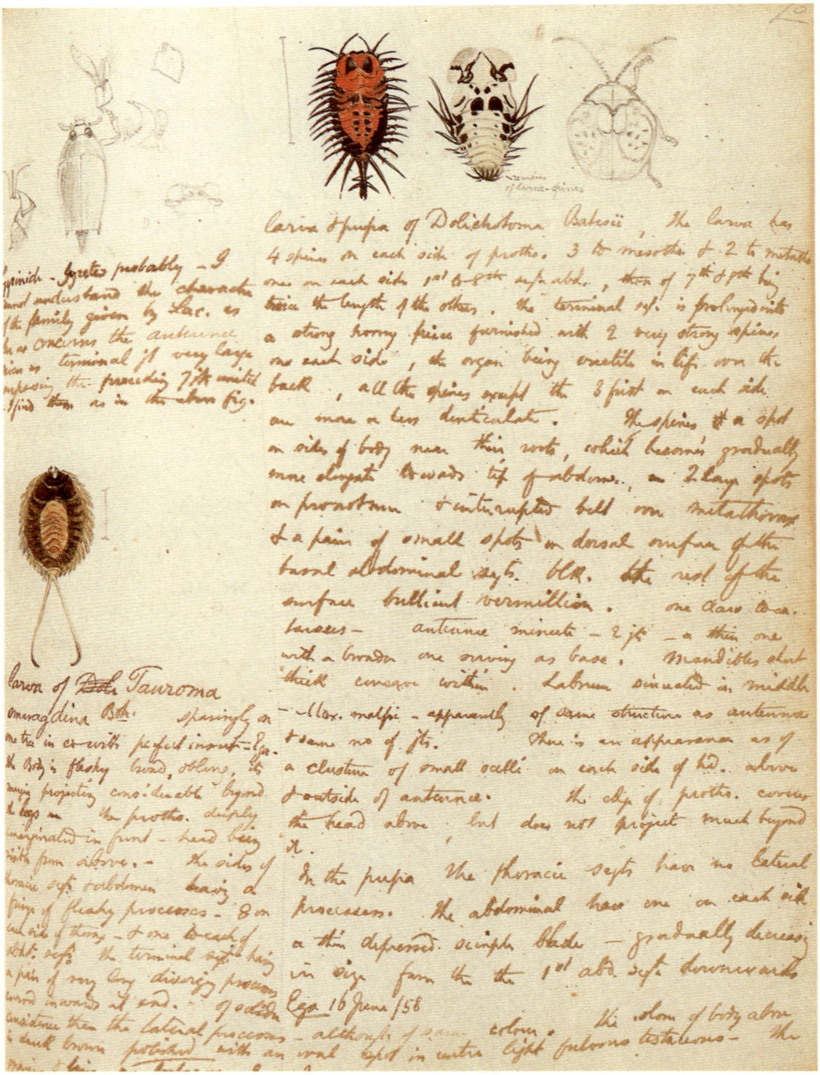

在贝茨详尽记载昆虫形态、颜色、生态与行为的笔记中，穿插着许多精美的插图（本页图）。右页图中的笔记描述的是一种只存在南美洲的蝗虫，它们的外观与竹节虫极为类似。贝茨在附带的笔记中指出，虽然它们后脚在演化适应后比较适合跳跃，它们的形态发育并不比一般蝗虫好，因此这些南美蝗虫的行动力较差。

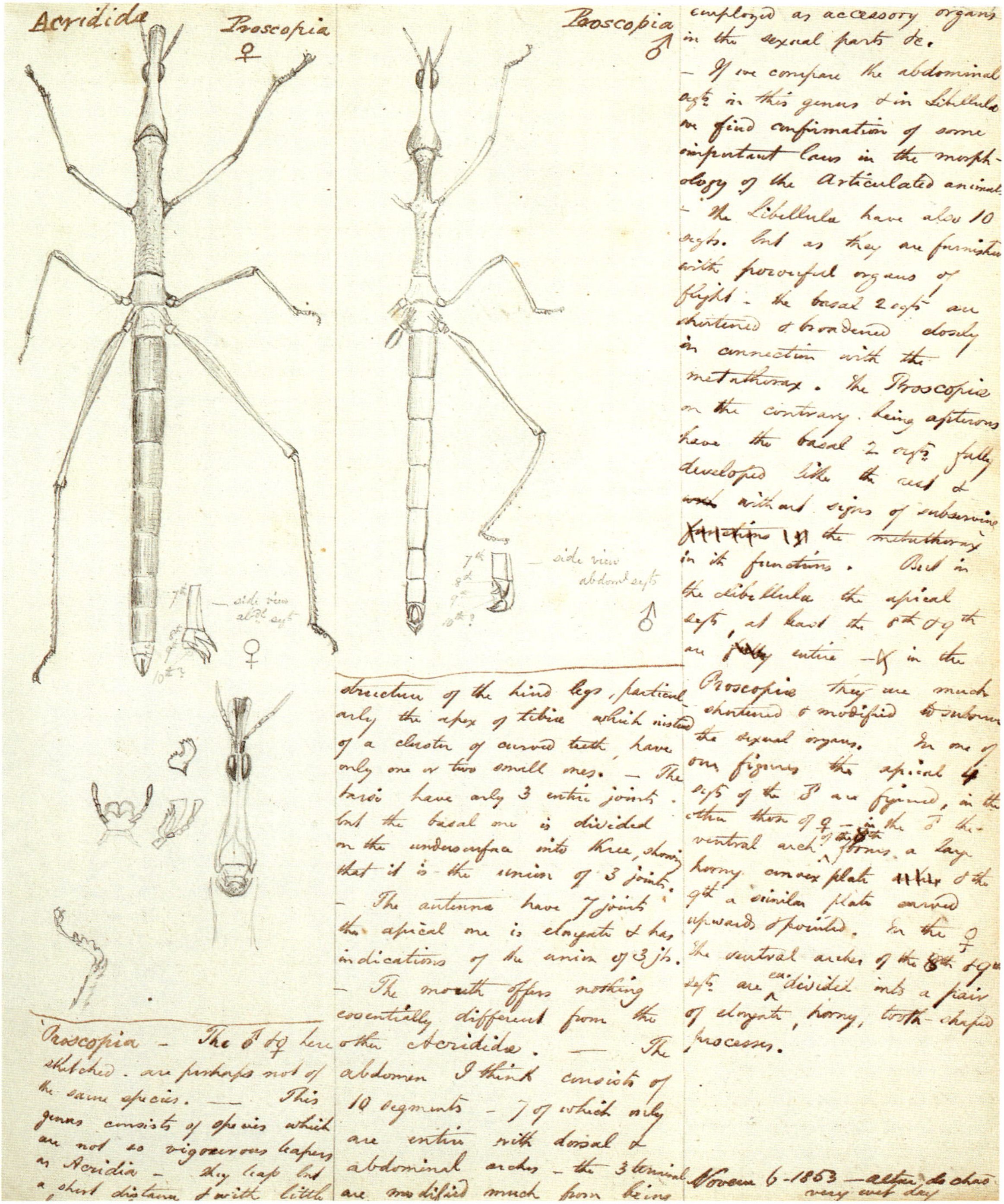

Proscopia — The ♂ & ♀ here sketched — are perhaps not of the same species. — This genus consists of species which are not so vigorous leapers as Acridia — they leap but a short distance & with little

structure of the hind legs, particularly the apex of tibiae which consists of a cluster of curved teeth, have only one or two small ones. — The tarsi have only 3 entire joints — but the basal one is divided on the undersurface into three, showing that it is the union of 3 joints.

— The antennae have 7 joints the apical one is elongate & has indications of the union of 3 jts.

— The mouth offers nothing essentially different from the other Acridida. — The abdomen I think consists of 10 segments — 7 of which only are entire with dorsal & abdominal arches — the 3 terminal are modified much from being

employed as accessory organs in the sexual parts &c.

— If we compare the abdominal segts in this genus & in Libellula we find confirmation of some important laws in the morphology of the Articulated animals — the Libellula have also 10 segts. but as they are furnished with powerful organs of flight — the basal 2 segts are shortened & broadened closely in connection with the metathorax. The Proscopia on the contrary being apterous have the basal 2 segts fully developed like the rest & without signs of subserving the metathorax in its functions. But in the Libellula the apical segts, at least the 8th & 9th are entire — & in the Proscopia they are much shortened & modified to subserve the sexual organs. In one of our figures the apical 4 segts of the ♂ are figured, in the other those of ♀ — in the ♂ the ventral arch of 9th segt forms a large horny convex plate & the 9th a similar plate curved upwards & pointed. In the ♀ the ventral arches of the 8th & 9th segts are each divided into a pair of elongate, horny, tooth-shaped processes.

Novem 6 — 1853 — Altar do chão
very wet day

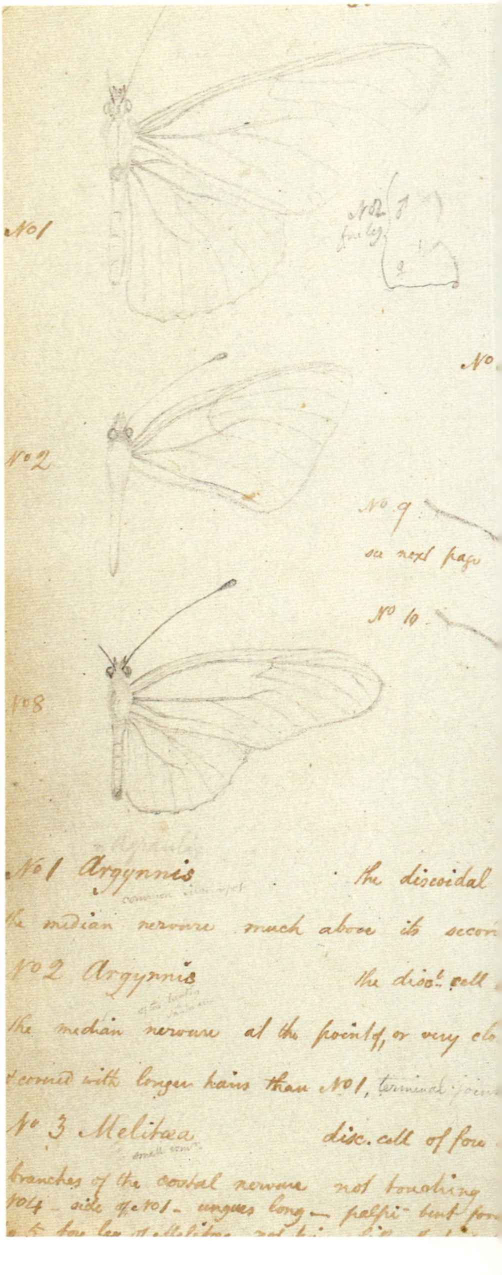

本页上图与右图是贝茨采集笔记中记录亚马孙蝴蝶的一部分。若考虑到贝茨在进行丛林探险时手边只带了非常基本的设备，那么这些蝴蝶图画的细节与颜色，又更加令人印象深刻。有些图直接被他画在笔记本中，其他则利用随手拿到的纸片，稍后再用大头针钉在笔记本上。

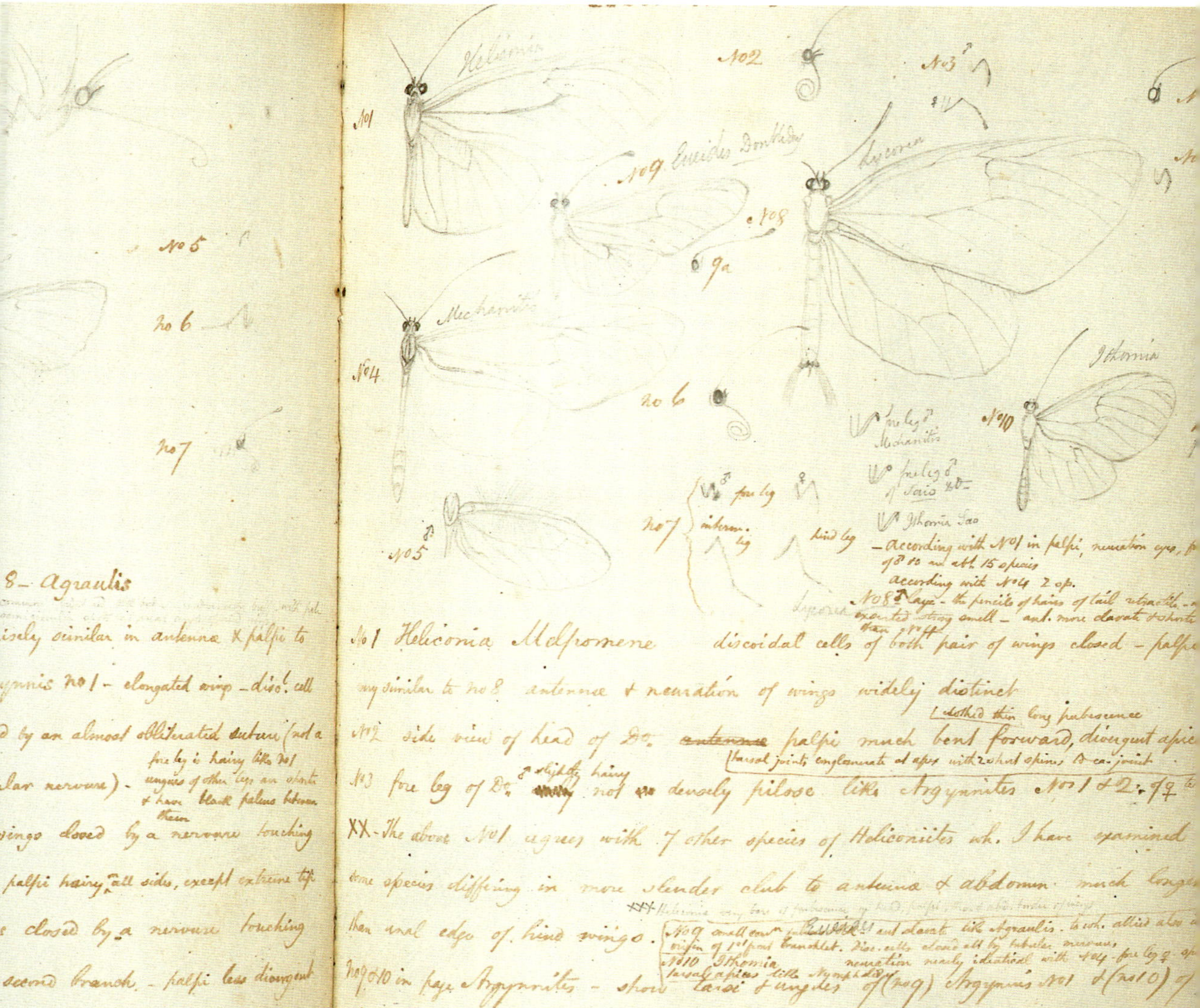
No1
No2
No4
No5
No6
No7
No8
No9
No10
Heliconia
Mechanitis
Lycorea
Ithomia
8 - Agraulis
No1 Heliconia Melpomene

, in ♂ they

tion someth

) in the fore

, Wings

左页图与本页图亦为亚马孙蝴蝶，贝茨不仅在笔记本上作画，甚至也把标本收藏在里面。他总共搜集到一万四千种不同种昆虫，每一种都需要上标签，再寄回英国。在他的书中，他曾经描述着他在丛林里的典型工作日：“我黎明即起，喝杯咖啡以后，便驾船起航追逐群鸟。我在十点用早餐，然后在十点到下午三点之间全神贯注钻研昆虫学。下午则忙着进行标本保存与储藏的工作。”

贝茨之所以备受尊敬，不只是因为他在蝴蝶与其他昆虫的研究上有条不紊又具有科学敏锐度，更因为他的艺术眼光，就后者而言，从本页图与右页图中蝴蝶水彩画的排列，便让人一目了然。这些标本除了具有美感以外，许多伦敦收藏者也因为其科学价值以及将它们当成亚马孙地区多样化生物的展示而深感兴趣。

2♂
5♂
3♂
5♂
6♂
6♀
6♂
4♂
4♀
7♂
9♂
8♂
8♂
8♀
10♂

第十章

深海探测（1872～1876）

挑战者号探险

在19世纪中叶以前，地球上所有主要大陆与大多数较小的陆块，都已经“被人们发现”，其海岸线至少也都受到相当程度的完整调查。尽管各国在超过两世纪的时间，相当密集地在全世界海洋航行，但人们对深度超过几十米以上的深海几乎是一无所知，即使是大洋盆地的海底也还是个谜。而一般都认为，深海环境具有漆黑、高压又严寒的特性，意味着深海应该是毫无生气的地方。然而，在1850与1860年，许多因素综合起来的结果，永远改变了人们的观点。

首先，在大陆之间装设水线电报与高压电缆的技术逐渐发展，导致人们必须对深海海床的地形与特质有准确的了解。再者，有些耐人寻味却又让人无法下定论的新信息，让人认为深海没有生命的看法可能是错误的。此外，早期深海捕鱼所捕获的一些动物，也就是我们现在所谓的“活化石”，让达尔文演化论的追随者以为，根据刚出版的《物种起源》一书中所提出的演化过程，深海中应该有更多不为人知的生物。深海研究的背后，显然有强烈的商业与哲学理由在支持，因此，在1872年12月21日，一艘被命名为挑战者号的皇家海军小型护卫舰，从朴次茅斯出

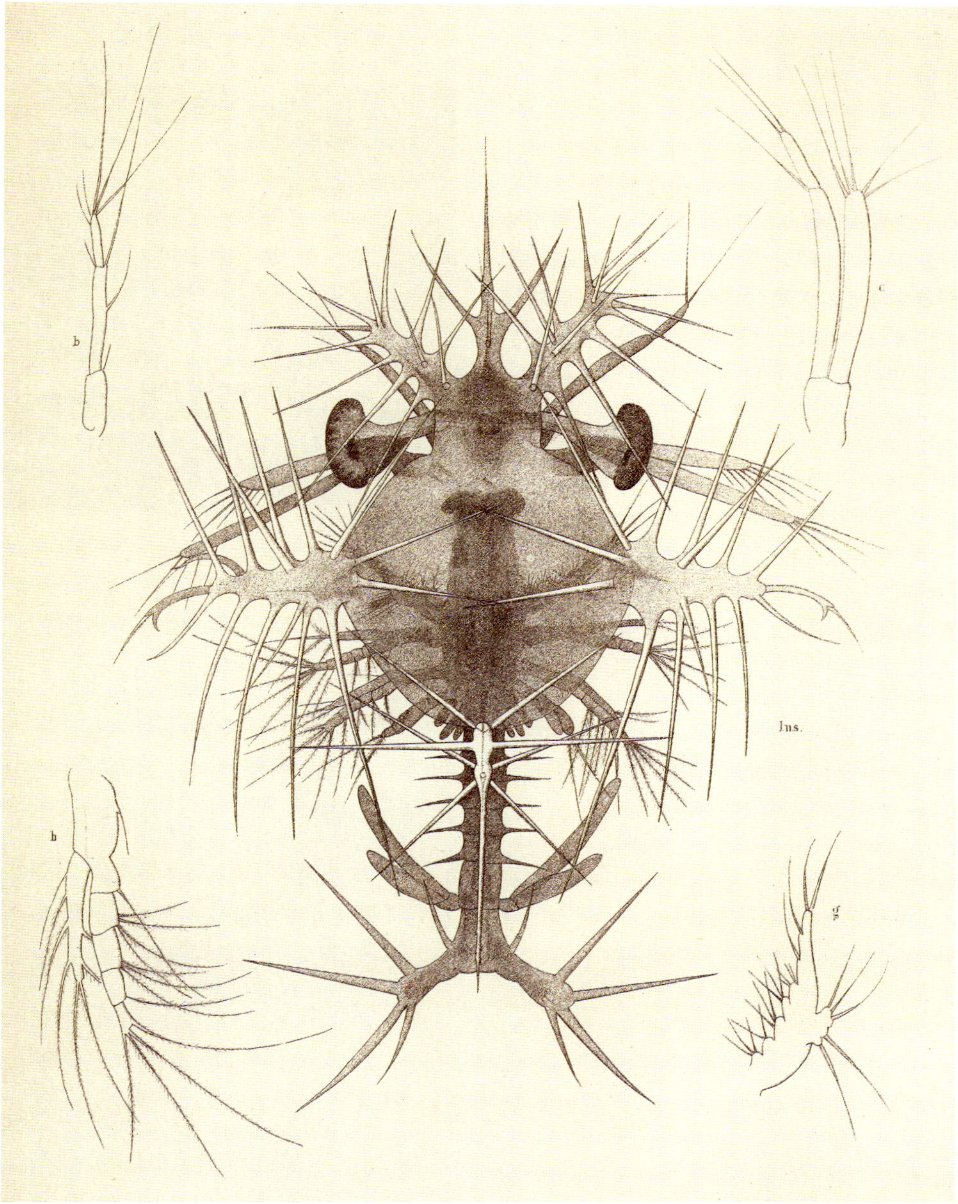

本页图为幼虫期的樱花虾，出自查尔斯·斯彭斯·贝特的挑战者号甲壳类动物报告。虽然严格说来，贝特是业余动物学家，不过他在科学方法与绘画方面确实是很内行的。

图中这幅正在穿越浮冰的挑战者号，是画家米切尔的作品。挑战者号在 1874 年 2 月间，曾经在南极地区逗留了两周。尽管遭遇极端的气候条件与危机四伏的水域，挑战者号只损失了十名船员，就那个时代与那种长度的航程而言，是相当出色的记录。

发，展开一趟为期三年半的科学考察，而这趟旅程后来也成为有史以来最著名的探险。由于挑战者号是史无前例的探险，人们通常认为，正是这次探险标志着海洋学的诞生。在此之前，没有任何国家曾派遣以研究深海物理、化学、地质与生物为明确目的的大型探险队，英国财政部总共花了将近二十万英镑（价值远超过今日的一千万英镑）的经费，这样的金额从来没有被花在任何一个科学任务上，因此这也让它成为世界上第一个耗费巨资的科学研究。

这趟航程是两位平民生物学家的主意，一位是伦敦大学教授威廉·本杰明·卡彭特（1813~1885），另一位是爱丁堡大学博物学教授查尔斯·威维尔·汤姆森（1830~1882）。就像当时的其他科学家一样，在挑战者号出发的几年前，卡彭特和汤姆森都赞同深海无生物的观点。然而，他们在 1868 至 1870 年间于英国沿岸几次成果不彰的短航，却让他们深信，不论深度如何，都可以在海里找到动物的存在。这些短航也消除了人们的另一个迷信，以为深海到处充满温度为 4 摄氏度的海水——这是根据一个错误的假设，认为海水跟淡水一样，在 4 摄氏度时密度最大。然而，他们初步航行成果却显示，靠近海底的水温可能大幅降低或升高。尽管如此，这些结果是以单一海洋中某一个角落的少数观察作为依据，卡彭特和汤姆森因此推论，需要带着适当装备进行全球探险，以调查地球上最后一个重要的未知之境。他们透过皇家学会向皇家海军提出这个大胆的提议，而且很意外地并未遭受太多反对声浪，获得首肯。

这个提议的时间刚好是大英帝国国势最盛的时期，毫无疑问，大不列颠是海上霸主，英国以主战论为中心的极端爱国主义尚且健在。因此，皇家海军内外都有不少人附和，认为英国必须在任何创新的海事活动上领导世界。而且，尽管皇家海军水文局在数十年以来一直是世界上最优秀的调查与图表制作机构，但它对深海却一直没有太大的兴趣。然而，水线电报公司在近年来频频针对深海海床向水文局提出它无法回答的问题，姑且不谈这个提议在科学上的论据，计划本身就因此受到水道专家理查兹将军的大力支持。

在计划提出的十八个月内，皇家海军便选好船舰并进行大规模翻修，在船上安置了一个为该计划量身定做的实验室、一般住宿空间与绞车，并为这个大型研究计划提供了最先进的设备——包括长度超过四百公里的绳索。这艘船将由经验老到的勘测员乔治·斯特朗·内尔斯（1831~1915）担任船长，并由大约两百二十五名船员支持此任务。非军方编制的六位科学人员由汤姆森为首席科学家，当时已经五十八岁的卡彭特，则以年事已高为由，并未参加。除了汤姆森以外的科学人员，有来自苏格兰的化学家约翰·扬·布坎南，包括英国人亨利·诺蒂奇·莫斯利、加拿大苏格兰后裔约翰·默里与德国人鲁道夫·冯·威里莫斯—苏姆在内的三位动物学家，以及瑞士画家让·雅克·怀尔德。这种奇特却也适当地组合成了海洋学的开端，国际合作也自此成为这个学科的特色。

调查团队在短暂的适应期中检查了取样技术，并且在里斯本和特内里费岛稍事停留后，工作于 1873 年 2 月 15 日在加那利群岛南方六十四公里、深度三千五百米处正式展开。挑战者号人员在这里设置了第一个正式观测站。当挑战者号在 1876 年 5 月 21 日英国女王五十七岁寿辰回到斯匹特角的时候，它已走遍除了印度洋以外的所有大洋，设置了无数观测站，航行距离达六万八千八百九十海里。尽管船上备有连接着双叶螺旋桨的四百马力燃煤蒸汽引擎，它大多还是依赖扬帆航行的方式。她在计划期间，有超过半数以上的时间都在港湾逗留，让船员和科学家能在北美洲、南美洲、南非、澳洲、新西兰、中国香港、日本各地以及一系列大西洋与太平洋岛屿停留。在上岸时，船员与科学家进行了大量的动植物与人类学采集，见到了从葡萄牙国王、日本天皇到近期内才开始不吃人肉的斐济居民等各式各样的人物。许多事件都被官派随船画家让·雅克·怀尔德给画了下来，不过有更多的事件，则同时也用照相的方式进行记录，因为挑战者号似乎是第一支经常使用这个相对而言还是新颖科技的探险队。当

挑战者号上的摄影师使用的是与本页图类似的湿版相机，在航行期间，摄影师用这种相机拍摄了无数的风景照与人物照。然而，当时的科技不够发达，因此并无法将相机应用在科学记录上。

然，当时的照相技术仍属发展初期，由于需要较长的曝光时间，因此不适合拿来拍摄动态照片，例如科学家或船员在船上的工作情形。不过，它在处理个人照、团体照与远景时仍然是个非常好的工具。事实上，在探险队的正式命令上就有一项要求是："把握每一个机会拍摄各地土著照片。"因此，该次航程中质量均高的摄影成果，成了19世纪末期人文地理风情的重要历史记录，其中甚至包括了可能是历史上的第一张南极冰山的照片。

尽管如此，挑战者号的主要任务，当然还是在它航行海上的七百一十三天完成，平均每二至三日，它就会在三百六十二个正式观测站中的一个进行停留与勘测。在每个观测站停留时，工作人员会先测量水深并对海底沉积物进行采样。然后，再针对表面、接近海底以及不同深度的水层进行水温测量，并采样以便稍后进行化学分析。最后再以打捞或海底拖网的方式进行生物采样，也常常使用浮游生物网搜集中层水域至水深约一千五百米水层的动物。每次生物采样的成果，都必须小心整理、保存、装瓶、上标签、储存并详细记录。

此外，工作团队还会经常记录表层洋流的速度与方向，不过浅层洋流的测量就比较不频繁。

在航程期间，各式各样的材料从百慕大、哈利法克斯、开普敦、悉尼、中国香港与日本等地被送回英国。汤姆森在科学报告简介中曾写道：“……当我们终于在希尔内斯清空船舱货物并进行清点以后才发现，它们总共有五百六十三箱，其中包括两千两百七十个大型玻璃罐、一千七百四十九件用塞子盖好的较小型玻璃瓶、一千八百六十个试管以及一百七十六个锡罐，所有瓶瓶罐罐都装满了用酒精保存的标本；另外还有一百八十个装有干标本的锡盒，以及二十二个用浓盐水保存标本的酒桶。”他又说：“……来自世界各地超过五千瓶以上尺寸各异的玻璃瓶与玻璃罐被存放在爱丁堡，大约只有四件损坏，也没有因为酒精挥发的问题而损失任何标本。”尽管这些标本非常重要，但采集、储存与记录的技术层面却是冗长乏味的工作，在各观测站记录各种测量数据更是个毫无止境的工作。即使对科学家来说，新鲜感在经过前几十个观测站的工作以后早已消失殆尽，更有几位军官在个人日记里写下他们在航程中的烦闷与倦怠感。对必须干粗活的一般船员来说，由于对研究成果并没有既得利益的回馈，整个航程可能还是种更糟糕的经验，也难怪有六十一名船员分别趁着挑战者号在各地靠岸停留时擅自弃职，一去不返。

然而，这种纯粹十足的例行公事，却是挑战者号探险队的优点。船上完成的工作并不绝对是最新颖的，工作上采用的是经过严格测试与验证的技术，是各国船队在过去就偶尔会使用的。挑战者号的重要性，在于其密集的观察、足迹遍布全球以及它对深海水层的着重。它最深的探测深度几乎可达八千两百米，这个在当时打破探测深度记录的地点位于太平洋西南部，也就是后来所谓的“挑战者深渊”，它离目前测量到的海底最深处只有十一公里多的距离。挑战者号在深度超过四千五百米处也进行了二十五次成功的深海捕捞，最深捕捞记录为五千七百米，完全是史无前例的创举。

研究计划所导致的庞大生物收藏，在航行期间定期被运回爱丁堡，等待挑战者号返航后一并处理。因为这就像所有科学任务一样，收藏与资料在尚未经过深入研究并正式发表研究成果之前，并没有太高的价值可言。因此，汤姆森在结束航行任务以后，在爱丁堡设立了挑战者号研究室，以进行数据整理、将生物标本派送至专门科学家以及监督研究报告出版的工作。这些工作所需的时间比整个航程还长，在1882年汤姆森过世以后，监督工作由约翰·默里（1841~1914）接手。默里在挑战者号上原本是较为资浅的博物学家，不过他命中注定成为当代最著名的科学家之一。而且到了最后，整个研究工作的规模也比原本预期中的来得庞大。根据汤姆森的估计，出版署应该可以在五年内出版十五册研究成果，结果到头来总共出版了五十册正式报告，总页数高达两万九千五百五十二页，而最后两册报告一直到航程结束后十九年的1895年才问世。

报告的准备工作，也让汤姆森和后继者默里卷入了一系列的纷争。首先，这是因为大英博物馆高层认为这批收藏应该纳入大英博物馆馆藏，并由他们来安排后续工作，而不是由在爱丁堡的汤姆森主导。很多人也认为，只有英国科学家才能从事相关材料的研究工作，而非在汤姆森期盼中不应受国籍影响的世界最佳科学团队。结果，汤姆森赢了，采集成果被送到来自法国、德国、意大利、比利时、北欧、美国与英国等地的各国专家手上，标本最后则落入伦敦自然博物馆之手，至今仍为自然博物馆收藏。然而，在整个过程中最长也最困难的，却是与英国财政部之间的抗争，因为财政部不愿意负担越来越庞大的报告出版开销。这无疑是导致汤姆森健康状况每况愈下以及在五十二岁英年早逝的原因之一。默里最终还是取得了财政部的财务支持，不过一部分也是因为默里在此间曾威胁财政部，打算自掏腰包出版报告，让财政部觉得很丢脸，才决定提供金援。

那一系列极其精彩的研究报告是挑战者号航程的最终成果，这些报告受到世界各大研究室珍藏，并常常被当代海洋学者参考。而在伦敦自然博物馆，几乎每天都有来自这些研究室的客座科学家坐在馆内研究室里仔细研究这些报告引以为据的精美标本收藏。这些报告包括了无数图像，其中有许多照片以及怀尔德的水彩画。然而，怀尔德只是位资质中庸的画家，虽然他在部分动物采样还新鲜的时候画了一些，报告中出现的大量图像，大多是出自研究该类动物的个别科学家或是他们所聘请的画家或雕刻师之手。所以，挑战者号探险的图像成果并非少数艺术家的心血，而是许多画家、雕刻师与平版印刷师共同努力的结果，其中许多人根本没有看过挑战者号，更别说是随着它出海航行了。

尽管挑战者号探险队在接下来的一又四分之一个世纪中，让许多海洋科学家对它推崇备至，这并未鼓励英国政府继续支持接下来的海洋学研究。英国财政部对这非预期的慷慨感到非常震惊，一直到数十年以后，才又开始支持花费较高的科学任务。

1872 年 12 月初，皇家学会的科学界重要人物和探险队的科学家们，在停靠于希尔内斯的挑战者号上，留下上图的合影。挑战者号离开希尔内斯以后先绕着朴次茅斯沿岸航行，然后才在 12 月 21 日正式起航。在拍照时，包括位于中排中央探险队科学团队主持人汤姆森在内的有些人，保持头部不动的时间不够久，由于当时的照相设备曝光速度缓慢，使照片稍显模糊。

有幸的是，挑战者号的确起了带头作用，让其他国家争相仿效。在 19 世纪的最后二十几年中，美国、德国、挪威、瑞典、法国、意大利与摩纳哥都曾派出大型海洋考察队，挑战者号开创的海洋学之道，正在朝着广泛国际合作的康庄大道前进，终有今日的局面。

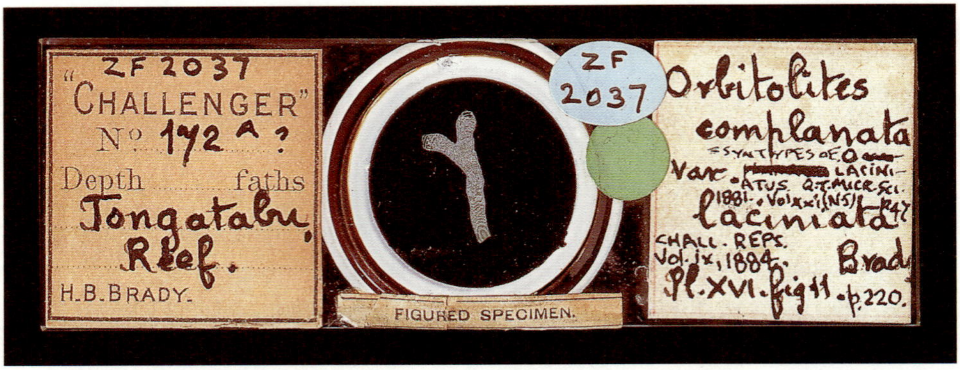
ZF 2037
"CHALLENGER"
No. 172 A ?
Depth faths
Tongatabu, Reef.
H.B.BRADY.
FIGURED SPECIMEN.
ZF 2037
Orbitolites complanata
Var. [redacted] laciniata
CHALL. REPS. Vol. ix, 1884. Brady
Pl. XVI. fig 11. p. 220.

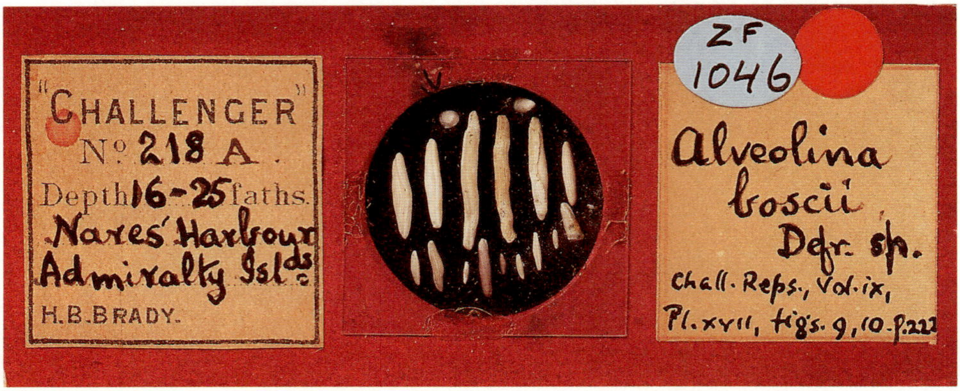
"CHALLENGER"
No. 218 A.
Depth 16-25 faths.
Nares' Harbour Admiralty Islds.
H.B.BRADY.
ZF 1046
Alveolina boscii
Defr. sp.
Chall. Reps., Vol. ix,
Pl. XVII, figs. 9, 10. p. 222

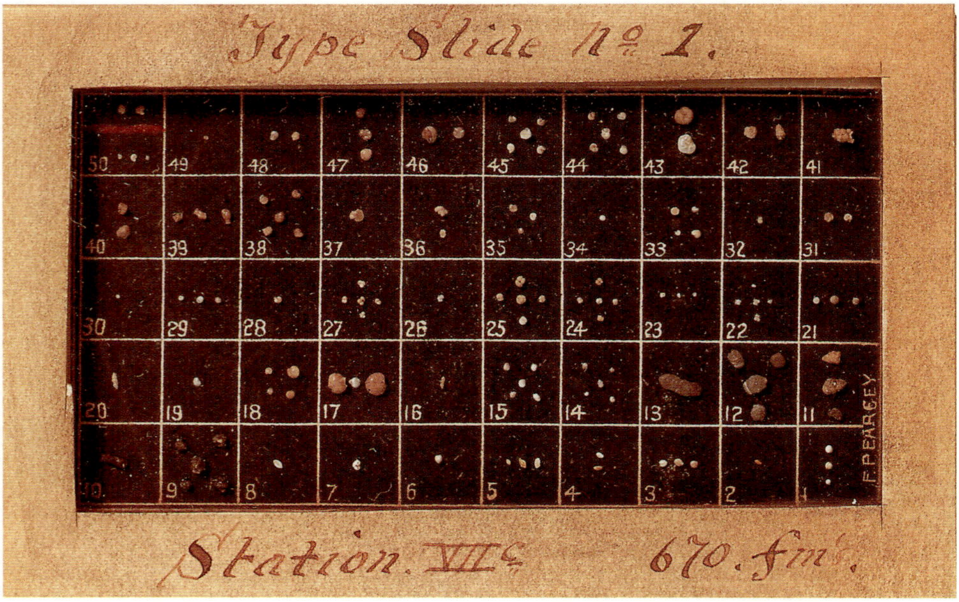
Type Slide No. 1.
Station. VII c. 670. fms.
F.PEARCEY

本页图中的版画是挑战者号实验室，内有工作台、显微镜、瓶架与挂起来风干的鸟皮。在他们刚上船时，处理网捞捕获的“苦活”大多是在甲板上进行，要不就是在架设于主甲板后方的棚子里着手。当挑战者号抵达纬度较低的温暖地区时，这些正在风干的鸟皮也被吊挂在这个棚子里，因为若不如此处理，甲板下方的气味将会让人难以忍受。

除了挑战者号的拖网和捞网捕获的多细胞动物以外，还累积了大量的单细胞生物，尤其是有孔虫、放射虫和矽藻，其中有许多是前所未见的新种。有孔虫的外壳是深海海床沉积的主要组成，这些标本由亨利·鲍曼·布雷迪进行研究，他小心翼翼地整理干燥的海底淤泥样本，将这些微小的标本一个个地放在像左页图中的玻璃片上。这些标本目前为伦敦自然博物馆古生物学部所有。

本页上图是夏威夷活火山基拉韦厄正冒着烟的火山口。挑战者号于1875年8月抵达夏威夷群岛，访问的高潮之一就是基拉韦厄火山之旅。基拉韦厄火山高达海拔一千两百一十九米，从希洛港前往基拉韦厄火山的路途，是段又长又乏味的旅程。然而，让挑战者号人员很讶异的是，他们竟然在火山口边缘找到一间价位相当合理的旅馆，专门提供观光客住宿。1874年2月，当挑战者号在满是浮冰的南极海域航行的两周期间，摄影师从船上拍下了本页右图中的冰山，是史上第一批南极冰山照片。（照片下方的波浪状图案并不是海水，而是由冲洗照片时使用的化学遮蔽剂所造成的。）

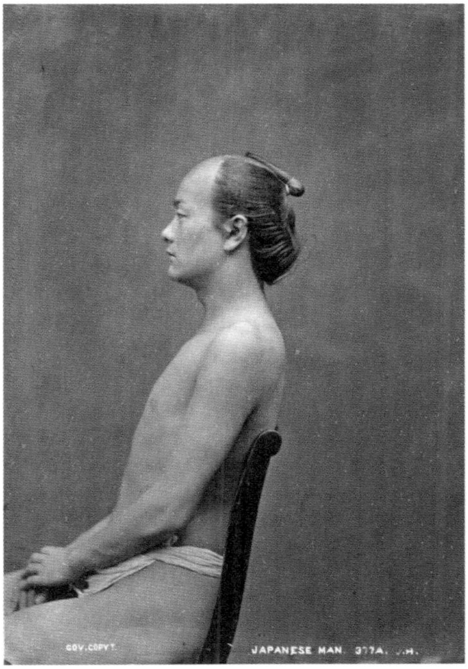

1870 年的照相术，非常适合用来拍摄刻意摆好姿势的人物肖像。挑战者号的摄影师就拍了不少这样的照片，例如本页左上图来自菲律宾棉兰老岛三宝颜莫罗土著、左下图中的日本人以及右上图的汤加王国夏洛特皇后。后者所从属于航行期间拍摄的皇室肖像，是一批令人印象深刻的照片收藏，其中包括葡萄牙国王路易斯一世、日本明治天皇和夏威夷卡拉卡瓦国王。汤加王国的夏洛特皇后和乔治·图普国王尤其非常渴望能被拍摄，国王身着海军制服，皇后则穿着“一套欧洲制的轻纱服装”。其玄孙女萨洛特皇后貌似夏洛特皇后，当她在 1953 年出席英国女王伊丽莎白二世登基大典时，几乎抢尽了风头。

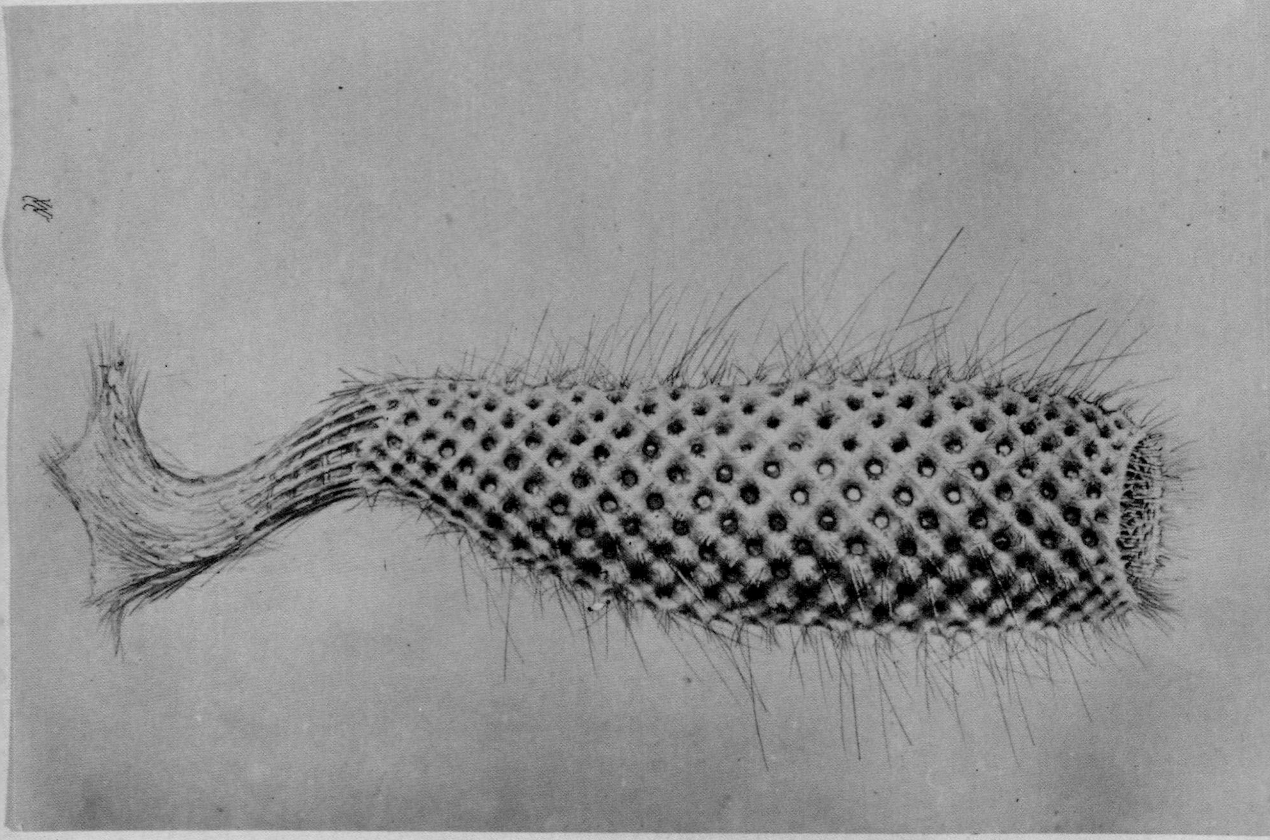

Sponge. (Euplectella.)

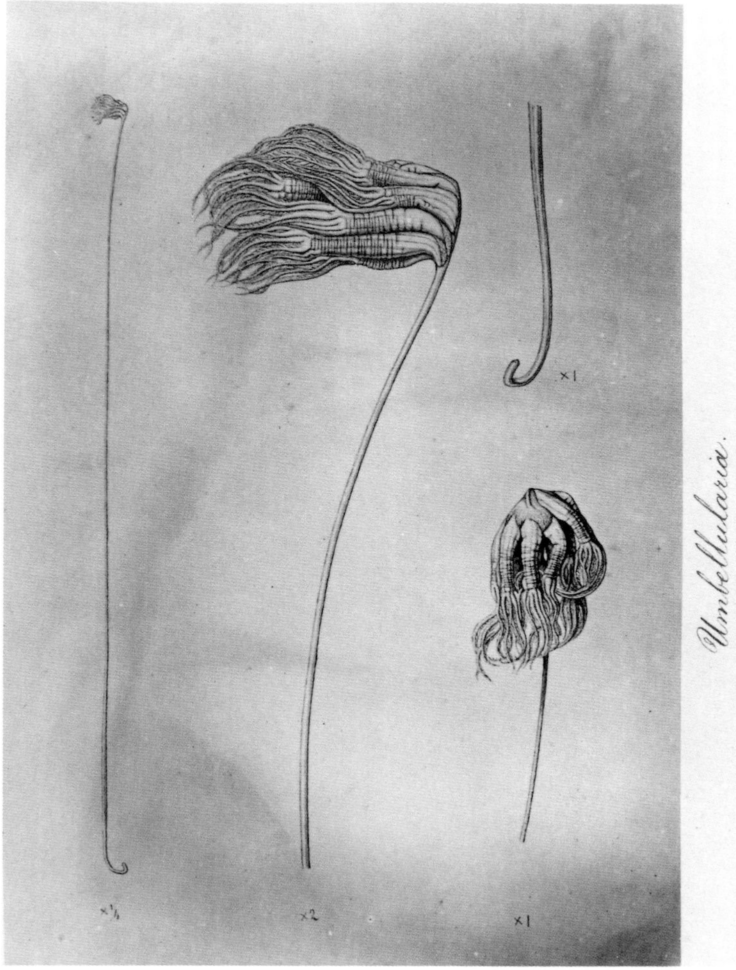

左页图为让·雅克·怀尔德笔下的玻璃海绵，可能是偕老同穴属的海绵（*Euplectella suberea*）。这张图可能是利用挑战者号在直布罗陀西部深水层以及介于南美洲伯南布哥与巴伊亚之间海域捞起的许多破碎标本“拼凑重建”而来的。怀尔德也画下了本页图中的深海海鳃，它被命名为汤姆森伞形珊瑚（*Umbellula thomsoni*），借此表扬挑战者号科学团队主持人查尔斯·威维尔·汤姆森的贡献。这些令人印象深刻、状似植物的动物是海葵、珊瑚与水母的亲戚，它们会把足盘埋在海底沉积物中并站立其中，肉柄顶端的许多滤食细胞，可在通过的水流中搜集食物微粒。

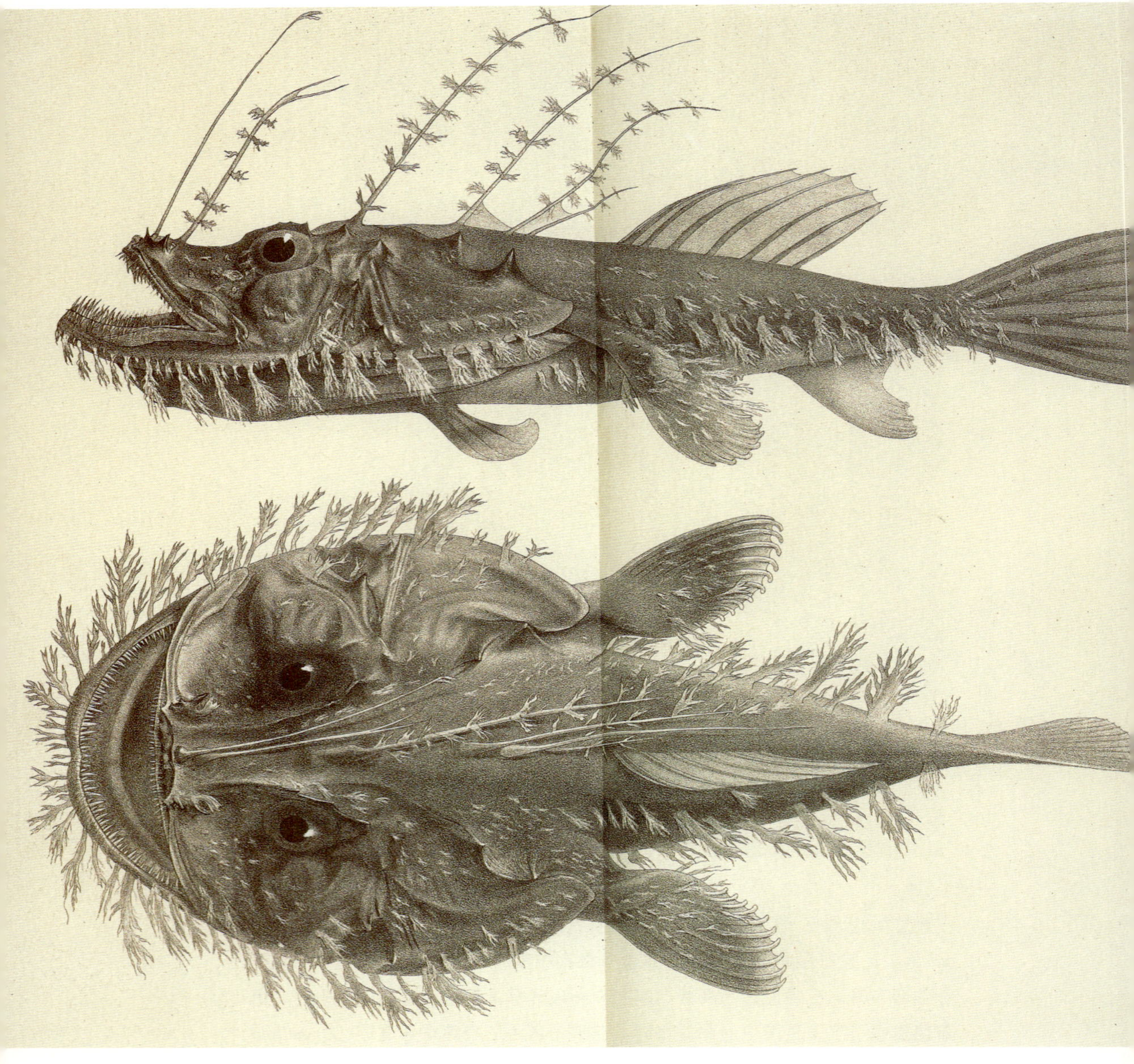

左页图中的奈氏拟鮟鱇（*Lophiodes naresi*）来自艾伯特·冈瑟的挑战者号浅水鱼类报告。目前已知奈氏拟鮟鱇分布于太平洋西南部与印度洋东南部，和欧洲水域的鮟鱇鱼、和尚鱼等是亲戚，不过在挑战者号的年代，这种鱼是尚未被发表的新种，当时以挑战者号船长乔治·斯特朗·内尔斯来命名，以兹表扬。本页图中的模式标本保存状况良好，自 1870 年起就被浸泡在同一个玻璃罐内。

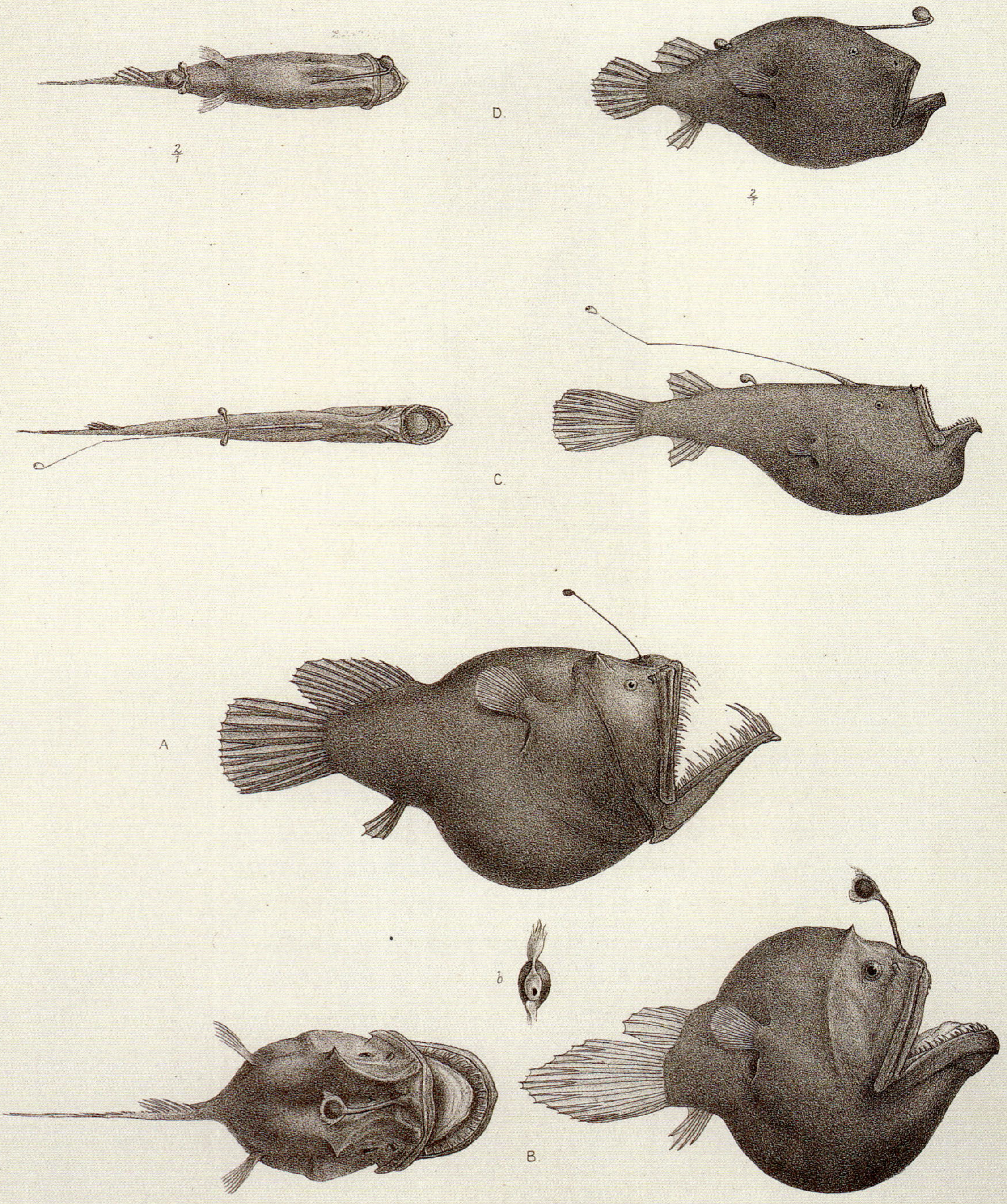

R. Mintern del et lith.

Mintern Bros. imp.

A. MELANOCETUS MURRAYI.
(Faths. 1850–2450.)

B. CERATIAS BISPINOSUS.
(Faths. 360.)

C. CERATIAS URANOSCOPUS.
(Faths. 2400.)

D. CERATIAS CARUNCULATUS.
(Faths. 345.)

左页图中是出自挑战者号报告书的深海鱼类，位于中央的是以约翰·默里命名的短炳黑犀鱼（*Melanocetus murrayi*）。约翰·默里是探险队的动物学家，最后也成为挑战者号科学团队中名气最响亮者。报告也提到像是本页图中的岸边鱼类，由上而下分别是来自阿拉弗拉海的丝尾单角鲀（*Paramonacanthus filcauda*）、来自菲律宾的密斑马面鲀（*Thamnaconus tessalatus*）、同样来自阿拉弗拉海的方斑狗母鱼（*Synodus kaianus*）以及分布于印度洋东部和西太平洋地区的贪食鳄齿鱼（*Champsodon vorax*）。

在挑战者号报告海胆卷中，有几张全页插图专门用来描述海胆刺的形态发生。右页这张图是詹姆斯·布莱克为哈佛大学比较动物学博物馆的亚历山大·阿加西（*Alexander Agassiz*）所绘制的雕版的海胆刺横切面，布莱克是为这份报告锦上添花的众多艺术家之一。本页图中则是出自艾伯特之浅水鱼报告中的两种澳洲南部鱼类，上方为光泽深鳐（*Pavoraja nitida*），下方则是棘刀海龙（*Solenognathus spinosissimus*），一种介于海龙和海马之间的刁海龙，主要栖息在澳洲东南部、塔斯马尼亚和新西兰的泥泞浅水域。

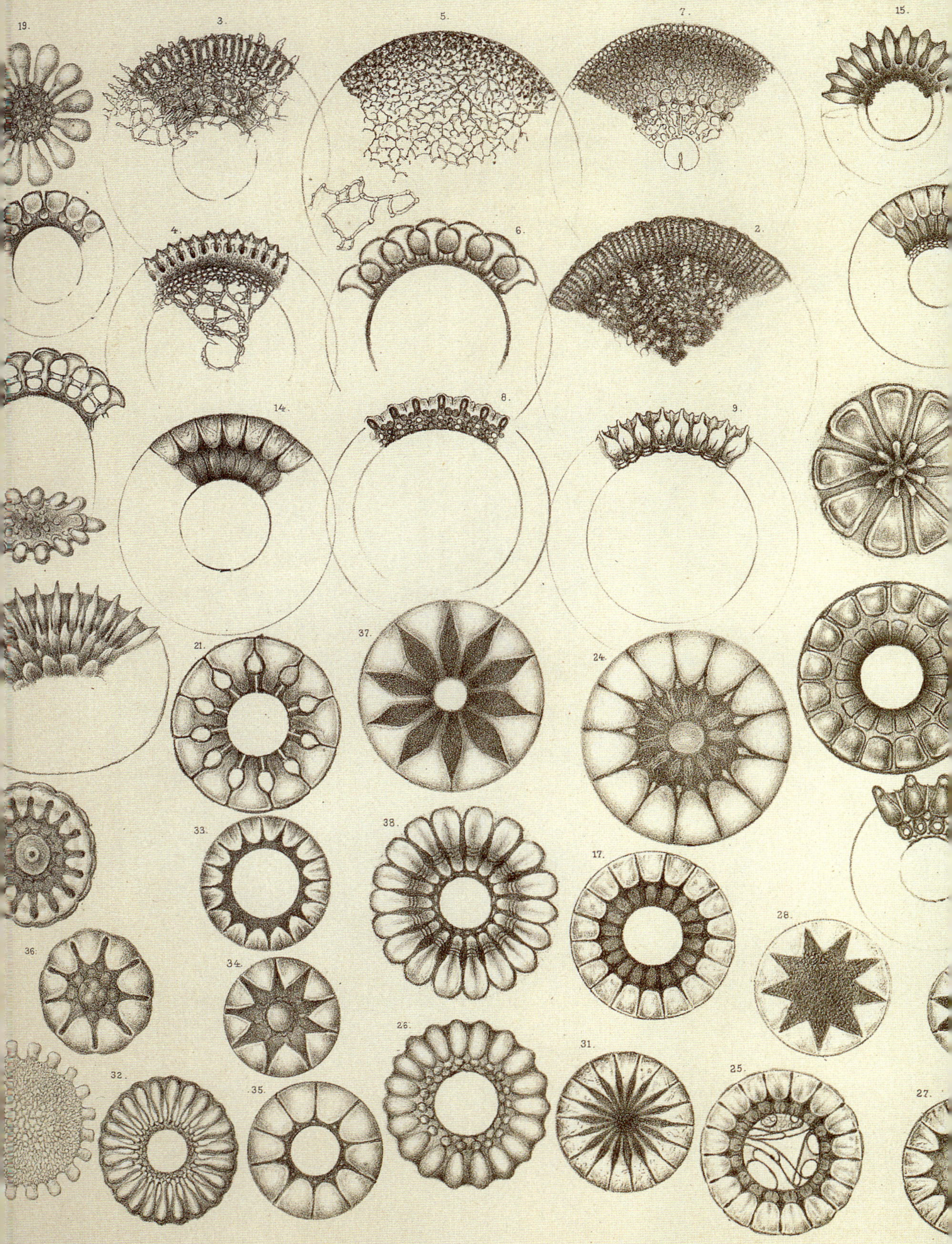
19.
3.
5.
7.
15.
4.
6.
2.
14.
8.
9.
21.
37.
24.
33.
38.
17.
36.
34.
28.
26.
31.
32.
35.
25.
27.

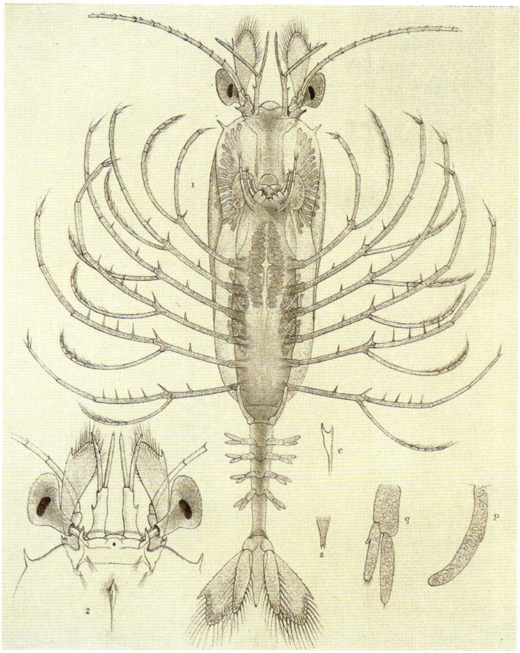 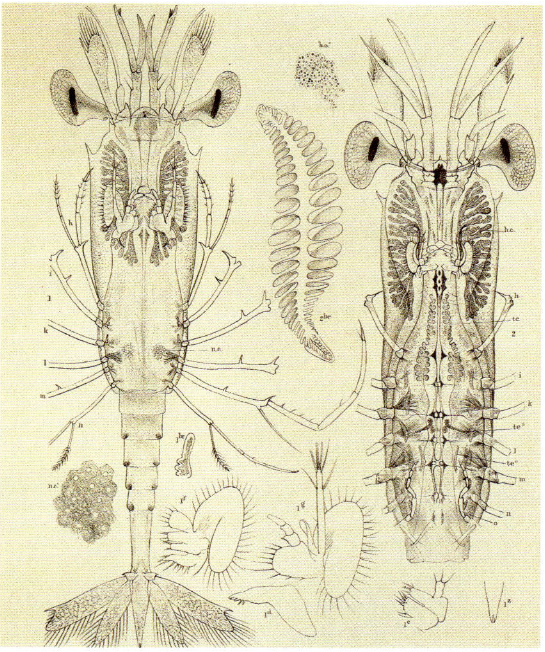

出自查尔斯·斯彭斯·贝特之挑战者号报告甲壳类动物卷的一些长尾甲壳类，包括本页左图的斗异虾（*Amphion provocatoris*）、本页右图的雷氏异虾（*Amphion reynaudii*）以及左页图中来自特里斯坦—达库尼亚群岛的龙虾。斯彭斯·贝特认为这龙虾应该属于法国动物学家亨利·米尔恩·爱德华兹所发表的兰氏龙虾（*Palinurus lalandii*），不过也认为这种龙虾和其他种的差异足以让它独立成为一个被称为钝龙虾属（*Palinostus*）的新属。斯彭斯·贝特的新属名称，很快就被另一个较早存在的静龙虾属（*Jasus*）所取代，因此，米尔恩·爱德华兹所命名的龙虾，目前的完整学名就成了南非静龙虾（*Jasus lalandii*）。然而，挑战者号的这个龙虾标本事实上并不是南非静龙虾，而是一种当时尚未发表的新种。1963 年，一位来自荷兰的甲壳类专家在仔细研究以后指出，来自特里斯坦—达库尼亚群岛的龙虾实际上是一个截然不同的种类，这当然也包括挑战者号的标本在内，目前这种龙虾被称为特里斯坦静龙虾（*Jasus tristani*）。

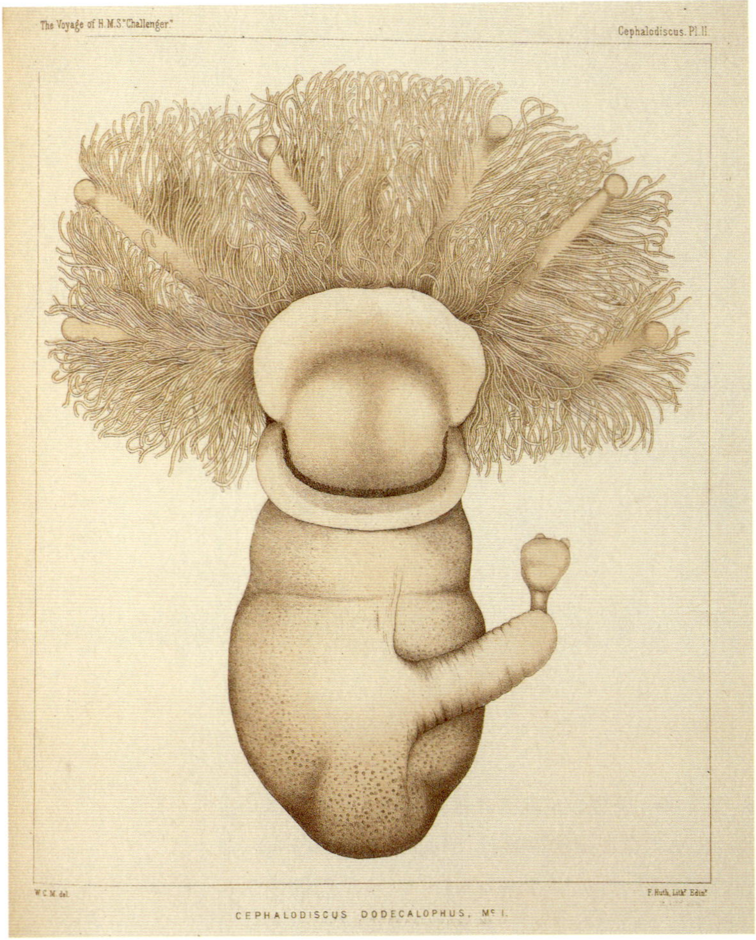

本页图中的头盘虫（*Cephalodiscus dodecalophus*）是一种体积极小的栎实虫，属于原索动物。它跟海鞘一样，是介于脊椎动物与无脊椎动物间的一类，这种动物主要利用其触手般的羽状构造搜集食物，虽然图中只看得到六支羽状构造，事实上它总共有十二支，因而得其名[1]。和头盘虫的柔和线条恰相反的，是右页图中的头帕目海胆。挑战者号采集到的头帕目海胆，由保卢斯·罗特直接用平版印刷的方式制图。

1.指头盘虫（*Cephalodiscus dodecalophus*）学名中的 *dodecalophus*，在希腊文中，dodeca 代表十二，loph 是簇或羽冠的意思。

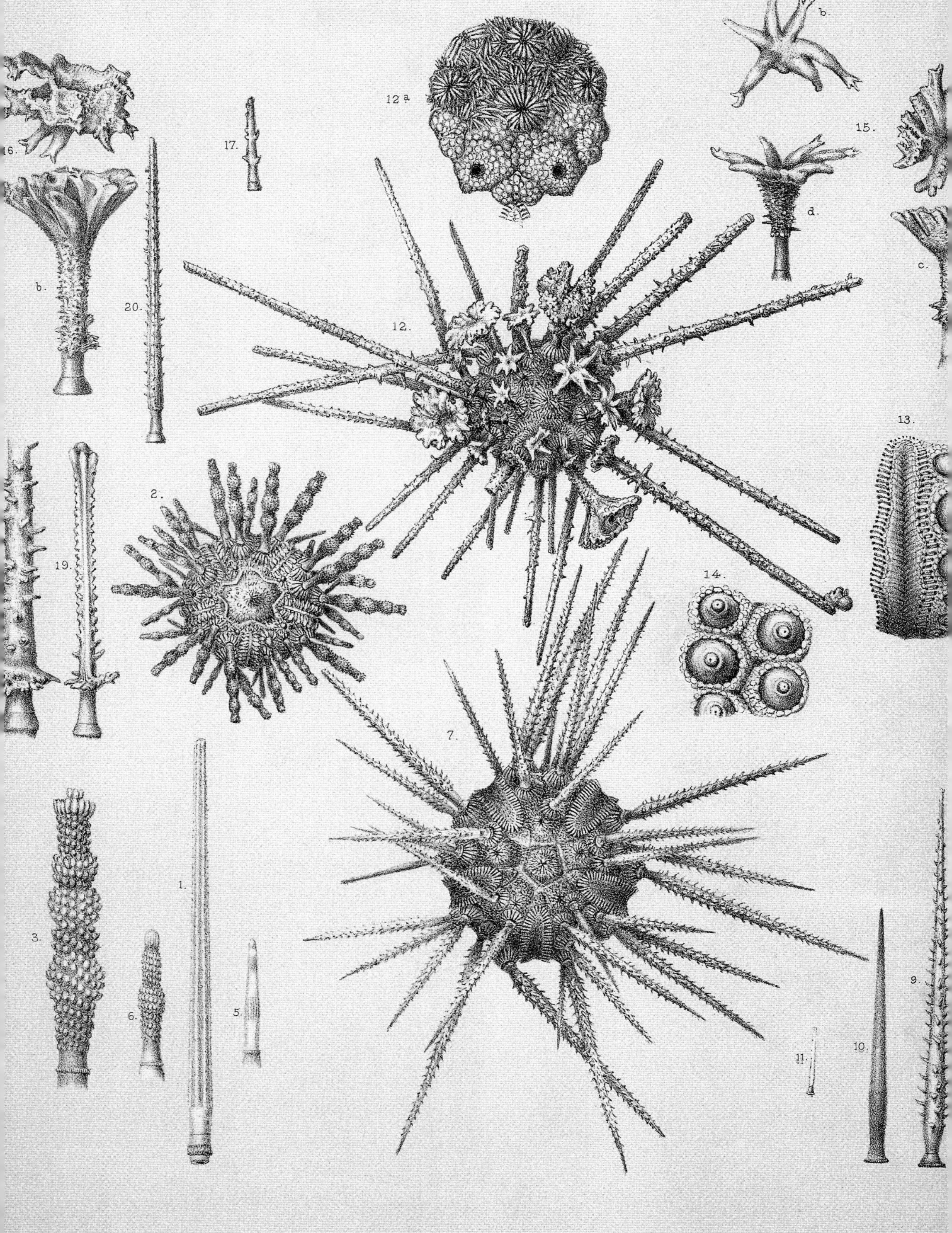

12 a.
17.
b.
15.
d.
16.
b.
20.
c.
12.
13.
2.
19.
14.
7.
3.
1.
6.
5.
9.
11.
10.

6.
7.

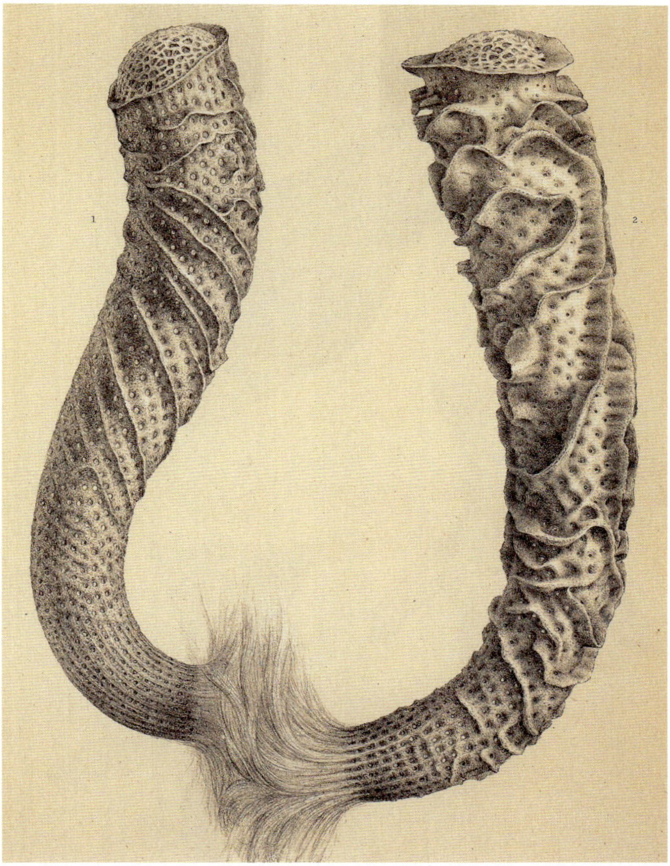

挑战者号计划的动物标本图像，有许多艺术素养极高的作品。左页图中是出没在深海至中层水域的黑伞水母（*Periphylla mirabilis*），其描绘方式就好像你从水中往上观察其自然状态一般。本页图中的两个阿氏偕老同穴（*Euplectella aspergillum*）也是相当漂亮的两个海绵标本。偕老同穴属的海绵也称为玻璃海绵，因为它们形态高雅的支持骨架和将它们固定在海床上的“根部”，是由纯矽所构成的复杂针状系统所组成。

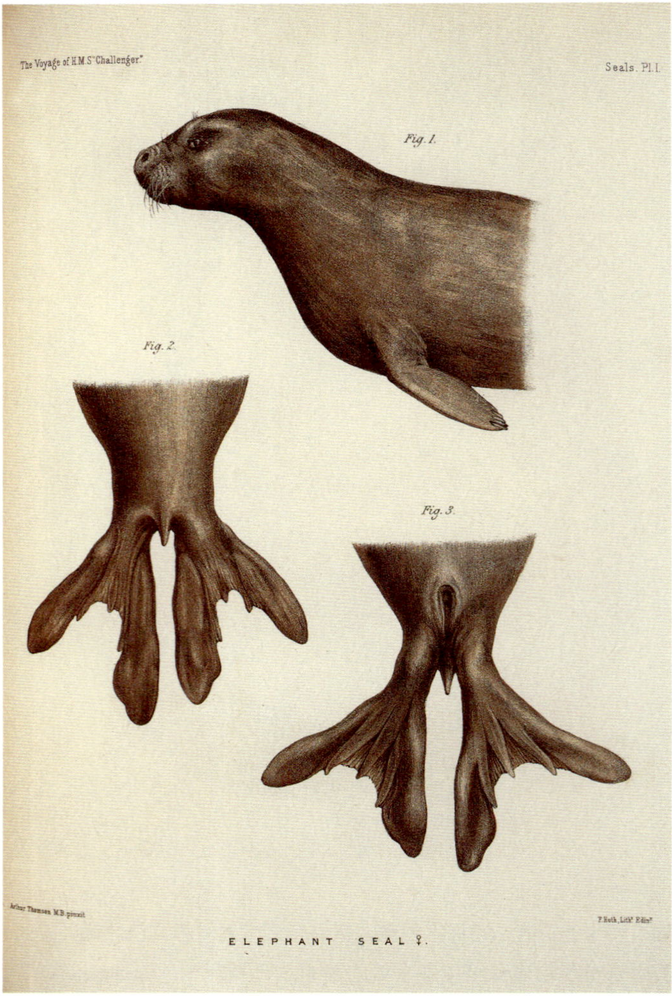

本页图是来自印度洋南方凯尔盖朗群岛的一只雌象海豹（*Macrorhinus leoninus*）的前端与后肢。虽然挑战者号以深海研究为主要目的，但研究团队同时也采集了许多人类学标本，例如右页图中来自太平洋西南部阿德默勒尔蒂群岛的人类头骨。大多数人类学标本都是工具、武器、容器之类的文物，不过有些人类遗骸也被带回英国。在阿德默勒尔蒂群岛一带，人类与动物的头骨常被拿来挂在茅草屋顶上当作装饰，岛上土著也很乐意出售这些头骨。

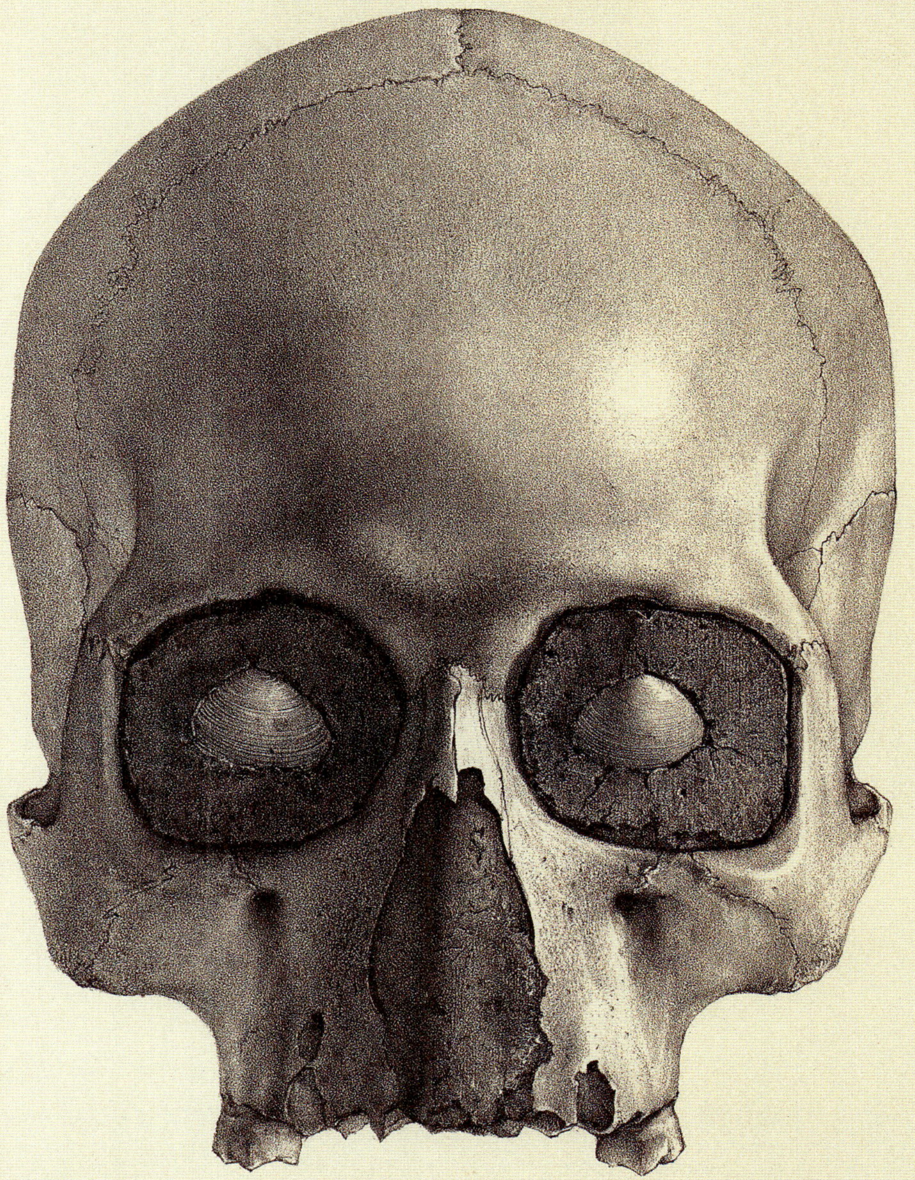

后记

本书提及的旅程，涵括了科学史上最重要也最迷人的时期，对博物学而言尤其如此。这段期间始于17世纪末期，在中世纪结束后，人们对自然现象的观察研究正迅速朝着理性或客观的方向前进，原本独立研究的科学家，特别是博物学学家，由于各学会如英国皇家学会（1660）与法国自然科学学院（1666）等随之成立，而逐渐开始组织化。科学家以在专门期刊发表文章的方式，相互交流研究成果，然而，除了极少数大学教授以外，科学在许多年以后才成为一种财务上可行的职业。因此，在接下来的两世纪间，科学这个专门领域，几乎完全被富有的业余爱好者，或是以神职人员和医生为主、受过良好教育的中产阶级人士所独占。本书最末章的时间已经来到19世纪晚期，当时专业科学家已经成为一个让人足以维持生计的职业，尽管在金钱报酬上鲜少能与在法律、财务、商业、娱乐或艺术等行业获致成功者相提并论。然而，在本书所涵盖的整段期间，有一小群非常重要的专业人士，持续不断地从科学中获取金钱利益。他们就是以绘画动植物为生的博物学画家，他们尽管领取报酬，却常常是无名英雄与英雌，而本书的目的，就是要褒扬这些画家遗留给后世的艺术遗产。

那段时期巡游四方的植物学家与动物学家，几乎都需要一些才华横溢、技巧精湛的技术人员协助制作图像，在这无数动植物新种标本还新鲜完好、尚未被制作成目前大多数博物馆收藏中典型的干标本时进行绘图。当时确实也没有其他方法能正确无误地提供受绘目标的相关细节，而这种正确性又恰是18世纪启蒙运动风潮所要求逼真特质，绘图因而成

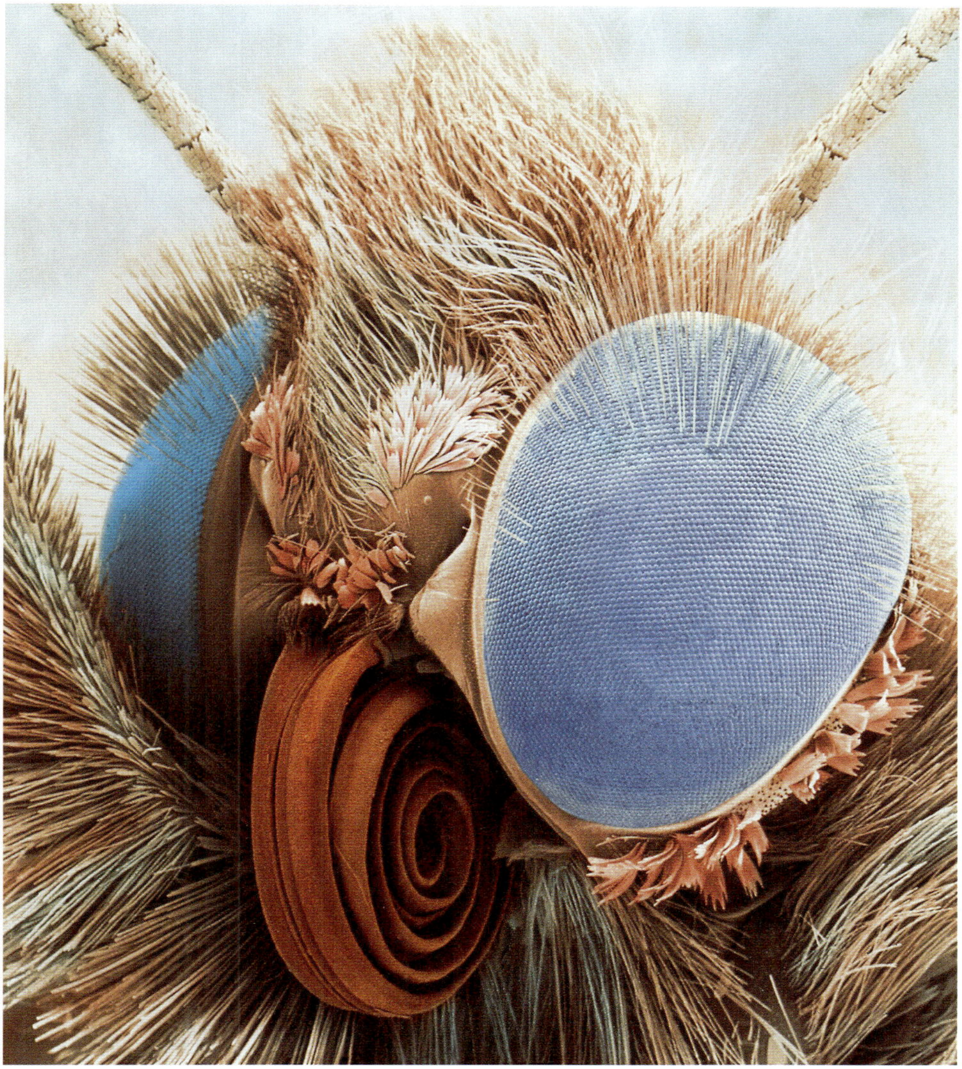

了唯一的方法。如此一来，在随着欧洲探险队出发的任何科学团队中，专业画家便成了标准成员，他们的努力成果最后则落入西方世界中各种私人与公共收藏之手。

本书的最后一章，亦即挑战者号的旅程，替这一整个时期画下了句号。挑战者号不但有艺术家随行提供服务，更初次采用了在当时还相当新颖的照相技术。在 1870

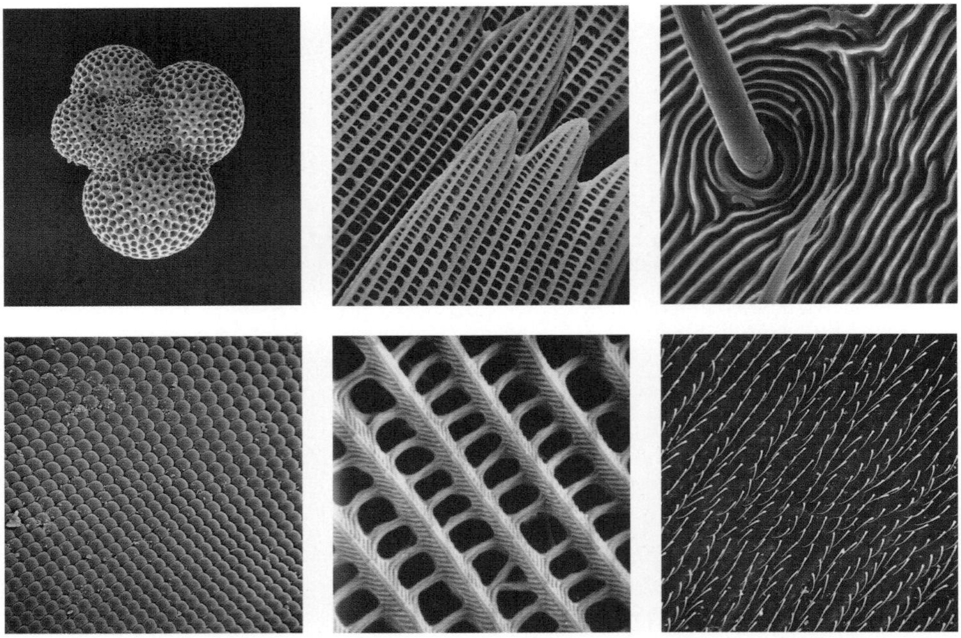

现在科学摄影能捕抓到极微小的细节，这是数世纪前的博物学家和画家很难想象的：第 301 页图中荨麻蛱蝶的头部，或本页图中自左上角顺时针方向依序出现的有孔虫、蝴蝶翅膀鳞片、蜘蛛表皮、绿头苍蝇翅膀表面、蝴蝶翅膀鳞片细节以及绿头苍蝇眼部等，都是利用扫描式电子显微镜放大数千倍的影像。

年，照相技术的适用性仍相当有限，它牵涉到庞大笨重的设备，加上或多或少必须立即替已曝光的胶片进行显影处理，这些都严重限制了它的移动性。此外，当时可取得的感光剂反应很慢，这意味着照相术只能被运用在静止物体、特定视野与对象相当僵硬的人像摄影上。然而，上面说到的这些都在短短几年内就发生了很大的改变。由于更小型、更先进设备的发展，搭配感光速度较快的胶卷，加上色彩和电影制作方面的进展，这些新科技开始能制作出传统画家几乎无法绘制的影像。约翰·古尔德若看到一台超高速摄影机，在瞬间让他最钟爱、每秒拍翅将近一百次的蜂鸟“暂停”了下来——这种他大概只能猜测的影像，他会怎么反应呢？在查尔斯·威维尔·汤姆森率领挑战者号出发的几年以前，一般人还认为深海应该是毫无生命的地方，如果让古尔德看到汤姆森替那些在深海海床上活动的动物所拍摄的照片，他又会做何观感？或者，如果让 18、19 世纪的植物学家看到显示植物分布的卫星影像，这种在他们最疯狂的梦想中都很难想象的画面，他们又会怎么想呢？

然而，照相术也没有让画家因此成了多余的累赘。一直到本世纪为止，画家们仍然继续伴随着探险队出航，即使当他们不再固定跟着探险队上山下海进行田野调查以后，也常受聘为科学出版品绘制插画。举例来说，伦敦自然博物馆在 1960 年仍然有全职画家的编制。他们不再是正式编制的原因，并不是因为博物馆不再需要他们的服务，而是由于研究经费的限制，使他们的工作被边缘化，他们也比科学家更容易被牺牲。虽然包括全像摄影和数字摄影在内的影像技术有惊人的发展，计算机科技的进步与虚拟现实也带给人们无限惊奇，尽管如此，在必须呈现出特定形态特征或色彩细微差异并获得最大效果时，优秀自然史画家的观察力和画笔，仍是无法被取代的。

插图在自然科学里仍然扮演着重要的角色。克莱尔 · 多尔比利用水彩与铅笔画出本页图与右页图中的地衣，她所捕捉到的形状、质地与色感，是照片很难比拟的。多尔比也能在纸上以拼凑碎片的方式创造出完美的地衣标本，而照相师则必须依赖他所能取得的标本，而且这些标本常常是已受损的不完整标本。

Caloplaca
verruculifera
– Claire Dalby 1981

传记精粹

约瑟夫·班克斯（Joseph Banks）

1743~1820，业余植物学家与收藏家

班克斯生于伦敦，是家境富裕的地主之子。他曾就读牛津大学，并在当时聘请私人教师教他植物学。班克斯曾随着詹姆斯·库克的奋进号至澳洲旅行，尽管之后他鲜少参加远航，他仍持续搜集书籍、手稿、素描、绘画与标本，尤其是植物标本。在班克斯于 1820 年去世以后，其收藏便托付给大英博物馆处理。

约翰·巴特拉姆（父）、威廉·巴特拉姆（子）（John & William Bartram）

1699~1777、1739~1823，顶尖的美国园艺家

约翰·巴特拉姆出生于宾夕法尼亚州，父母是虔诚的贵格会教徒。尽管约翰并未接受太多正规教育，他却对植物学深感兴趣，并在 1729 年于费城附近的金斯辛市建立了他自己的植物园。约翰与英国和北美的植物爱好者取得联系，将许多北美植物引进欧洲。1743 年，他帮助本杰明·富兰克林创立了美国哲学协会。其子威廉·巴特拉姆在 1739 年于金斯辛出生。他在十五岁时已充分展现其艺术天分，年纪轻轻就陪伴父亲到野生植物带进行采集。1773 年，威廉独自前往美国东南部诸州进行采集之旅。1777 年 1 月他返回金斯辛，这时美国独立宣言已颁布了半年之久。八个月后，约翰·巴特拉姆去世。

亨利·沃尔特·贝茨（Henry Walter Bates）

1825~1892，昆虫学家与收藏家

贝茨自青少年时期就醉心于昆虫学，在十八岁时就在《动物学家》发表了第一篇文章。他在 1843 年认识了阿尔弗雷德·华莱士，此后，两人一起旅行至亚马孙，研究当地生物。华莱士只在南美洲停留四年，而贝茨则待了十一年，搜集到超过八千种前所未见的生物，其中大多为昆虫。贝茨在亚马孙的观察，让他坚信生物演化确实存在。

费迪南德·鲍尔（Ferdinand Bauer）

1760~1826，调查者号随船画家

鲍尔出生于奥地利，为艺术家之子。他继承了父亲的艺术天分，而且对植物绘画特别有兴趣。鲍尔在搬到英格兰之前，曾在维也纳大学担任植物画家。约瑟夫·班克斯注意到鲍尔的才华，并推荐他到调查者号上担任画家。在回到英国以后，鲍尔花了五年的时间准备《澳洲植物图鉴》的出版。他在 1814 年回到维也纳，继续从事植物绘画。

罗伯特·布朗（Robert Brown）

1773~1858，调查者号随船植物学家

布朗曾于爱丁堡习医，于 1795 年从军，担任外科助手，并利用非勤务时间研究植物学。1798 年，在班克斯心目中调查者号随船博物学家第一人选决定退出后，布朗受邀担任该职务，自 1801 至 1805 年随船航行。布朗自 1806 至 1822 年担任林奈学会的“秘书兼杂勤主管”，并在 1810 年起开始替班克斯管理图书馆并担任秘书。布朗继承了班克斯的收藏，并有条件地将它们托付给大英博物馆管理。在布朗的要求下，大英

博物馆的组织架构多出了一个以植物标本馆为重心的植物部门，并由布朗担任第一任主任研究员。

詹姆斯·库克（James Cook）

1728~1779，皇家海军军官、知名探险家、航海家与勘测专家

库克出生于约克郡马顿市，是农场工人之子。他在 1755 年进入皇家海军，并成为一位优秀的勘测专家。库克曾担任三次重要航行任务的指挥官：率领奋进号到塔希提岛观察金星凌日并勘查南太平洋；带着果敢号与冒险号彻底调查假设存在的南方大陆；领着果敢号与发现者号顺着北美沿岸寻找从太平洋通往大西洋的通道。库克在最后一次任务中，并没有成功找到预期中的北方通道，却在 1779 年 1 月返航经过夏威夷时被土著杀害。

查尔斯·达尔文（Charles Darwin）

1773~1858，小猎犬号随船博物学家、《物种起源》作者

达尔文出生于什鲁斯伯里的医师世家，父亲与祖父皆执业行医，祖父是集医师、诗人与哲学家于一身的伊拉斯谟·达尔文，外祖父是以陶器制作闻名于世的乔赛亚·韦奇伍德。他曾在爱丁堡习医，不过中途辍学，转而研习博物学。达尔文被指派为小猎犬号的博物学家，陪伴船长罗伯特·菲茨罗伊到南美洲进行海岸勘查。航程自 1831 年开始，一直到 1836 年结束，在这段期间，达尔文累积了庞大的博物学与地质收藏。这些收藏与达尔文同时进行的观察，成了他最著名作品《物种起源》的理论基础，让他借由该书提出以自然选择为中心的演化理论。

彼得·科内利斯·迪贝维尔（Pieter Cornelius De Bevere）

约莫1733年出生的荷裔锡兰画家

约于 1733 年出生于科伦坡，是荷兰东印度公司下级军官之子，除了他在 1752 年受到当时锡兰、即目前斯里兰卡的殖民地总督约翰·吉迪恩·洛顿聘请，替洛顿描绘锡兰自然史以外，人们对迪贝维尔生平所知非常有限。1757 年，迪贝维尔随着洛顿迁居巴达维亚，继续替洛顿工作，一直到洛顿返回欧洲为止。据信迪贝维尔于 1781 年去世。

罗伯特·菲茨罗伊（Robert Fitzroy）

1805~1865，皇家海军军官、小猎犬号船长

查尔斯·菲茨罗伊勋爵之子，查理二世后裔。罗伯特·菲茨罗伊于 1819 年进入皇家海军，并且很快就受到拔擢，平步青云。他在 1828 年初次担任船长，率领小猎犬号进行南美洲海岸勘查。他在 1831 至 1836 年间再次担任小猎犬号船长，继续从事南美洲调查，期间，查尔斯·达尔文担任随船博物学家并陪伴菲茨罗伊，不过菲氏阴晴不定的个性与虔诚坚定的宗教信念，让两人因为达尔文的演化思想产生摩擦。在小猎犬号返航后，菲茨罗伊再也没有出航，不过他继续在皇家海军服务了十四年。菲茨罗伊于 1865 年自杀身亡。

马修·弗林德斯（Matthew Flinders）

1774~1814，皇家海军军官、水道测量专家与探险家

出生于林肯郡，是外科医师之子。弗林德斯于 1790 年进入皇家海军，于 1795 年随着信赖号抵达新南威尔士，并在接下来的五年内负责调查澳洲东南部水域，证实澳洲大陆与塔斯马尼亚之间的巴斯海峡确实存在。1801 年，弗林德斯受命担任调查者号船长，负责进行澳洲海岸的长期调查。在完成绕行澳洲的航行任务以后，弗林德斯踏上了一段坎坷的返乡之路，花了超过七年的时间才回到英国。当他在 1810 年终于抵达国门以后，他开始准备正式的航行报告，不过却在报告出版当年，也就是 1814 年 7 月身亡。

约翰·福斯特（父）、乔治·福斯特（子）（Johann & George Forster）

1729~1798、1754~1794，果敢号上的父子档（父为博物学家、子为画家）

约翰在 1729 年出生于（目前位于波兰）但泽市附近的迪绍，曾在哈勒大学研习神学、古代与近代语言、医学与博物学。在 1776 至 1777 年间，约翰带着当时年十一岁的乔治到窝瓦河沿岸的新德国殖民地，替叶卡捷琳娜二世进行科学与政治调查。之后，他们举家迁居英格兰，最后在伦敦定居。约翰在伦敦定居后写了几篇论文，其中部分插图乃由乔治所绘制。这对父子档很快就在伦敦的科学与古董圈打响了名号，他们受邀随着果敢号航行，并在 1772 至 1775 年航行期间制作出许多无价之宝。福斯特父子因为果敢号航行报告该由谁来制作的问题与皇家海军闹翻，之后这对父子档便返回德国。

约翰·古尔德（John Gould）

1804~1881，鸟类学家、画家与鸟类图鉴出版商

古尔德在十四岁时，就在由父亲担任园丁工头的温莎皇家花园担任实习园丁，接受了包括剥制标本制作在内的训练，因为标本制作技术，让他在 1827 年于当时刚成立的伦敦动物学学会取得研究与保存专员的职位。古尔德对鸟类的兴趣与研究，让他在 1833 年成为该学会鸟类部门负责人。在接下来的几十年之间，他发表了许多鸟类学论文，并且是发现来自加拉帕戈斯群岛“达尔文地雀”之重要性的第一人。古尔德同时也从事精美书籍的出版工作，在他过世之际，他已经出版了令人印象深刻的四十一本对开本，其中包括三千张精美版画。

保罗·赫尔曼（Paul Hermann）

1646~1695，植物学家

人们对保罗·赫尔曼的所知相当有限。1672 年，在赫尔曼刚完成在荷兰习医的课程以后，他就受聘成为荷兰东印度公司在锡兰（今斯里兰卡）的首席医官。他在锡兰岛停留的五年间，搜集了大量植物标本与附随的相关插图，并在他回到荷兰以后，于 1679 年受聘成为莱顿大学植物系主任。在他 1695 年去世以后，他的植物标本馆被卡尔·林奈用作为许多未知物种的描述基础。

卡尔·林奈（Carl Linnaeus）

1707~1778，国际动植物命名法的发起人

林奈生于瑞典斯莫兰地区。尽管习医，其兴趣与热忱仍然是在植物学领域。他曾经独自进行了几次重要的植物采集之旅，不过他也有许多旅行至世界各地的学生与追随者，他们会将植物标本寄回，让林奈能借由这些标本依据，发表许多地区植物相研究报告。林奈的研究导致植物分类与动植物命名方面产生重大进展，他提出的“二名法”，也就是由独一无二的拉丁文属名与种名所组成的动植物学名，很快就受到世界各地的动植物学者采纳，是当今命名法的基础。

约翰·吉迪恩·洛顿（Johan Gideon Loten）

1710~1789，业余博物学家、锡兰总督

洛顿于 1710 年出生于荷兰马尔滕斯代克市，于 1731 年加入荷兰东印度公司。在

巴达维亚、三宝垄与苏拉威西等地担任各种职务后，洛顿于 1752 年被指派为锡兰总督。在洛顿于锡兰岛停留的五年间，他聘请了当地画家彼得·科内利斯·迪贝维尔替岛上的动植物作画。在结束锡兰总督任期以后，洛顿回到荷兰，之后于 1759 年移居伦敦，并在 1760 年获选为皇家学会会员。洛顿于 1765 年返回荷兰。

玛丽亚·西比拉·梅里安（Maria Sibylla Merian）

1647~1717，博物学家与画家

出生于法兰克福，是出版商与雕版师之女。梅里安原本从事花卉绘画与雕版的工作，不过到后来，她越来越将焦点放在昆虫学方面。1679 年，她出版了一本以欧洲蝴蝶生活史为题的著作，书中出现的许多蝴蝶种类都和它们的摄食植物画在一起，在当时是非常新颖的表现手法。1699 年，她旅行至苏里南，期间画了许多蝴蝶和它们的寄主植物，最后都收录在她最著名的著作《苏里南昆虫变态图谱》之中。

约翰·默里（John Murray）

1841~1914，挑战者号专任博物学家

默里出生于安大略，不过他的青少年时期是与住在苏格兰的祖父一起度过。他的医学研习与对海洋生物的兴趣，让他成为挑战者号上的助理博物学家。随之而来的是他在海洋学领域的杰出职业生涯，让他因此封爵、获选为皇家学会会员并获得世界各地知名大学的荣誉学位。

悉尼·帕金森（Sydney Parkinson）

1745~1771，奋进号专任画家

帕金森出生于爱丁堡，其父从事啤酒酿造，是虔诚的贵格会教徒。在举家迁居伦敦后，帕金森开始展示他的花卉绘画，尤其是丝画。他的作品让约瑟夫·班克斯印象深刻，并因此聘请他到奋进号上担任随船画家，于 1768 至 1771 年随船航行。在航程期间，帕金森画下将近一千幅植物绘画与四百张动物素描，却不幸在返航途中病逝。

汉斯·斯隆（Hans Sloane）

1660~1753，医师、植物学家与收藏家

斯隆于 1660 年出生于爱尔兰基利莱，在完成医学课程后前往伦敦执业。在 1687

至1689年期间，他旅居牙买加，担任牙买加总督的私人医生。斯隆在前往牙买加之前，就已经对博物学产生兴趣，尤其对植物学展现出高度热忱。他在停留牙买加期间搜集了大量动物与植物标本，这些标本后来成为他在1707至1725年间出版《牙买加博物学》的根据。在斯隆有生之年，他搜集了包括博物学标本、绘画、手稿、书籍、手册等在内的大量文物，在斯隆于1753年去世以后，这些文物成了大英博物馆的成立基础。

查尔斯·威维尔·汤姆森（Charles Wyville Thomson）

1830~1882，动物学家与挑战者号科学团队领导

汤姆森出生于苏格兰林利斯戈，是外科医生之子。他在1845年进入爱丁堡大学习医，不过中途放弃改而研习自然史。汤姆森参加了在英国水域的一系列航程，并在这些航程中证实了深海生物的存在。这些振奋人心的成果，直接促成了1872至1876年间由汤姆森担任首席科学家的挑战者号全球海洋调查。汤姆森稍后亦负责监督调查报告的出版工作。

阿尔弗雷德·拉塞尔·华莱士（Alfred Russel Wallace）

1823~1913，博物学家与自然选择机制的共同创议人

出生于英国的华莱士，在1854至1862年间于马来群岛研究动物分布，并由此得到与查尔斯·达尔文非常类似的演化起源结论。虽然华莱士不如达尔文有名，他在科学圈仍被认定为演化自然选择理论的共同提议人。

让·雅克·怀尔德（John James Wild）

1828~1900，挑战者号专任画家

怀尔德出生于瑞士，曾在苏黎世、伯尔尼与莱比锡求学，之后迁居英格兰教授语言，最后搬到贝尔法斯特并认识了当时在皇后大学教授自然史的查尔斯·威维尔·汤姆森。由于这段友谊，怀尔德受邀担任汤姆森在挑战者号航行期间的秘书与随船专任画家。他在航程期间画下了许多素描与绘画，部分亦被航行正式报告所采用。

参考书目

第一章

Brooks, E. St. John

1954. *Sir Hans Sloane. The Great Collector and his Circle.* London, the Batchworth Press, 234pp.

de Beer, G. R.

1953. *Sir Hans Sloane and the British Museum.* Oxford University Press, 192pp.

MacGregor, A.

[Ed], 1994. *Sir Hans Sloane. Collector, Scientist,Antiquary Founding Father of the British Museum.* British Museum Press, 308pp, October 23, 1998.

第二章

Maria Sibylla Merian

1980. *Metamorphosis Insectorum. Surinamensium (Amsterdam, 1705).* Facsimile Edition, Pion Ltd., London.

Rucker, E. & Stearn, W. T.

1982. *Maria Sibylla Merian in Surinam. Commentary to the Facsimile Edition of Metamorphosis Insectorum. Surinamensium* (Amsterdam, 1705). Based on original watercolours in the Royal Collection, Windsor Castle. Pion, London.

Stearn, W. T.

1978. *The Wondrous Transformation of Caterpillars.* Scolar Press, 1978.

Wettengl, Kurt

[Ed], 1997. *Maria Sibylla Merian 1647~1717, Artist and Naturalist.* Verlag Gerd Hatje, 275pp.

第三章

Ferguson, D.

Joan Gideon Loten, F.R.S., the naturalist Governor of Ceylon (1752~57), and the Ceylonese Artist de Bevere, J. Roy. Asiatic Soc. (Ceylon), 19: 217~268.

Trimen, H.

1887. *Hermann's Ceylon herbarium and Linnaeus's 'Flora Zeylanica'. J. Linn. Soc.* Botanical Series, 24: 129~155.

Blunt, W.

1984. *The Compleat Naturalist. A Life of Linnaeus.* William *Collins* Sons and Company Limited, 256pp.

第四章

Bartram, W.

1791. *Travels Through North & South Carolina, Georgia, East & West Florida, the Cherokee Country, the extensive territories of the Muscogulges, or Creek Confederacy, and the Country of the Chactaws; containing an account of the soil and natural productions of those regions, together with observations on the manners of the Indians.* Philadelphia: James and Johnson, 522pp.

Ewan, Joseph

1968. *William Bartram. Botanical and Zoological Drawings, 1756~1788.* American Philosophical Society, 180pp.

Fagin, N. Bryllion

1933. *William Bartram, Interpreter of the American Landscape.* Baltimore, Johns Hopkins Press, 229pp.

Reveal, James L.
1992. *Gentle Conquest; the Botanical Discovery of North America with Illustrations from the Library of Congress.* Starwood Publishing Inc., 160pp.

Slaughter, Thomas P.
1996. *The Natures of John and William Bartram.* Knopf, 304pp.

第五章

Beaglehole, J. G.
1974. *The Journals of Captain James Cook* IV *The Life of Captain James Cook.* The Hakluyt Society, London, 760pp.

Britten, J.
1900~1905. *Illustrations of Australian plants collected in 1770 during Captain Cook's voyage.* British Museum (Natural History), 192pp and 318 plates.

Blunt, W. & Stearn, W.
1973. *Captain Cook's Florilegium,* Lion and Unicorn Press.

Carr, D. J.
[Ed], 1983. *Sydney Parkinson; Artist of Cook's Endeavour Voyage.* London and Canberra: British Museum (Natural History), in association with Australian National University Press, XVI and 300pp.

Carter, H. B.
1988. *Sir Joseph Banks, 1743~1820.* British Museum (Natural History), London, 671pp.

Joppien, Rüdiger & Smith, Bernard
1985. *The Art of Captain Cook's Voyages.* Volume I. *The Voyage of the Endeavour 1768~1771.* Oxford University Press in association with the Australian Academy of Humanities, Melbourne, 247pp.

第六章

Beaglehole, J. G.
1974. *The Journals of Captain James Cook* IV *The Life of Captain James Cook.* The Hakluyt Society, London, 760pp.

Carter, H. B.
1988. *Sir Joseph Banks, 1743~1820.* British Museum (Natural History), London, 671pp.

Joppien, Rüdiger & Smith, Bernard
1985. *The Art of Captain Cook's Voyages,* Vol 2, *The Voyage of the Resolution and Adventure 1772~1775.* Melbourne, Oxford University Press in association with the Australian Academy of the Humanities, 274pp.

Whitehead, P.
1969. *Zoological specimens from Captain Cook's voyages.* Arch. Nat.Hist. 5 (3): 161~201.

Whitehead, P.
1978. *The Forster collection of zoological drawings in the British Museum (Natural History).* Bulletin British Museum Natural History (historical series), 6 (2): 25~47.

第七章

Brosse, Jacques
1983. *Great Voyages of Exploration. The Golden Age of Discovery in the Pacific.* David Bateman Ltd., 232pp.

Edwards, P. I.
1976. *Robert Brown (1773~1858) and the natural history of Matthew Flinders's voyage in H.M.S. Investigator 1801~1805.* Arch. Nat.Hist. 7: 385~407.

Flinders, M.
1814. *A Voyage to Terra Australis ... in the years 1801, 1802, and 1803, in His Majesty's Ship the Investigator ... 2 vols. and atlas.* G. and W. Nicol, London.

Norst, Marlene J.
1989. *Ferdinand Bauer; The Australian Natural History Drawings.* British Museum (Natural History), 120pp.

Vallance, T. G. & Moore, D.T.
1982. *Geological aspects of the voyage of HMS Investigator in Australian waters, 1801~1805.* Bull. Brit. Nat. Hist. (Hist. Ser.), 10 (1): 1~43.

第八章

Desmond, A. & Moore, J.

1991. *Darwin.* Michael Joseph Ltd., 850pp.

Keynes, R. D.

1979. *The Beagle Record. Selections from the original pictorial records and written accounts of the voyage of H.M.S. Beagle.* Cambridge University Press, 409pp.

Moorehead, A.

1969. *Darwin and the Beagle.* Hamish Hamilton, London, 280pp.

Tree, I.

1991. *The Ruling Passion of John Gould. A biography of the bird man.* Barry and Jenkins Ltd., 250pp.

第九章

Bate, H. W.

1863. *The Naturalist on the River Amazons.* London, John Murray.

Beddall, B. G.

1969. *Wallace and Bates in the Tropics.* London, Macmillan and Co., 241pp.

George, W.

1964. *Biologist Philosopher; a study of the life and writings of Alfred Russel Wallace.* Abelard-Schuman, London, 320pp.

Moon, H. P.

1976. *Henry Walter Bates F.R.S. 1825~1892. Explorer, Scientist and Darwinian.* Leicestershire Museums, Art Galleries and Records Services, 95pp.

Wallace, A. R.

1853. *A Narrative of Travels on the Amazon and Rio Negro, with an Account of the Native Tribes, and Observations on the Climate, Geology, and Natural History of the Amazon Valley.* London, Reeve and Co., 539pp.

Wallace, A. R.

1869. *The Malay Archipelago: the Land of the Orang-utan and the Bird of Paradise; a Narrative of Travel with Studies of Man and Nature.* London, Macmillan and Co., 653pp.

第十章

Linklater, E.

1972. *The Voyage of the Challenger,* London, John Murray, 288pp.

Murray, J.

1895. *A summary of the scientific results ... Report on the Scientific Results of the Voyage of H.M.S. Challenger during ...1873~76,* Summary, 1608pp, in 2 volumes, Stationery Office, London.

Wild, J. J.

1878. *At Anchor: A narrative of experiences afloat and ashore during the voyage of H.M.S. "Challenger" from 1872~76.* London and Belfast, Marcus Ward and Co., 198pp.

索引

谢辞

本书感谢伦敦自然博物馆所有馆员的支持与专业协助，尤其感谢馆长尼尔·查默斯、博物馆出版部门的简·霍格与琳恩·米尔豪斯、摄影部的帕特·哈特、图库部的马丁·普尔斯弗德与洛德维娜·马什卡雷尼亚什、马尔科姆·比斯利、尼尔·钱伯斯、安·达塔、卡罗尔·格克切、朱莉·哈维、安·卢姆、克里斯托弗·米尔斯、约翰·撒克里以及其余图书馆工作人员。在此亦感谢在馆内服务的巴·克拉克、奥利弗·克里门、查利·贾维斯、桑德拉·纳普、丹尼斯·亚当斯、科林·麦卡锡、奈杰尔·梅里特、艾利森·保罗、菲尔·雷恩博、弗兰克·施泰因海默、罗伊·维克里和约翰·惠特克等诸位科学家。

此外，还要特别向下列诸位致谢：戴维·贝拉米博士、艾琳·布伦顿、尤特·赫克、汤姆·兰姆与大卫·穆尔。

图像版权

除非另有说明，所有图像皆来自伦敦自然博物馆附属图书馆。
请注意，部分出现在本书的图像是现存艺术作品的局部。
目录第2页、前言第3页、绪论第5页、大自然的艺术第9页：Pencil drawings by Alfred Waterhouse.
大自然的艺术第12、13页：Water colour of The Natural History Museum by Alfred Waterhouse, Victoria and Albert Museum, London.

第一章
第3、9、33页：ink drawings by various artists and original specimens collected by Hans Sloane from Volumes 1~7 of Sloane's Herbarium, Botany Dept.
第4页：artifact from the General Library.
第6页：from A Voyage to Jamaica, Botany Library.
第7 页 printed plates from The Natural History of Jamaica, Vol. 1~2, Botany Library.

第二章
第41、44、50~57页：pencil drawings from Paul Hermann's Herbarium, Vol. 5, Botany Dept.
第42、45、47、49、58~73页：watercolours by Pieter de Bevere, General Library.

第三章
第75、87、92、96页：Facsimile 1981 edition of Metamorphosis Insectorum Surinamensium 1981, from original watercolours held in the Royal Collection, Windsor.
第78页：map library at British Library.
第79页：title pages 1705 and 1719 edition Metamorphosis.
第80、81、84~101页：Hand-coloured plates from 1705 and 1719 editions Metamorphosis.
第98~101页：Plates appear only in 1719 edition.
第82、83页：Hand-coloured plates from 1680 edition Neues Blumenbuch, Botany Library.

第四章
第105~127页：drawings & watercolours by William Bartram, Botany Library.

第五章
第129页：ink and watercolour, attr. Port Jackson Painter, General Library.
第131页：ink and watercolour by Thomas Watling, General Library.

第132页：pages from Daniel Solander's handwritten journal Plantae Novae Hollandiae, Botany Library.
第134页：oil painting, self-portrait of Sydney Parkinson, Zoology Library.
第136、137页：title page, Daniel Solander's handwritten journal Plantae Novae Hollandiae, Botany Library. Engraving of Daniel.
Solander, 1784：drawn by James Sowerby, engraved by James Newton.
第137页：original specimen from Cryptogamic Herbarium.
第138~155页：drawings and watercolours by Sydney Parkinson and related engravings, Botany Library.

第六章
第157、160~183页：watercolours by George Forster, Zoology Library.
第159页：catalogue handwritten by Johann Forster, General Library.

第七章
第185、192~206、208~213页：watercolours by Ferdinand Bauer, Botany Library.
第186页：plates by various artists from A Voyage to Terra Australis by Matthew Flinders, General Library.
第188页：ink plan of HMS Investigator, National Maritime Museum Greenwich.
第190页：Engraved print of Captain Flinders, National Maritime Museum Greenwich.
第207页：pencil drawing by Ferdinand Bauer, Naturhistorisches Museum Wien.

第八章
第215、222~241页：plates by various artists, including John and Elizabeth Gould, from Zoology of the Voyage of the Beagle. Vol. 1~3.
第216页：handwritten notes by Charles Darwin, General Library.
第219页：watercolour by Owen Stanley of HMS Beagle, 1841, National Maritime Museum Greenwich.
第220页：plate from 1870 edition Darwin's Journal of Researches, General Library.
第221页：plan of HMS Beagle from General Library.

第九章
第243、245、258~271页：pencil and watercolour illustrations by Henry Walter Bates, Entomology Library.
第244页：Letter to John Gould from Alfred Russel Wallace, General Library.
第247页：Notebooks of Alfred Russel Wallace, General Library .
第249页：Photograph of Alfred Russel Wallace, General Library.
第252、255页：Plates illustrated by John and Elizabeth Gould for John Gould's Birds of New Guinea, Vol. 1.
第250、251、249~257页：pencil drawings by Alfred Russel Wallace, General Library.

第十章：
第282、283页：glass plate negatives by Caleb Newbold/Frederick Hodgeson/Jesse Lay, Palaeontology/Mineralogy Library.
第284、285页：Drawings by J. J. Wild, National Maritime Museum Greenwich.
第283、286、288、299页：plates by various artists from The Challenger Reports.
第274页：painting of 'HMS Challenger In The Ice' by W. F. Mitchell, National Maritime Museum Greenwich.
第276页：Royal Photographic Society.
第279、281页：National Maritime Museum Greenwich.
第280页：artifacts, Palaeontology/ Mineralogy Library.

后记

第301页：computer-coloured photographic magnification, Picture Library.

第302页：scanning electron microscope images, Picture Library.

第304、305页：watercolour and pencil, 1981, by Claire Dalby, Botany Library, reproduced courtesy of Claire Dalby.

第307页：from left：photograph, Picture Library; frontispiece of The Naturalist on the River Amazons, vol. 1, 1863 by Henry Walter Bates, Entomology Library; oil by Nathaniel Dance, National Maritime Museum Greenwich; crayon on paper drawing by Marion Walker, 1875, Zoology Library; photograph, Picture Library.

图书在版编目（CIP）数据

发现之旅——历史上最伟大的十次自然探险 /（英）托尼·赖斯编著；林洁盈译 .—北京：商务印书馆，2011（2023.10 重印）

ISBN 978－7－100－08500－7

Ⅰ.①发…　Ⅱ.①托…②林…　Ⅲ.①科学知识—普及读物　Ⅳ.①Z228

中国版本图书馆 CIP 数据核字（2011）第153750号

发 现 之 旅

历史上最伟大的十次自然探险

〔英〕托尼·赖斯　编著

林洁盈　译

黄文山　杨宗愈　审订

商 务 印 书 馆 出 版

（北京王府井大街36号　邮政编码 100710）

商 务 印 书 馆 发 行

山 东 临 沂 新 华 印 刷 物 流

集 团 有 限 责 任 公 司 印 刷

ISBN　978－7－100－08500－7

2012年1月第1版　　开本　787×1092　1/16

2023年10月第17次印刷　　印张　22

定价：89.00元